La Philosophie au BAC

La Philosophie au BAC

Cours et méthode en 20 sujets

Terminale toutes séries

Julien Chane-Alune

ellipses

ISBN 9782340-023529

32, rue Bargue 75740 Paris cedex 15

www.editions-ellipses.fr

Remerciements : à Béatrice et Philippe pour leur aide à la relecture, et aux élèves qui, par leur participation, ont contribué à l'élaboration de ce cours.

Avant-propos

À propos de l'enseignement de la philosophie en classes terminales, voici ce que dit le Bulletin Officiel du 27 mai 2003 I, article 1 :

« L'enseignement de la philosophie en classes terminales a pour objectif de favoriser l'accès de chaque élève à l'exercice réfléchi du jugement, et de lui offrir une culture philosophique initiale. Ces deux finalités sont substantiellement unies. Une culture n'est proprement philosophique que dans la mesure où elle se trouve constamment investie dans la position des problèmes et dans l'essai méthodique de leurs formulations et de leurs solutions possibles ; l'exercice du jugement n'a de valeur que pour autant qu'il s'applique à des contenus déterminés et qu'il est éclairé par les acquis de la culture ».

Tout l'enjeu de l'année de philosophie est là : une partie de « *culture philosophique* » apportée par le cours et l'apprentissage des notions, et une partie d'« *exercice réfléchi du jugement* », incarnée en terminale par les exercices de la dissertation et de l'explication de texte. Face à ces deux exigences, les élèves ont l'impression de courir deux lièvres à la fois. Pour apprendre des citations ou des définitions de notions, ils font des « fiches synthétiques » où se mêlent les couleurs criardes des surligneurs... Et pour apprendre la méthode de la dissertation, beaucoup, malgré les conseils de leur professeur, se rabattent sur les mauvais corrigés qui grouillent sur internet... Tant d'efforts sont ainsi dépensés dans la mauvaise direction, avec le découragement pour seul résultat !

Or, le B.O. dit bien que ces « *deux finalités sont substantiellement unies* », qu'il y a un rapport intime et constant entre le cours et l'acquisition d'une culture des notions d'une part, la dissertation et l'apprentissage de la méthode d'autre part. **Autrement dit, l'exploration des problèmes philosophiques liés aux notions ne doit pas se faire séparément des entraînements à la dissertation : car la dissertation est précisément le moyen par lequel on explore les notions et on construit des problèmes philosophiques.**

Cette union, qui réconcilie entraînement à la dissertation et culture philosophique, permet aux élèves d'être efficaces dans leur travail en saisissant immédiatement la finalité de leur apprentissage.

L'objectif de cet ouvrage est de suivre l'esprit des textes officiels et de réunir dans un même ouvrage l'exploration des problèmes *et* l'application de la méthode.

Il s'agit en d'autres termes de synthétiser le travail qui peut se faire en une année de philosophie en terminale. Bien entendu, la valeur des explications que le professeur donne à l'oral face aux élèves est irremplaçable et rien ne saurait s'y substituer. Aucun livre ne peut remplacer la parole vivante d'un cours et l'interaction entre le professeur et les élèves.

Il n'est pas question ici de produire des corrigés exhaustifs (ce qui demanderait un ouvrage deux fois plus gros...), mais de montrer comment l'on fait de la philosophie, en alliant méthode et culture philosophiques.

Voici donc comment l'ouvrage procède. Conformément aux consignes académiques, le titre de chaque cours est une question « classique » de dissertation. Par souci d'efficacité, nous faisons ici le choix de prendre des questions qui, pour la plupart, sont « tombées » au baccalauréat ces dernières années.

Page de gauche

Sur cette page se trouve le cours, rédigé sous forme de dissertation complète. Encore une fois, ce n'est pas simplement un corrigé, mais bien un cours synthétique. Autrement dit il ne s'agit pas de proposer un devoir possible en quatre heures, mais d'analyser un problème autant qu'il est possible, en utilisant toujours la même structure :

Introduction

1. Analyse du sujet (et non pas définition juxtaposée de chaque terme...)
2. Ce qui fait problème (et non pas invention d'une nouvelle question...)
3. Annonce du plan (et non pas résumé de ce qui va suivre...)

Développement en trois parties avec, pour chacune des trois parties

1. rappel du problème
2. distinction ou repère conceptuel
3. référence à un ou plusieurs auteurs
4. exemple quotidien ou référence culturelle
5. transition vers la partie suivante pour les 1re et 2e partie / solution du problème pour la 3e partie

Conclusion

1. rappel du lien entre la question posée et le problème
2. rappel des grandes étapes du raisonnement
3. réponse claire et définitive à la question posée

Page de droite

Directement en face de la dissertation rédigée, des remarques viennent éclairer la façon dont elle est composée. En ce qui concerne l'introduction, il s'agira toujours des trois moments-clés d'une introduction, à savoir l'analyse du sujet, la formulation du problème, et l'annonce du plan. Pour toutes les autres, elles sont exposées comme en cours : en s'adressant directement aux élèves, comme je le fais moi-même en cours. Elles sont de cinq types :

Analyse et méthode : des remarques méthodologiques, concernant la façon de construire une dissertation : comment composer les différentes parties du devoir (introduction, développement, conclusion) avec le souci constant de souligner leur lien étroit avec le cours, les notions, les repères et la référence aux auteurs du programme.

Notions et repères : Une notion n'est pas une idée toute faite dont il faudrait apprendre par cœur la définition. C'est plutôt une sorte de noyau philosophique autour duquel gravite un grand nombre de problèmes classiques qui traversent l'histoire de la philosophie. Les problèmes philosophiques apparaissent dans la relation qu'entretiennent plusieurs notions entre elles ; il est contre-productif d'étudier chaque notion séparément. Au fur et à mesure de l'année, les liens entre chaque notion apparaissent de plus en plus clairement.

Notices biographiques : Ces petites notices sont précieuses pour mettre de l'ordre dans ses connaissances. Elles sont utiles pour mettre en relation les philosophes entre eux, et de comprendre que c'est souvent de leurs désaccords, voire de leurs rivalités, que naissent l'originalité et la pertinence de leurs doctrines.

Conseils du prof : Ce sont des conseils de tous ordres, qui s'apparentent à ce que le professeur peut dire spontanément, en classe, pour éclairer ou illustrer un point du cours ou une difficulté méthodologique.

Pour aller plus loin : Pour tenir dans l'espace d'un livre facile à utiliser, les cours sont synthétiques : Là encore, il se dit en cours bien plus que ce qu'on peut imprimer sur quelques pages. Pour permettre aux élèves curieux d'approfondir les points qui les intéressent, des références, parfois sous forme de lien internet, invitent à aller chercher de quoi alimenter la réflexion.

Ces remarques représentent l'ensemble de ce qui peut être dit et travaillé en classe. Elles relient le travail des notions et de l'apprentissage de la méthode de la dissertation. Elles distinguent, dans chaque cours, les points de méthode et la culture philosophique mis en œuvre. Enfin, elles mettent en évidence la façon dont des problèmes philosophiques sont soulevés, analysés puis résolus.

Il y a alors deux lectures possibles. La première ne concerne que la page de gauche. Elle permet de prendre connaissance du cours une première fois. La seconde consiste à lire *en même temps* le cours et les remarques, de manière à comprendre comment la méthode est employée, et comment le problème philosophique est traité.

En ce qui concerne le choix des sujets traités, certains sont des sujets « tombés » au bac récemment. D'autres sont des sujets « classiques » au sens où ils nous découvrent des problèmes incontournables dans l'histoire de la philosophie. Des sujets d'explication de texte, en fin d'ouvrage, se concentrent sur la méthode de lecture et d'analyse des textes, tout en aidant à se faire une idée de leurs auteurs.

L'objectif de ce livre aura été atteint si le lecteur parvient à sentir, au fur et à mesure des chapitres, ce qu'il se passe dans une salle de classe pendant un cours de philosophie, et comment le professeur, s'adressant directement à ses élèves, a à cœur de les préparer efficacement au baccalauréat et, qui sait ?, de leur donner un peu de goût pour la philosophie.

En ce qui concerne les séries S, ES, L, ou technologiques, nous avons pris la décision de ne pas les mentionner ailleurs que dans la série pour laquelle le sujet a été proposé au baccalauréat. En effet, il est important pour les élèves de se garder de l'illusion que certaines notions recevraient un traitement particulier en fonction de leur série. Fondamentalement, on attend exactement *la même chose de tous les candidats, quelle que soit la notion abordée : être capable de produire une réflexion philosophique rigoureuse, argumentée et référencée.*

NB : *La mention « sujet original » dans le sommaire désigne un sujet qui n'est pas « tombé » au bac, mais fréquemment donné aux élèves car il permet de soulever des problèmes classiques en philosophie.*

Sommaire

Dissertations

Explications de texte

Dissertations

Sommes-nous maîtres de nos désirs ?

Introduction

Un sondage donnerait à coup sûr l'expression « je fais ce que je veux » comme l'une des expressions les plus fidèles du sentiment de la liberté. Mais si nous y regardons de plus près, nous prononçons cette phrase principalement pour exprimer un désir qui n'est pas réfléchi. « Ce que je veux » veut dire en réalité : « ce que je désire ». Pourtant la volonté et le désir sont loin d'être deux choses équivalentes. Le désir est un mouvement en moi qui s'impose à moi, l'expression d'un manque à combler qui ne me laisse pas en paix tant que je ne l'ai pas satisfait. Le fait de se demander si nous sommes les maîtres de nos désirs revient à savoir si nous pouvons les choisir et les contrôler. En un mot, si nous *voulons* ce que nous *désirons*. Mais justement, par nature, le désir s'impose à nous sans que nous le voulions. Le désir de fumer, pour le fumeur qui s'efforce d'arrêter, n'est pas volontaire, loin s'en faut.

La question de savoir si nous sommes maîtres de nos désirs devient alors hautement problématique. Il semblerait que, par définition, ils nous contraignent en nous commandant de les satisfaire. Mais satisfaire ses désirs, n'est-ce pas, comme nous l'avons dit pour commencer, se sentir vraiment libre ? La question telle qu'elle est posée engage l'idée même de la liberté : être libre, est-ce chercher à satisfaire ses désirs, ou à les contrôler ? Si je cherche à les satisfaire, je me soumets à eux ; je deviens pour ainsi dire leur esclave. Mais si je cherche à les dominer, à devenir leur maître, je peux refuser de les satisfaire, mais ne vais-je pas du même coup me condamner à la frustration et au malheur ?

Afin d'y voir clair au milieu de tels paradoxes, mieux vaut commencer par examiner l'idée qui semble la plus répandue : la liberté et le bonheur consisteraient à pouvoir réaliser tous ses désirs. Mais si cette idée nous conduit à penser que, loin d'être maîtres de nos désirs, nous en sommes les esclaves, il faudra alors voir si être maître de nos désirs ne consisterait pas plutôt à avoir la faculté de les ignorer, et de mener une vie étrangère aux désirs. Mais ces deux hypothèses reposent au fond sur un même présupposé : tous les désirs posséderaient la même valeur. Est-ce vraiment le cas ?

1 Analyse du sujet

Deux notions du programme sont en jeu dans ce sujet. Il y a d'abord le désir qui est désigné *explicitement*. Mais l'analyse du sujet doit nous conduire à identifier la seconde notion, *implicite*, de la liberté.

Voilà exemplairement un sujet dont l'analyse ne doit absolument pas se contenter d'une simple définition des termes. L'analyse du sujet doit au contraire faire apparaître les notions implicites qui permettent de mesurer les problèmes contenus dans le sujet.

Le mot « maître » signifie : dominer, imposer sa volonté. Quant au mot « désir », il serait contre-productif de le définir trop précisément d'entrée de jeu, puisque c'est justement la notion clé qu'il va falloir approfondir durant toute la dissertation. L'introduction, encore une fois, ne doit pas se réduire à une énumération de définitions brutes mais doit proposer une analyse pertinente : en l'occurrence, nous mettons au jour l'idée de volonté, cachée sous celle de maîtrise.

2 Ce qui fait problème

Tout le problème réside dans l'ambivalence du sujet, entre désir et volonté. Reprenons l'exemple du fumeur. Il veut *en même temps* fumer et ne pas fumer. Ou plutôt : il est pris par le désir de fumer, alors que sa volonté lui commande de ne pas le faire. Ce conflit résume tout le problème de la liberté intérieure, qui est sous-entendue par la manière dont la question est posée. En ne satisfaisant jamais mes désirs, je suis frustré et malheureux. Au contraire, je me sens libre et heureux en les comblant. Pourtant, je sens bien que la liberté consiste aussi à se déprendre de son désir, à pouvoir le raisonner. C'est le paradoxe du désir qu'il va donc s'agir d'élucider.

3 Annonce du plan

Nous reviendrons au fil du cours sur l'importance de la cohérence entre les trois parties que voici :

1. Satisfaire tous nos désirs, c'est en réalité en devenir l'esclave ;
2. Pour nous rendre maître de nos désirs, il nous faut les dominer ;
3. Le véritable maître de ses désirs est celui qui sait les sélectionner selon leur valeur.

1. Satisfaire tous nos désirs, c'est en réalité en devenir l'esclave

Satisfaire ses désirs, est-ce en devenir le maître ou en devenir l'esclave ? Si j'ai par exemple le désir d'être reconnu et admiré, je me sens frustré d'être soumis à l'anonymat : la pression du désir inassouvi fait de moi son esclave. Mais quel plaisir, quelle fierté, quand après de nombreux efforts je parviens enfin à une position sociale qui m'apporte la reconnaissance à laquelle j'aspirais ! En ce sens, c'est en réussissant à les réaliser que je deviendrais « maître » de mes désirs.

C'est exactement ce que Calliclès affirme haut et fort. Personnage composé par Platon pour incarner l'antithèse de Socrate dans le *Gorgias*, il se vante de sa supériorité intellectuelle, physique et sociale. Quand Socrate fait l'éloge de la maîtrise de soi, Calliclès répond : « *Si l'on veut vivre comme il faut, on doit laisser aller ses propres passions, si grandes soient-elles, et ne pas les réprimer. Au contraire, il faut être capable de mettre son courage et son intelligence au service de si grandes passions et de les assouvir avec tout ce qu'elles peuvent désirer.* »

La vraie liberté, à ses yeux, ne consiste certainement pas à se plier à des lois ou à une prétendue justice humaines. Au contraire : ceux qui sont bien nés, charismatiques et puissants, doivent réaliser le potentiel que la nature a placé en eux et devenir les maîtres dans leur cité. Ce serait un crime envers la nature que le plus fort, celui qui est né pour commander, en soit empêché par d'autres hommes plus faibles ! Comment s'imposer aux autres, alors ? La réponse est sans ambiguïté : laisser aller ses passions, c'est-à-dire les désirs les plus intenses. Ne pas les contraindre mais, au contraire, les exprimer avec toute la force possible. Celui qui est prêt à tout pour conquérir le pouvoir, avec toutes les qualités pour y parvenir, le mérite. C'est donc bien le *droit du plus fort* que Calliclès défend face à Socrate.

Tout le monde ne peut pas se rendre maître de ses désirs. Pour Calliclès, cela demande beaucoup de courage. Il faut oser les assumer et parvenir à les imposer aux autres. Pourtant, il semble que le raisonnement de Calliclès contienne une contradiction. Est-on vraiment maître de soi en se soumettant à tous les désirs qui surgissent en nous ?

Platon et le Gorgias

Voilà un dialogue de Platon aussi violent que captivant. Il met Socrate aux prises avec trois adversaires. D'abord Gorgias lui-même, maître de rhétorique, qui explique à Socrate la nature du pouvoir que lui confère son art. Mais forcé de reconnaître que ce dernier n'est en réalité rien d'autre que l'art de la tromperie et du mensonge, Gorgias humilié cède la parole à son disciple Polos. Celui-ci doit à son tour admettre que loin d'être heureux et puissant, celui qui parvient à s'imposer par la force ou par la séduction est bien misérable, car il n'est que l'esclave de désirs dont il ne connaît ni la valeur ni l'origine.

Calliclès prend alors la parole. C'est un adversaire redoutable et fascinant, qui ne craint pas d'assumer les implications immorales de ses propos. Il est jeune, beau, riche et puissant ; insultant et brutal au besoin : tout le contraire du vieux Socrate, qui sait charmer et louvoyer...

Conseils du prof

Il y a des implications politiques importantes dans le propos de Calliclès. Il n'est pas très éloigné de celui de Thrasymaque, que Socrate rencontre au livre I de la *République* : les deux personnages sont d'ardents défenseurs du **droit du plus fort**. Nous retrouverons cette idée dans le chapitre sur l'État, et nous verrons la critique que Rousseau en fait dans le *Contrat social*.

Désir / passion

La distinction entre désir et passion est éclairante. La *passion* (terme qui figurait jadis au programme de terminale) vient du grec *pathos* qui signifie la souffrance. On parle ainsi, dans le christianisme, de la Passion de Jésus, c'est-à-dire des souffrances qu'il a endurées jusqu'à sa mort. Nous sommes bien loin du sens moderne du mot, qui désigne une activité à laquelle nous nous dévouons et qui nous procure du plaisir ! Mais il y a un fonds commun à ces deux significations pourtant très éloignées l'une de l'autre : la passion est subie et nous tient sous son emprise : elle nous ôte la maîtrise de nous-mêmes.

Calliclès peut bien devenir le maître de la cité, mais n'est-il pas lui-même esclave, soumis à la tyrannie des désirs qu'il ne choisit pas ? Quand Socrate l'interroge sur ce point, il ne comprend même pas la question. Ce qu'il désire, il croit le vouloir, mais en confondant ainsi désir et volonté, il s'est laissé enfermer dans une illusion de liberté. Il n'est pas maître de ses désirs, mais il a fait d'eux ses maîtres. Si nous tirons les leçons du cas de Calliclès, il semblerait alors qu'être maître de ses désirs signifierait s'en débarrasser purement et simplement. Comment est-ce possible ?

2. Nous rendre maître de nos désirs, n'est-ce pas avoir la faculté de les tenir à distance ?

Encore faut-il savoir ce que signifie tenir à distance ses désirs. L'exemple du fumeur est à ce titre très éclairant. Le fumeur qui souhaite arrêter se trouve en proie à un violent désir de fumer. Il est contradictoire de dire qu'il est libre en succombant à son désir de fumer... Au contraire, n'est-ce pas en se faisant violence, par un long travail sur lui-même, qu'il peut parvenir à se dissocier de son désir afin de s'en rendre maître ?

C'est de cette manière, pensait Épictète, qu'on peut parvenir à la liberté et à la vie bonne. Le premier paragraphe du *Manuel* présente la célèbre formule suivante : « *il faut distinguer les choses qui dépendent de nous et celles qui n'en dépendent pas.* » Or, estime Épictète, nos jugements comme nos désirs dépendent de nous.

Par exemple, si quelqu'un m'insulte et que je me sens humilié, c'est bien moi qui juge du caractère humiliant de l'insulte et qui éprouve le désir de me venger. Qu'est-ce qui m'empêche alors de transformer mon jugement, de considérer que l'insulte ne me fait ni chaud ni froid, et ainsi d'abandonner tout esprit de vengeance ? Ce qui ne dépend pas de moi, c'est la décision d'autrui de chercher à me provoquer. Mais ce qui dépend de moi, c'est de refuser d'être atteint par la provocation. Être serein même face aux insultes et aux humiliations, c'est cela, pour Épictète, être maître de ses désirs : « *Ce qui trouble les hommes, ce ne sont pas les choses, mais les jugements qu'ils portent sur les choses* ». Si nous ne sommes pas dès le départ maîtres de nos désirs, nous pouvons malgré tout apprendre à le devenir.

Analyse et Méthode

C'est pour mieux rattacher notre référence au sujet, que nous *reformulons ici la thèse de Calliclès avec les mots même du problème qui nous occupe.* Cela évite de se laisser entraîner vers le hors-sujet. Nous voyons bien comment la deuxième partie prend le contrepied de la première partie. Si chercher à satisfaire tous ses désirs ne permet pas de s'en rendre maître, alors peut-être que parvenir à les contrôler serait une réponse plus pertinente. Il ne s'agit pas de dire platement « oui », puis ensuite « non », sans aucun lien entre les deux parties. Ici, la deuxième partie nous fait avancer dans notre raisonnement. Nous ne sommes pas « naturellement » maîtres de nos désirs (1re partie), mais nous pouvons le devenir par un effort particulier : celui de l'ascèse et de la discipline, et du contrôle de soi (2e partie).

Épictète

Cet esclave affranchi, qui vécut à Rome au Ier siècle après Jésus-Christ, fait partie de ces philosophes qui n'ont rien écrit eux-mêmes, mais dont l'œuvre a été composée par des disciples. Arrien, élève du vieux maître, est ainsi le véritable auteur du *Manuel* comme des *Entretiens.*

On résume souvent Épictète à l'anecdote de la jambe cassée rapportée dans ses *Entretiens.* Son maître Epaphrodite, curieux de savoir à quelle pression peut résister une jambe humaine, enserre celle de son esclave dans un étau. « Attention, si tu continues à serrer, ma jambe va casser », le prévient Épictète. Epaphrodite ignore l'avertissement, et peu après la jambe casse. Épictète réplique alors en toute sérénité : « tu vois, je te l'avais bien dit ». Le sens de cette anecdote est de montrer comment l'idéal stoïcien exige que toutes les affections du corps (faim, douleur, maladie, etc.) soient tenues éloignées de l'esprit. Ce qui définit un homme, ce n'est pas son corps : c'est son jugement, sa pensée (*logos*) qui lui appartiennent en propre et que personne ne peut lui prendre.

Être maître de ses désirs, c'est devenir maître de son être tout entier, et entièrement libre. Le souci de maîtriser ses désirs devient alors capital pour toute vie qui se voudrait libre et heureuse. Car il y a quelque chose en moi dont je suis toujours le maître : cette chose, c'est mon *logos,* ma raison, ma pensée, en un mot : ce que je suis profondément.

Pourtant, chez Épictète, cette volonté de se tenir à distance de tout désir peut sembler bien cruelle. En effet, on peut encore lire dans le *Manuel* ces quelques conseils : « *Si tu aimes une marmite, dis-toi : c'est une marmite que j'aime. Car, si elle vient à se casser, tu n'en seras pas troublé. Si tu embrasses ton enfant ou ta femme, dis-toi que c'est un être humain que tu embrasses ; car, s'il meurt, tu n'en seras pas troublé* ».

Comment comprendre cette phrase ? Pour ne pas tomber dans le malheur, il est impératif de prendre nos distances avec tous nos désirs, notamment ceux qui nous attachent affectivement aux choses et aux êtres en nous faisant croire que leur existence dépend de nous. Si des objets auxquels je tiens sont perdus ou brisés, ce qui me rend malheureux, ce n'est pas la perte de l'objet, mais mon attachement à lui. Il suffit alors de se déprendre de cet attachement et de se concentrer à mieux comprendre l'ordre de la nature, pour ne pas cesser d'être serein et heureux.

Mais la phrase d'Épictète est ainsi faite qu'elle met sur le même plan l'attachement à une marmite, ou à n'importe quel objet, et l'attachement à sa femme, ses enfants, ou un membre de sa famille. Si ma femme ou mon mari meurt, il me suffirait de comprendre que sa mort est dans l'ordre des choses pour ne pas être malheureux. Mais n'est-il pas inhumain de refuser tout attachement affectif pour se protéger de tout risque de trouble et de malheur ? N'est-ce pas en raison de notre attachement inconditionnel à d'autres personnes, à nos enfants, à nos amis, que nous nous sentons faire profondément partie de ce monde que nous partageons avec eux ? Si l'on suivait le raisonnement d'Épictète, nous serions maîtres de nos désirs, au sens où nous serions indifférents… Y aurait-il une manière de garder dans notre vie un espace pour les désirs, de chercher à les satisfaire, sans pour autant en devenir l'esclave ?

Pour aller plus loin : Le cosmos stoïcien

La morale stoïcienne semble particulièrement dure, mais elle doit se comprendre au sein d'une vision plus globale du monde. Pour un stoïcien, le monde est un être divin et rationnel au sein duquel toute chose est à sa place. C'est au sage, par l'étude de l'astronomie et des sciences, de connaître cet ordre. Le monde est donc à proprement parler un *cosmos*, c'est-à-dire un tout harmonieusement ordonné. Tout doit donc se passer « conformément à la nature », c'est-à-dire dans le respect de la raison et de l'ordre du monde. Face à une souffrance, par exemple la perte d'un être cher, il faut se dire que sa disparition est dans l'ordre juste des choses plutôt que de se lamenter sur son injustice supposée.

C'est pour cette raison aussi que le sage stoïcien s'occupe de politique. L'organisation de la cité est à l'image de l'ordre cosmique : harmonieux quand toute chose y est à sa place. Les stoïciens ont souvent été redoutés par les tyrans et les empereurs, car ils se moquaient bien de leur obéir et constituaient un contre-pouvoir dangereux. D'ailleurs, l'empereur Vespasien bannit de Rome les sénateurs et philosophes stoïciens en 71, et son successeur Domitien fera de même en 84, exilant notamment Épictète.

Conseils du prof

Même si ses propos peuvent vous paraître choquants, il serait pour le moins malvenu de dire qu'Épictète « a tort » en disant qu'il faut nous déprendre de nos attachements et des personnes que nous aimons. Que nous soyons d'accord avec lui ou pas relève de l'opinion et n'a aucun intérêt dans le cadre d'une réflexion philosophique. Il faut au contraire tâcher d'en saisir la cohérence interne.

Il existe bien sûr une invitation à « discuter » les thèses des auteurs étudiés, notamment dans les explications de texte. Mais attention ! Discuter la thèse d'un auteur signifie, qu'elle n'est peut-être pas la plus pertinente *dans le contexte d'un problème particulier*, non pas qu'elle est fausse dans l'absolu.

3. Être maître de ses désirs, c'est savoir les sélectionner selon leur valeur

Dire qu'être maître de ses désirs signifie chercher à tous les satisfaire ou bien à tous les supprimer, c'est à chaque fois présupposer la même chose, à savoir que tous les désirs se valent. N'est-ce pas là un préjugé grossier ? Être maître de ses désirs, ne serait-ce pas, à l'inverse, avoir la capacité de les identifier selon leur valeur, de les hiérarchiser ? Il semble impossible de penser une vie totalement aliénée au désir, mais il ne l'est pas moins de penser une vie dans laquelle le désir n'aurait aucune place.

Il s'agit donc de montrer que ce n'est pas le désir qui, par nature, est aliénant, mais que certains désirs le seraient plus que d'autres. Pour Épicure, le bonheur passe justement par un tel travail d'analyse au sein des désirs. Selon lui, « *tout plaisir est un bien* ». C'est-à-dire qu'il faut reconnaître, parmi tous nos désirs, ceux dont la satisfaction apporte un *maximum* de plaisir pour un *minimum* de peine. Il faut donc faire un calcul.

Dormir quand on a sommeil, manger simplement quand on a faim, profiter d'une soirée à converser avec des amis : voilà des désirs simples et facilement contentés. À l'inverse, rechercher la fortune, la célébrité, s'habituer à des excès en nourriture et en boisson : voilà des désirs qui apportent un *maximum* de trouble, d'inquiétude et d'effort pour un résultat somme toute bien incertain. Je peux sacrifier toute ma vie à rechercher la gloire et la réussite sociale sans jamais y parvenir ; ou, une fois acquises, m'épuiser à les conserver pour finir malgré tout par les perdre. En fin de compte, j'aurai alors connu bien plus de peines que de plaisirs. Je peux me livrer chaque soir à l'ivresse et à l'excès : mais les problèmes en tous genres que cela ne manquera pas d'apporter constitueront une charge de soucis bien plus pénible que le maigre plaisir de l'ivresse elle-même.

Or, ces plaisirs simples et aisément satisfaits sont des plaisirs qui prennent leur source dans les besoins du corps pour être en bonne santé : ces besoins, Épicure les appelle les désirs naturels et nécessaires. À l'inverse, les excès ou les désirs insatiables de richesse, ne sont commandés ni par les besoins du corps ni par ceux de l'esprit. Ce sont des désirs artificiels et vains.

Épicure

Des « trois cents volumes » que, selon Diogène Laërce, Épicure aurait écrits, pas un ne nous est parvenu. Ce qui nous reste de lui se réduit à trois lettres, des fragments carbonisés découverts dans les ruines d'Herculanum en 1752, et quelques maximes retrouvées dans la bibliothèque du Vatican et publiées à la fin du 19e siècle. C'est grâce aux six livres qui composent le gigantesque poème *De la nature* du Romain Lucrèce (dont nous ne savons rien non plus), que nous pouvons avoir accès à une version plus développée de la pensée du maître.

Tant de discrétion est cohérent avec l'esprit de l'épicurisme. Car si les stoïciens prenaient part à la vie publique, Épicure voulait quant à lui que ses disciples se tiennent à l'écart du monde et de tout ce qui pouvait troubler le reste des hommes. C'est la raison pour laquelle il avait acquis un jardin éloigné du centre d'Athènes, et que les épicuriens se faisaient appeler les « philosophes du jardin ».

Pour aller plus loin : Le cosmos épicurien

Épicure est un matérialiste. Pour lui, il n'y a que deux types de choses dans l'univers : des atomes, et le vide dans lesquels les atomes tombent et s'agrègent pour former des corps. Tout être n'est jamais qu'un corps, c'est-à-dire un composé d'atomes. Qu'est-ce que l'esprit ? Simplement un subtil flux d'atomes qui parcourt le reste du corps. Quelle différence entre les hommes et les dieux ? L'assemblage d'atomes qui compose les dieux est incorruptible (ainsi les dieux sont immortels et sereins), tandis que celui qui compose les hommes est bien fragile (ainsi les hommes sont mortels et inquiets).

On comprend dès lors la raison de la doctrine épicurienne du plaisir, qui découle de cette cosmologie. Si « tout plaisir est un bien », c'est que le plaisir est le témoin de l'harmonie du corps, hors duquel il n'y a rien. Et il n'est somme toute pas si difficile à obtenir dès lors que nous comprenons le système du calcul des plaisirs et des peines.

Le maître de ses désirs, pour Épicure, n'est ni celui qui s'y livre aveuglément, ni celui qui les rejette en bloc. C'est celui qui, par un calcul réfléchi des plaisirs et des peines qui résultent des désirs, identifie ceux qu'il gagnera à satisfaire, et ceux qui doivent être prudemment ignorés et supprimés. Comment cela peut-il se faire ? La réponse est simple : c'est la *raison* qui nous convainc que tel désir, malgré la pression qu'il exerce sur nous, est toxique. C'est la raison qu'il nous faut développer et appliquer en toutes choses, dans notre quotidien. Et qu'est-ce que la philosophie ? C'est l'exercice de la raison qui fait d'un homme un philosophe, autrement dit un homme heureux et maître de ses désirs.

Conclusion

Il revient au philosophe d'être maître de ses désirs, puisque lui seul en connaît la vraie nature. Une telle maîtrise ne va pas de soi puisque le désir se définit justement par la frustration et le manque, de plus en plus intenses tant qu'il n'est pas comblé. Alors comment conquérir cette maîtrise ? Nous avons commencé cette réflexion en montrant que cela ne pouvait pas être en posant comme principe que tous nos désirs doivent être assouvis, ainsi que le prétendait Calliclès. À l'inverse, la discipline stoïcienne, qui consiste à se rendre étranger à toute forme de désir ou d'attachement envers des choses ou des êtres, semble être un idéal bien inaccessible. Être maître de ses désirs ne signifie ni les satisfaire tous, ni les supprimer tous. C'est avec Épicure que nous apparaît la solution la plus convaincante : nous ne sommes pas *déjà* maîtres de nos désirs, mais nous pouvons le devenir en apprenant à distinguer les plaisirs naturels et nécessaires, aisément satisfaits, des plaisirs vains qui nous condamnent à l'insatisfaction et au trouble.

La question de la maîtrise des désirs permet donc de répondre à celle de la liberté. La liberté ne consiste pas à vivre soumis ou étranger au désir, mais à *vouloir* ce que nous désirons : c'est-à-dire à faire de notre raison le juge de la valeur des désirs. Alors l'expression « je fais ce que je veux » ne sera plus l'expression d'un caprice et de la confusion entre désir et volonté, mais bien de leur synthèse, c'est-à-dire l'affirmation de notre maîtrise de nous-mêmes et de notre liberté intérieure.

Analyse et méthode

La fin de notre troisième partie apporte une réponse claire à la question posée par le sujet. Nous sommes maîtres de nos désirs dès le moment où, en tant que philosophes, nous pouvons les distinguer, comprendre qu'ils n'ont pas tous la même valeur, en reconnaître la vraie nature, et gagner la capacité de nous distancier d'eux.

Vous pouvez désormais mesurer ce que nous disions un peu plus tôt : nos trois parties ne sont pas indépendantes les unes des autres. Ce que nous avons vu dans la première partie n'a pas été purement et simplement balayé pour passer à autre chose. Les trois parties sont trois moments d'un seul et même raisonnement, dont les liens sont clairement signalés par les transitions.

Pour aller plus loin

Tout le monde connaît la chanson du film de Disney *le Livre de la jungle* sorti en 1967 : « Il en faut peu pour être heureux » (*The Bare Necessities* en version originale). Les paroles de cette chanson, sous des dehors enfantins, forment une description tellement précise d'une vie épicurienne retirée du monde, centrée sur l'amitié et les désirs naturels et nécessaires, qu'il est impossible que son auteur Terry Gilkyson n'en ait pas eu explicitement l'intention. Voici l'extrait sur la chaîne Youtube officielle de Disney :

https://www.youtube.com/watch?v=teKygneXkX8

Conseils du prof

En lisant ce cours, vous pourriez penser qu'il ne contient aucune réflexion personnelle, puisque nous nous appuyons à chaque fois sur des auteurs (Platon, Épictète puis Épicure). Il n'y a aucune idée « originale ». Mais ce n'est pas là l'important : **penser, ce n'est pas avoir des idées : c'est organiser des idées pour leur donner du sens.** Ici, nous n'avons pas récité platement la doctrine de Platon, Épictète et Épicure, mais nous nous les sommes appropriés afin de donner du sens à une question précise, celle de la maîtrise de nos désirs.

Prendre conscience de soi, est-ce devenir étranger à soi ?

Introduction

Par définition, est étranger à nous tout ce qui n'est pas nous ; aussi la question, telle qu'elle est posée, serait contradictoire. « Avoir conscience » signifie : avoir une connaissance immédiate. En même temps que j'agis ou que quelque chose m'arrive, je sais *immédiatement* que j'agis ou que cela m'arrive : j'en ai une représentation que je suis capable de décrire plus ou moins fidèlement. Par conséquent, prendre conscience de soi reviendrait à connaître ce que nous sommes en excluant ce qui nous est étranger. Que je sois conscient de moi et que je sache qui je suis, voilà une évidence qui semble indiscutable. Si, lors d'un entretien d'embauche, on me demande de me présenter, je peux parler de moi, évoquer mes qualités ou mes défauts, imaginer comment je réagirais dans telle ou telle situation.

Mais l'expression « *prendre* conscience de soi » signifie que nous pouvons découvrir en nous quelque chose dont nous ignorions l'existence et qui détermine notre façon d'être et d'agir. C'est tout l'enjeu du roman de Stevenson, *L'étrange affaire du Dr Jekyll et de Mr Hyde :* le Dr Jekyll trouve un moyen donner libre cours aux désirs qui l'habitent. Dans le testament qu'il laisse derrière lui, il révèle que les tendances criminelles d'Edward Hyde sont les siennes, renfermées depuis des années. Le docteur londonien réputé et le criminel partagent une même conscience, mais ils n'ont pas la même *identité*. Jekyll n'assume pas les crimes commis par son *alter ego*, son « autre moi » mais qui n'est pas tout à fait lui… Plus Jekyll laisse de la place à Hyde, plus celui-ci lui devient étranger et l'envahit, jusqu'à précipiter sa mort.

Le roman de Stevenson révèle quelque chose de l'esprit humain. Il semble bien que, plus nous prenons conscience de nous, et moins nous savons qui nous sommes, comme si ce qui nous constitue profondément demeurait, au fond de nous, insaisissable. Afin d'y voir plus clair, nous chercherons d'abord à montrer comment prise de conscience de soi peut signifier connaissance de soi. Mais cette connaissance, en progressant, ne risque-t-elle pas de révéler un océan inconnaissable, achevant de montrer que nous sommes des étrangers à nous-mêmes ?

1 Analyse du sujet

Le sujet cherche à évaluer une équivalence : il donne deux expressions apparemment opposées : « prendre conscience de soi », « devenir étranger à soi », et demande si elles sont équivalentes. Autrement dit, si « A = B ». Dans ce cas, la meilleure façon de s'y prendre est de faire varier les différents sens de « A » et de « B » jusqu'à trouver – ou pas... – deux sens qui coïncident. C'est ce que nous ferons en leur donnant le sens de « révélation de l'inconscient » dans notre troisième partie. Il y a donc trois notions du programme en jeu ici : le sujet, la conscience, l'inconscient.

2 Ce qui fait problème

Le problème tourne simplement autour de la question de la *connaissance de soi*. Il s'agit de pointer la contradiction manifeste entre les deux formules qui composent le sujet, et de voir si cette contradiction ne révèle pas quelque chose de la condition humaine : une connaissance de soi superficielle, qui masquerait le cœur de ce qui nous constitue et qui en même temps nous échappe. Comme si, contrairement à l'évidence que nous pointons dans l'introduction, nous ignorions totalement notre nature profonde.

Nous aurons à nouveau recours au roman de Stevenson plus loin dans ce chapitre. Il va nous servir de « référence filée ». Ce genre de référence de culture générale, alternée avec des exemples du quotidien, peut vous aider à faire vivre votre réflexion.

3 Annonce du plan

1. Prendre conscience de soi, c'est découvrir ce qui nous constitue en tant que sujet. Cette partie va être l'occasion de découvrir le *cogito* cartésien et ses implications.
2. C'est mon rapport au monde qui me constitue en tant que sujet. Prendre conscience de soi implique la reconnaissance de ma présence au cœur du monde, et que ce qui nous semble d'abord étranger (le monde extérieur) participe à nous construire comme sujet, à travers l'expérience.
3. Prendre conscience de soi, c'est découvrir que je suis étranger à ce qui me constitue en tant que sujet. C'est là que nous aborderons la question de l'inconscient.

1. Prendre conscience de soi, c'est découvrir ce qui nous constitue en tant que sujet

L'une des exigences originelles de la philosophie, celle de se connaître soi-même, inscrite sur le fronton du temple de Delphes, est en réalité assez curieuse. En effet, le sujet est d'abord un pouvoir de connaître : je sais qui je suis, où je suis, ce que je fais ; et si je ne le sais pas, je m'interroge, je cherche à le savoir.

Ainsi, pour Descartes, prendre conscience de soi, loin de devenir étranger à soi, c'est comprendre que nous nous identifions d'abord à ce pouvoir de connaître. Or, remarque-t-il, nous nous trompons fréquemment sur la nature des choses que nous voulons connaître et nous jugeons mal ce que nous percevons. Quand je plonge un bâton dans l'eau, il apparaît comme brisé en deux à la surface de l'eau, alors que je sais bien qu'il est droit. Je vois le ciel bleu, je sais que je suis bien éveillé, je crois qu'un ami me dit la vérité. Mais qu'est-ce qui me prouve que le ciel est bien bleu, que je ne suis pas en train de rêver ou que mon ami ne m'a pas menti ? Arrive alors le moment du doute qui envahit tout : quand nous cherchons à savoir si tout ce que nous pensons est vrai, la première chose qui nous apparaît est que tout peut bien être faux, et que toute certitude semble impossible.

Pour Descartes, cela s'exprime de la manière suivante : je peux bien douter de la vérité de tout ce que je pense, et me dire que tout est faux et illusoire. Je peux « douter de tout ». Mais si je doute de tout, il y a en réalité quelque chose qui est nécessairement vrai et dont je ne peux pas douter : c'est le fait que *je* doute, autrement dit qu'il y a une conscience qui pense et qui doute : « *De sorte qu'après y avoir bien pensé, et avoir soigneusement examiné toutes choses, enfin il faut conclure, et tenir pour constant que cette proposition : je suis, j'existe, est nécessairement vraie toutes les fois que je la prononce, ou que je la conçois en mon esprit* ».

Cette conscience de soi, pour Descartes, est la vérité primordiale sur laquelle pourront ensuite reposer toutes les autres connaissances vraies. Elle ne nous fait pas devenir étrangers à nous-mêmes : elle nous donne au contraire une première connaissance indubitable : nous nous identifions à notre pouvoir de penser.

Conseils du prof

« Le *Cogito* » (en latin) est devenu une expression générique qui désigne le problème précis de la connaissance réflexive de soi. Mais en 1637 Descartes écrit son *Discours de la méthode* en français, donc la formule originelle n'est pas le latin « *cogito ergo sum* », mais bien le français : « *je pense, donc je suis* ». Il y a une raison philosophique à cela : le « je pense » est une expérience universelle, que tout le monde peut faire dans sa langue quotidienne, et n'est pas réservée aux lettrés qui savent le latin. Il est donc inutilement pédant de la citer en latin, comme cela se voit encore dans beaucoup de copies !

Pour aller plus loin 1/2

Pourquoi le cogito cartésien est-il si important ? Dans l'Europe chrétienne, le monde était compris de la manière qui semblait la plus évidente : il fallait d'abord poser Dieu comme absolu et origine de tout, puis le monde créé, et enfin les hommes et les autres êtres qui composent le monde. C'était logique : il fallait d'abord poser, de manière théorique, une cause première – Dieu – avant d'en déduire ses effets : la multiplicité des êtres. C'est cette logique que Descartes renverse en découvrant *d'abord* l'homme, seul et un peu perdu, devant qui va s'ouvrir un monde divinement créé qu'il faudra apprendre à connaître. C'est cette façon de mettre l'homme au cœur du monde qui fait entrer la philosophie dans la modernité.

Pour aller plus loin 2/2

Dans *Par-delà bien et mal*, Nietzsche affirme que le « je pense » de Descartes n'est qu'une mystification : « *Il y a encore des observateurs assez naïfs pour croire qu'il existe des « certitudes immédiates », par exemple « je pense » [...] : il faudrait enfin échapper à la magie fallacieuse des mots.* » Derrière l'illusoire unité d'un sujet, qui n'est guère qu'une forme langagière, se cache la multiplicité originelle de mouvements et de tendances qui le constitue vraiment. Il y a là une préfiguration des pulsions et désirs inconscients que Freud étudiera quelques années après.

Le sujet, qui se connaît en prenant conscience qu'il pense, a-t-il bien pour autant une connaissance pleine et entière de lui ? Tout se passe comme si cette connaissance n'avait pas d'occasion déterminée, comme s'il fallait d'abord vider son esprit de tout objet particulier. Il semble bien, pourtant, qu'une partie de nous nous reste totalement étrangère : notre corps et notre sensibilité, qui nous ouvre au monde qui nous entoure. Comment faire pour ne pas devenir étranger à cette partie de nous et éviter le solipsisme, l'enfermement dans sa conscience ?

2. Le moi n'est pas qu'une « chose pensante », mais la synthèse de toutes nos expériences

L'un des problèmes les plus importants que les lecteurs de Descartes ont pu identifier est que la connaissance de soi était enfermée sur elle-même et coupée du monde extérieur. Pour Descartes, ce solipsisme était une condition incontournable de la connaissance de soi du sujet.

En effet, prendre conscience de soi, ce n'est pas simplement nous identifier à notre pensée, c'est aussi reconnaître que nous vivons au cœur du monde et que celui-ci contribue à faire de nous ce que nous sommes. C'est ce que Locke avance dans son *Essai philosophique concernant l'entendement humain* : « *lorsque nous voyons, que nous entendons, que nous goûtons, que nous sentons, que nous méditons, ou que nous voulons quelque chose, nous le connaissons à mesure que nous le faisons cette conscience accompagne toujours nos sensations et nos perceptions présentes : et c'est par là même que chacun est à lui-même ce qu'il appelle soi-même* ».

Locke est un empiriste : cela signifie que, contrairement à Descartes, il ne croit pas que la pensée puisse se saisir elle-même abstraitement. Il lui faut une occasion concrète, une expérience sensible qui la rapporte aux choses qui existent hors d'elle. Je prends conscience de moi *en train de me rapporter au monde.* Au moment où je goûte un aliment, je prends conscience que cette sensation est la mienne et qu'il y a donc un *moi* qui goûte. Autrement dit, ce ne peut être qu'à l'occasion d'une expérience sensible que je peux prendre conscience de moi. À ce titre, la méditation ou la pensée (l'allusion à Descartes est claire…) n'est qu'une activité comme une autre par laquelle je peux me rapporter au monde.

Analyse et méthode

Attention, il ne s'agit pas de dire que le *cogito* cartésien n'est pas cohérent, et que Locke aurait raison sur Descartes. Il s'agit de prendre position, *en revenant toujours au sujet*. Nous comprenons et nous définissons l'expression « devenir étranger à soi » non pas simplement comme une conscience autonome par rapport au corps et au monde, mais comme sujet complet où le corps joue un rôle dans la prise de conscience de soi. Autrement dit, nous prenons ici clairement parti pour l'empirisme lockéen car cela nous permet d'explorer une nouvelle dimension du sujet.

Médiat/immédiat

La conscience de soi chez Descartes est *immédiate* : elle se fait sans *médiateur*, c'est-à-dire sans intermédiaire. Elle apparaît d'elle-même de manière inconditionnelle. Chez Locke au contraire, elle est *médiate* : c'est l'expérience qui joue le rôle de médiateur. Ce n'est qu'à l'occasion d'une expérience que je me rends compte qu'il y a un « moi », sujet de cette expérience.

Origine/fondement

La différence entre Descartes et Locke peut aussi se faire d'une autre manière. Chez Descartes, le « je pense » est le *fondement* de l'expérience, c'est-à-dire le principe premier extérieur à l'expérience du monde et qui, *par suite*, la rend possible. Il faut entendre « fondement » comme un événement qui rend possible l'expérience mais qui, en lui-même, en est tout à fait indépendant parce qu'il peut être pensé sans elle : il y a bien d'une part le « je pense » et, d'autre part, l'expérience.

Alors que pour Locke le « je pense », ou plutôt le moi conscient, est une *origine* de l'expérience, c'est-à-dire son point de départ. Cela veut dire qu'il n'est pas extérieur à l'expérience, il n'est pas autonome par rapport au processus d'ouverture et de connaissance du monde. Il en est le premier moment dont on ne se saisit qu'*après-coup* : je fais une expérience, et au travers de cette expérience je peux en voir l'origine, le moi qui se construit en elle.

Locke va plus loin encore. L'unité du sujet pensant n'est pas déjà donnée, comme le pensait Descartes, mais elle se construit au fur et à mesure de nos expériences. Tout ce que j'ai fait et tout ce que j'ai pensé depuis ma naissance s'assemble pour former une mémoire. Je prends conscience de moi en tant que sujet en comprenant que ce sont les traces laissées par mes expériences passées qui me constituent. *Prendre conscience de soi*, c'est ainsi rassembler en une connaissance distincte l'ensemble de ses souvenirs, c'est-à-dire sa *mémoire*. Locke soutient que c'est elle qui constitue l'identité. En d'autres termes, les pensées et le corps sont en perpétuel changement, mais c'est la mémoire qui constitue la permanence de la conscience réflexive. Priver quelqu'un de sa mémoire, c'est en faire un étranger pour lui-même.

Pourtant, dans *L'Étrange affaire du Dr Jekyll et de Mr Hyde*, le médecin et le criminel « *ont en commun la mémoire* », ainsi que l'écrit Jekyll dans sa déposition. Hyde et Jekyll savent pertinemment ce que l'autre fait : mais pourtant ils constituent bien deux natures distinctes et opposées. Jekyll reconnaît que Hyde est le fruit d'une prise de conscience de lui-même : « *au moment où je considérai cette horrible idole, je ne ressentis aucune aversion : celle-ci aussi était moi* ». Ce que Stevenson parvient génialement à faire comprendre, c'est qu'il y aurait, au sein du sujet lui-même, des tendances, des mouvements qui lui seraient étrangers et incontrôlables. Est-ce vraiment le cas ?

3. Le moi est constitué d'inconscient bien plus que de conscience

Si la mémoire apparaît comme un fondement de notre identité, il semble que nous gardions également une grande quantité de quelque chose comme des souvenirs, mais dont nous n'avons pas conscience.

Pour Freud, de nombreux événements nous signalent régulièrement la présence d'intentions ou de tendances qui dirigent nos actions et que nous ne contrôlons pas. Par exemple, les gestes que nous faisons ou les mots que nous disons presque malgré nous, et qui expriment plus que nous ne voulions dire : quand par exemple, nous ratons un train que, justement nous ne voulions pas prendre, ou quand nous envoyons un SMS à la personne qui, justement, ne devait surtout pas le lire...

Sigmund Freud

Freud (1856-1939) se voyait le troisième grand penseur, après Copernic (qui dit que l'homme n'est pas au centre du monde) et Darwin (qui dit que l'homme est une espèce animale parmi les autres), à faire éclater la bulle d'orgueil dans laquelle les hommes se plaisent à vivre. Avec l'inconscient qu'il met à jour, Freud pense en finir avec l'illusion du libre arbitre en montrant que l'homme ne se s'appartient pas, qu'il n'est pas le « *maître dans sa propre maison* ». Il est d'abord un jeune médecin psychiatre qui étudie les maladies mentales avec Charcot à Paris, puis avec l'un des grands praticiens de l'hypnose, Josef Breuer à Vienne. Sa première ambition est de guérir l'hystérie (troubles psychiques affectant le corps) et de faire le lien entre affections hystériques et souvenirs refoulés. Il connaîtra le succès avec *De l'interprétation des rêves*, en 1900, où pour la première fois, la vie onirique est expliquée avec un souci de grande rigueur scientifique.

À travers la psychanalyse dont il fixe les pratiques et les limites, il va glisser des travaux cliniques à des recherches ouvertement philosophiques, et dresser un portrait de l'homme en proie au déterminisme de sa libido, c'est-à-dire la sexualité qui est au fondement de tout le psychisme humain. Affirmant refuser de lire Nietzsche, avec qui il se voit trop de points communs, Freud dirige depuis Vienne la défense de la psychanalyse telle qu'il la conçoit, mais doit fuir l'Allemagne en 1938. Il meurt à Londres, suite à un cancer, en 1939.

Pour aller plus loin

Francis Métivier, professeur de philosophie, a fait une série de vidéos sur les notions de philosophie en lien avec des blockbusters :

Celle portant sur l'inconscient à partir d'*Inception* de Christopher Nolan :

https://www.dailymotion.com/video/x1xa1gt_l-inconscient-freud_school

Et celle sur la conscience à partir d'*I, Robot* d'Alex Proyas :

https://www.dailymotion.com/video/x1ww540_la-conscience-descartes_school

Ces actes ne doivent rien au hasard, puisqu'ils révèlent au contraire un désir profond mais que nous n'assumions pas. Il en va de même pour les rêves : ni fruits du hasard, ni prémonitions, les rêves sont des souvenirs ou des désirs inconscients déguisés. Ainsi quand nous commettons un lapsus, un acte manqué, ou que nous rêvons, nous laissons échapper malgré nous des signes de désirs enfouis, cachés à nous-mêmes, dont nous n'avons pas conscience, mais qui motivent en sous-main nos actions et nos pensées :

« *Aussi bien chez l'homme sain que chez le malade, il se produit fréquemment des actes psychiques qui, pour être expliqués, présupposent d'autres actes qui, eux, ne bénéficient pas du témoignage de la conscience. [...] notre expérience quotidienne la plus personnelle nous met en présence d'idées qui nous viennent sans que nous en connaissions l'origine, et de résultats de pensée dont l'élaboration nous est demeurée cachée.* »

Ce qui est refoulé dans l'inconscient, ce sont les « souvenirs oubliés » et les désirs qui, trop douloureux ou trop honteux, font l'objet d'une censure inconsciente. Ainsi, dans une première cartographie du psychisme humain, Freud va identifier trois lieux distincts. Tout d'abord, le *conscient* est le lieu où résident les idées et les désirs qui apparaissent à l'esprit, et le *préconscient*, celui de la mémoire où les désirs et les souvenirs sont susceptibles d'être mobilisés par le conscient. Mais entre ces deux lieux et le troisième existe une résistance dynamique qui empêche toute connaissance directe de ce qui se trouve au-delà : Freud l'appelle le refoulement.

Or ce n'est pas parce qu'ils sont inconscients qu'ils sont passifs ou inoffensifs. Au contraire : en tant que souvenirs ou désirs *latents*, c'est-à-dire déguisés, ils influencent le *contenu manifeste*, de la pensée et ce que nous croyons décider pour nous-mêmes. Nous sommes étrangers à nous-mêmes, parce que nous ignorons les mobiles qui nous poussent à agir – mobiles qui sont souvent en contradiction avec ceux qui, à nos yeux nous poussent à agir : « *une partie de ces processus latents possède des caractères et des singularités qui nous paraissent étrangers, voire incroyables, et contredisent directement les qualités de conscience que nous connaissons* ».

La Seconde topique

Trop de copies confondent le conscient et le moi, le préconscient et le surmoi, l'inconscient et le ça. En réalité, Freud a élaboré deux *topiques*. La première, qui date de 1900, présente un double système : celui de l'inconscient et du refoulement d'une part ; celui du conscient et du préconscient d'autre part. Mais ces trois régions ne correspondent pas du tout à celles de *la Seconde Topique*, qui date de 1920 :

- *Le ça* : lieu des pulsions, des forces qui tendent l'organisme vers l'objet de ses désirs.
- *Le surmoi* : lieu des interdits parentaux et sociaux qui, dès le plus jeune âge, construisent un être social moralement acceptable.
- *Le moi* : lieu du conflit entre les pulsions du ça, ignorant toute morale, et le surmoi, qui les censure en détournant l'énergie pulsionnelle et en lui donnant un contenu manifeste, c'est-à-dire une allure et un but socialement plus acceptables.

Il est important de comprendre que **le ça, le surmoi et le moi sont tous trois des forces inconscientes**. En réalité, le conscient n'est qu'une petite partie du moi, là où apparaissent les raisons manifestes de nos actions. Freud l'appelle la « surface de l'appareil psychique ».

Contenu manifeste / contenu latent

La distinction entre contenu manifeste et contenu latent est décisive pour bien comprendre la notion d'inconscient chez Freud. Le contenu latent désigne d'abord les désirs et souvenirs refoulés qui occasionnent les rêves, qui restent très vifs et cherchent à s'exprimer. Cette expression va se faire sous une forme symbolique au sein du rêve : c'est elle que Freud va appeler contenu manifeste, comme un déguisement qui permet au contenu latent d'entrer malgré tout sur la scène du conscient.

Au-delà du seul rêve, le contenu latent peut désigner l'ensemble des pulsions inconscientes, qui cherchent tous les chemins possibles pour se réaliser à tout prix. Le contenu manifeste désigne le *travestissement* symbolique à travers lequel elles apparaissent à la surface de la conscience.

Avec Freud, l'expression « prendre conscience de soi » prend un sens paradoxal. Cela ne signifie plus : acquérir une connaissance et un contrôle de soi complets. Se connaître soi-même, c'est tirer vers le conscient ce qui est inconscient autant qu'il nous est possible. Prendre conscience de l'importance déterminante de l'inconscient, c'est réaliser que, au fond, nous ne sommes que les exécutants des décisions déjà prises en nous, sans que nous soyons consultés. Par la révélation de l'inconscient, nous nous découvrons bien tel que le dit Freud, étrangers à nous-mêmes.

Conclusion

Prendre conscience de nous, c'est prendre conscience que nous ne nous réduisons pas à une simple conscience. Certes, la conscience est ce qui m'apparaît en premier lieu. C'est ce que nous avons vu avec Descartes : le « je pense » est une expérience primordiale, celle de la réflexivité de la conscience qui nous permet de nous connaître nous-mêmes. Dans une deuxième partie, nous avons vu que même la prise de conscience rendue possible par l'expérience, décrite par Locke, nous rendait totalement transparents à nous-mêmes : c'est bien notre moi tout entier qui se présente à notre connaissance. De ce point de vue, l'étrangeté est reléguée à l'extérieur de la conscience.

Pourtant, dans la troisième partie de notre devoir, Freud nous a permis de comprendre comment le *moi* ne se réduisait pas, loin s'en faut, à ce qui apparaît à la surface de notre conscience. L'inconscient qui nous constitue nous est étranger dans la mesure où nous ne le maîtrisons pas : c'est bien plutôt lui qui s'exprime à travers nos pensées et nos comportements, et nous devenons étrangers à nous au sens où nous ne nous appartenons pas. C'est ce qu'apprend le Dr Jekyll au terme de sa terrible expérience : alors que Hyde n'est que l'expression de ses propres pulsions, il écrit malgré tout dans son dernier récit : « *ce familier que j'invoquais de ma propre âme [...] était un être pernicieux et infâme en soi. [...] C'était Hyde, après tout, et Hyde seul qui était coupable.* » La transformation de Jekyll peut être lue, en ce sens, comme une métaphore de la conscience de soi pleine et entière, qui nous révèle notre propre étrangeté, nous dépossède de nous-mêmes et de ce qui nous est le plus intime.

Analyse et méthode

Le plan que nous avons suivi ici *n'est pas* un plan dialectique. Les deux premières parties répondent négativement à la question. Du point de vue cartésien, nous nous connaissons immédiatement dans le *cogito*, nous devenons transparents à nous-mêmes. La transition qui nous fait passer à la deuxième partie consiste à demander si seul le « je pense » cartésien permet cette transparence totale du moi. Or, du point de vue de Locke, nous prenons conscience de nous-mêmes dans l'expérience. Nous voyons que ces deux grandes traditions philosophiques, idéaliste (première partie) et empiriste (deuxième partie), n'impliquent pas qu'une partie de nous soit par nature inconnaissable.

Freud (notre troisième partie), n'est certes pas le premier à penser une forme d'inconscient, mais c'est bien lui qui construit l'hypothèse de l'inconscient psychique que nous connaissons aujourd'hui et du déterminisme qu'il implique.

Conseils du prof

Les concepts freudiens d'inconscient et de déterminisme psychique, sont très efficaces dès que vous avez à problématiser les notions de conscience, bien sûr, mais aussi d'interprétation, de culture, de religion, de morale, etc. Ce sont donc des notions *stratégiques au plus haut point.* Si vous savez distinguer et maîtriser les enjeux des deux topiques, vous vous rendez maîtres d'un argument polyvalent. Il vous revient, par vos lectures, de suivre les pistes que le cours vous invite à explorer.

Pour aller plus loin

Voici les lectures complémentaires que vous pouvez faire pour approfondir ce chapitre et les notions de conscience et d'inconscient :

- Descartes, *Méditations métaphysiques*, 2e Méditation, Paris, GF Flammarion, 2000
- Locke, *Essai philosophique concernant l'entendement humain*, livres 1 et 2, Paris, Vrin, 2001.
- Freud, *5 leçons sur la psychanalyse*, Paris, Payot, 2015.
- ...et bien sûr : R. L. Stevenson, *L'étrange affaire du Dr Jekyll et de M. Hyde*, Paris, Actes Sud Babel, 1997.

Autrui m'apprend-il quelque chose sur moi-même ?

Introduction

Se demander si autrui peut m'apprendre quelque chose sur moi-même, c'est présupposer que la conscience que je peux avoir de moi-même n'est ni absolue ni autonome. En effet, il y a bien des choses que je peux savoir de moi sans avoir recours à autrui : je peux me regarder dans un miroir, me voir, découvrir qui je suis, sans l'aide de quiconque. Je me saisis alors comme quelqu'un d'extérieur à moi-même. Mais, à la réflexion, n'est-ce pas exactement la situation d'autrui : quelqu'un me faisant face et qui, par son attitude, me renvoie une certaine image de moi, tout comme le ferait un miroir ? Tout se passe alors comme s'il se jouait, dans mon rapport avec autrui, une sorte de réflexivité. Mais, dans le même temps, je n'agis ni ne pense de la même manière face à autrui que quand je suis seul. Cela s'explique parce qu'autrui est différent de moi. À propos d'autrui, on peut alors dire : c'est un autre moi, un *alter ego*.

Pourtant il s'en faut de beaucoup qu'autrui ne soit qu'un miroir qui ne ferait pas autre chose que me regarder passivement. Autrui est d'abord et surtout celui avec lequel j'interagis, qui peut être tantôt un partenaire, tantôt un rival. Autrement dit, il y a toujours entre moi et lui une forme de rapport de force, parfois pacifiée et invisible (ce qu'on peut appeler la confiance, voire l'amitié), parfois critique et violent (la défiance, voire l'inimitié). N'est-ce pas plutôt dans le rapport que j'entretiens avec lui, dans mes réactions face à lui, que je peux mieux comprendre qui je suis alors que, seul, j'en aurais été incapable ?

C'est donc bien le problème de la constitution du sujet dans son rapport avec autrui qui est en jeu. Pour y voir plus clair, nous partirons dans un premier temps de l'hypothèse que la conscience de soi est antérieure à la relation à autrui, et qu'il faut bien que le moi existe *d'abord* pour *ensuite* se confronter à l'altérité. Mais dans un second temps, c'est la question d'autrui comme mon semblable qui va nous occuper : il va en effet s'agir de savoir si, dans la conscience que je peux avoir de moi, autrui occupe une place extérieure ou accessoire, ou si au contraire sa présence est une nécessité impérieuse afin que je puisse découvrir qui je suis en réalité.

1 Analyse du sujet

Il faut d'abord définir soigneusement ce qu'on entend par « autrui ». C'est un terme qui n'appartient pas vraiment au langage courant, à l'inverse des désirs, du moi ou de la conscience. Le mot vient du latin *alterihuic*, qui signifie littéralement « cet autre ici présent ». Autrui ne désigne donc ni « les autres » ni tel ou tel individu exclusivement. Dieu, un chat ou une table sont des êtres singuliers différents de moi. Mais l'expression « autrui » ne peut renvoyer ni à des animaux, ni à des choses, ni à des dieux. Autrement dit, si autrui est forcément un autre, tout ce qui est autre n'est pas forcément autrui. Pourquoi dit-on « autrui » et pas « l'autre » ou « les autres » ? « Les autres » est une expression qui désigne la masse indifférenciée des autres hommes. L'autre, c'est un homme anonyme, abstrait ; mais *autrui* est un individu en chair et en os, avec qui je peux interagir. Il a ainsi d'emblée une dimension morale.

2 Formulation du problème

Le problème se situe entre la notion d'autrui et celle de la justice et du droit : c'est-à-dire des rapports de violence entre les individus. Affirmer qu'autrui m'apprend quelque chose sur moi-même, ce n'est pas seulement imaginer qu'il puisse me dire mes « quatre vérités », selon l'expression bien connue. Autrui ne se place pas non plus spontanément dans le rôle de l'enseignant bienveillant qui, avec pédagogie, va m'aider à me révéler à moi-même... Bien au contraire, si autrui peut m'apprendre quelque chose sur moi, ce serait bien plutôt en s'opposant à moi, en m'arrachant malgré moi au solipsisme (l'enfermement de la conscience en elle).

3 Annonce du plan

1. Face à autrui, j'apprends que ma solitude est indépassable : au-delà du solipsisme, autrui est toujours un rival ou un adversaire potentiel.
2. Autrui est un autre moi indestructible, un semblable auquel je peux m'identifier et dont je ne peux nier l'existence.
3. C'est autrui qui fait de moi ce que je suis : je me construis toujours à travers le regard de l'autre.

1. Face à autrui, j'apprends que ma solitude est indépassable

Dans le sixième livre d'*À la recherche du temps perdu*, *Albertine disparue*, le narrateur, ne réalisant qu'il aime Albertine qu'*après* que celle-ci l'a quitté, se retrouve seul face à lui-même. Envahi par le sentiment d'abandon, il comprend que l'amour qu'on peut porter à un autre être ne fait que dissimuler et alléger la vérité de notre solitude première. Il écrit avec amertume cette célèbre formule : « *Les liens entre un être et nous n'existent que dans notre pensée. [...] L'homme est l'être qui ne peut sortir de soi, qui ne connaît les autres qu'en soi, et en disant le contraire, ment* ». Ce que Proust cherche à souligner ici, c'est le *solipsisme* de la conscience humaine. Cela ne signifie pas seulement que l'esprit est enfermé en lui-même. Il veut dire également que la connaissance de soi ne peut passer que par un retour sur soi : le sujet ne peut se saisir qu'en se détournant du monde et en se prenant lui-même comme objet.

Ce qu'autrui m'apprend, surtout quand il est absent, c'est à quel point ma conscience est fermée sur elle-même, et à quel point j'ai besoin de lui pour me donner l'impression d'en sortir. Il agit comme une diversion qui atténue la solitude au fondement de la condition humaine. Mais si je ne peux sortir de moi-même, de quoi est faite ma relation avec autrui ?

L'expression de Hobbes est bien connue, selon laquelle « *L'homme est un loup pour l'homme* ». Cependant elle est souvent mal comprise. Il ne s'agit pas de dire que l'homme, considéré en lui-même, est un loup, mais qu'il en devient un dès lors qu'il est confronté à autrui. De plus, être un loup ne veut pas dire faire preuve de cruauté ou de violence gratuite, mais, bien plutôt, instaurer des rapports de domination auxquels toute la vie sociale, la vie avec autrui, se trouve réduite. À l'état de nature, chaque individu se bat pour sa survie en cherchant à s'approprier ce qui, à ses yeux, a le plus de valeur. Celui qui parvient à asseoir sa domination sur les autres gagne doublement : d'abord parce qu'il s'assure que, par crainte, les autres ne vont pas venir lui disputer ses acquis et ses privilèges ; ensuite parce que, devenant leur maître, il peut les soumettre et faire en sorte qu'ils travaillent à satisfaire ses propres désirs.

Analyse et méthode

Proust est un auteur que les philosophes français contemporains et affectionnent particulièrement. Il analyse en effet de manière originale forte (et non dénuée d'humour !) de nombreux problèmes philosophiques, autour du désir, de la conscience et de la relation avec autrui.

Mais il nous sert également à éviter la référence presque obligée du ***solipsisme*** (« seul en soi »), à savoir : Descartes, pour qui nous ne connaissons toute chose qu'à travers nos idées, logés dans notre propre conscience. Descartes est *idéaliste*, au sens où il affirme que c'est par nos idées et non par nos sens que nous connaissons le monde. De ce fait, nous ne pouvons jamais nous ouvrir à la conscience présente d'autrui : nous ne pouvons que juger qu'elle existe, sans la saisir directement. Mais cette référence à Descartes n'est pas vraiment satisfaisante ici, car lui-même n'insiste pas sur cet enfermement, mais cherche simplement à montrer que toute connaissance se fait par les idées.

Hobbes

Hobbes (1588-1679), contemporain de Galilée et de Descartes dont il est un grand contradicteur, est à la fois libre penseur, matérialiste, pourfendeur d'Aristote (qui à l'époque fait encore autorité), et monarchiste convaincu. Dès 1640 et pendant toute la période qui précède l'instauration du Commonwealth, il sera témoin des violences qui secouent l'Angleterre. Tout son projet politique repose sur une conception de la nature humaine constituée par des rapports de domination. C'est à cela que les rapports avec autrui se réduisent tant qu'ils ne sont pas soumis à une autorité supérieure, qui les neutralise et permet de les dépasser. Il faut alors donner au roi une légitimité incontestable et un pouvoir absolu, pour que son autorité ne puisse jamais être discutée et que la paix civile ne puisse jamais être menacée. C'est le seul moyen pour assurer la prospérité sociale, et le cœur du pacte social présenté dans son ouvrage le plus connu, le *Léviathan* (1651).

Ainsi pour Hobbes les rapports naturels avec autrui sont faits de domination, dès lors que pour ma survie autrui est vu comme une menace. De la même manière, Albertine est l'ennemie de la tranquillité du narrateur en refusant de lui revenir. Il y aurait là, dans le rapport de force, le fait indépassable que je ne peux me débarrasser d'autrui. Enfermé en moi, face à lui, il ne se définit plus que comme une présence avec laquelle je suis bien obligé de composer.

2. Je me découvre moi-même à l'occasion de ma rencontre avec autrui

Dans *Les Bienveillantes*, Jonathan Littell invente le personnage de Max Aue, officier nazi engagé dans la Shoah par balles en Ukraine en 1941. Ecrivant ses mémoires, il se rappelle des exécutions de masse qui duraient des journées entières : « *Si brutalisés et accoutumés fussent-ils, aucun de nos hommes ne pouvaient tuer une femme juive sans songer à sa femme, sa sœur ou sa mère, ne pouvait tuer un enfant juif sans voir ses propres enfants devant lui dans la fosse. Leurs réactions, leur violence, leur alcoolisme, les dépressions nerveuses, les suicides, ma propre tristesse, tout cela démontre que l'autre existe, existe en tant qu'autre, en tant qu'humain, et qu'aucune volonté, aucune idéologie, aucune quantité de bêtise et d'alcool ne peut rompre ce lien, ténu mais indestructible.* »

Max Aue donne la raison de la violence inouïe des *Einsatzgruppen* sans l'excuser un seul instant. Les criminels nazis avaient bien conscience de se comporter en bourreaux sanguinaires. Mais, incapables de vivre avec cette image qu'ils avaient d'eux-mêmes, ils se vengeaient sur leurs propres victimes. Chercher à les déshumaniser sans jamais y réussir : voilà qui décuplait la cruauté gratuite et le sadisme des soldats. Max Aue en tire une leçon philosophique aussi dure que lucide : malgré tous leurs efforts, les hommes ne peuvent jamais totalement nier l'humanité de l'autre. Sa présence, et non plus son absence, m'apprend à quel point mon lien avec lui est étroit, et à quel point, parfois à mon corps défendant, je ne peux que m'identifier à lui.

Rousseau avait conceptualisé ce lien avec autrui en montrant comment autrui m'apprend, à travers l'expérience des blessures et des souffrances, qu'il existe un lien indéfectible entre les hommes. Le concept que Rousseau construit est celui de la pitié :

Pour aller plus loin : le droit du plus fort

Pas étonnant que l'état de nature rappelle le Calliclès du *Gorgias* de Platon, vu dans le premier chapitre : dans les deux cas, il s'agit d'une description du droit du plus fort. Or, si Calliclès l'appelait de ses vœux, assuré d'être parmi les dominants, Hobbes quant à lui voit bien que personne n'est jamais le plus fort très longtemps, et que la guerre de tous contre tous ne profite vraiment à personne.

C'est Rousseau qui mettra le mieux en évidence la contradiction contenue dans l'expression « droit du plus fort » dans le *Contrat social* : la force n'est pas un droit mais un passe-droit, le droit positif étant ce qui, en instaurant un ordre civil, contrebalance la force naturelle. Relisons d'ailleurs la phrase complète de Hobbes dans le *Du Citoyen* : « *Ces deux phrases sont également vraies : L'homme est un loup pour l'homme et l'homme est un dieu pour l'homme* ». La première l'est à l'état de nature, et la seconde l'est à l'état civil, quand la paix sociale rend possible la loyauté, le partage des tâches et la prospérité de tous.

Analyse et méthode

Là encore, le plan n'est pas tout à fait dialectique. La seconde partie ne prend pas exactement le contrepied de la première. Mais la réflexion se construit autour de la *révélation progressive* de la place d'autrui au sein de la conscience de soi. Alors que dans la première partie, autrui est absent, il apparaît dans la seconde partie en face de moi comme une réalité indéniable et indépassable. L'idée est que, si je suis d'abord moi-même, prisonnier à l'intérieur de ma conscience comme le narrateur dans *Albertine disparue*, je me reconnais ensuite dans l'autre qui est mon semblable : cette reconnaissance est le premier apprentissage qu'autrui me permet de faire. Ce n'est que dans la troisième partie, avec Sartre, que nous verrons comment cette révélation progressive débouche au final sur la compréhension qu'autrui joue un rôle majeur dans la prise de conscience de soi.

Dans le *Discours sur l'origine de l'inégalité parmi les hommes*, Rousseau cherche à décrire l'homme tel qu'il serait à l'état de nature. Il imagine un homme isolé, rencontrant ses semblables en de rares occasions, et toujours très brièvement. Si on doit le considérer dans cet état, dira Rousseau plus tard, « *il est nul, il est bête* ». Sans aucun rapport avec autrui, il reste prisonnier d'une forme d'instinct de conservation, *l'amour de soi*, qui le pousse vers ce qu'il juge profitable et l'incite à éviter les dangers inutiles. Or, dit Rousseau, il n'est pas rare qu'un homme puisse rencontrer un autre homme ou même un animal blessé. À ce moment il va, sans s'en rendre compte, s'identifier au blessé qui souffre, et *sans réfléchir*, se porter à son secours. Comme si, à travers le blessé, c'est-à-dire autrui, c'est lui-même qu'il secourait. Son instinct de conservation ne se limite pas à son individu, mais se prolonge dans l'autre. Rousseau appelle cela la *pitié*, c'est-à-dire le sentiment de l'amour de soi *étendu* aux autres hommes et aux animaux : « *C'est elle qui nous met à la place de celui qui souffre* [...] *En effet, la commisération sera d'autant plus énergique que l'animal spectateur s'identifiera intimement avec l'animal qui souffre.* »

Que m'apprend cette identification avec autrui ? Certes, elle ne nie pas la solitude initiale de la conscience : dans l'autre, je ne vois que moi-même, et c'est pour moi que j'agis en lui portant secours. Pourtant cette identification me conduit à reconnaître en autrui un semblable, avec qui je partage une même condition. Si donc la pitié ne brise pas le solipsisme, elle peuple néanmoins le monde d'êtres auxquels je me découvre lié de manière indéfectible.

Par conséquent, si je suis « moi », c'est que j'existe au sein d'un monde habité par autrui. Mais cette idée ne nous conduit-elle pas à l'opposé de l'idée que nous avions d'abord exposée, à savoir que je suis un sujet conscient de lui-même *avant* ma rencontre avec autrui ? À l'issue de cette rencontre, je me redécouvre en tant qu'individu parmi d'autres, et ma connaissance de moi-même s'en trouve renouvelée. La rencontre avec autrui ne joue-t-elle pas un rôle aussi décisif qu'insoupçonné dans ma connaissance de moi ? N'est-ce pas autrui qui m'apprend que je suis moi-même ?

Il faut dire un mot de l'amour de soi et de la pitié telle que Rousseau les analyse dans la première partie du *Discours sur l'origine de l'inégalité* (« Second Discours »). Rousseau les expose en prenant bien soin de les distinguer de l'amour de propre et de prévenir une éventuelle confusion. Mais nous n'utilisons dans cette partie que le point de passage entre amour de soi et pitié, qui ne sont pas deux sentiments distincts, mais bien le même sentiment, plus ou moins étendu. Rousseau s'oppose à Descartes en insistant sur le fait que la condition humaine ne se fonde pas initialement sur un acte réflexif de la pensée, mais sur un sentiment spontané et irréfléchi.

Conseils du prof

Le concept d'amour de soi chez Rousseau est une référence stratégique, qui peut servir pour un grand nombre de notions. Nous allons l'utiliser comme **référence suivie**, au cours de plusieurs chapitres : à propos d'autrui (amour de soi et pitié), à propos de la morale (amour de soi et amour propre), et à propos de la formation de l'État civil (comparaison de l'état de nature chez différents auteurs).

Quand vous apprenez votre cours, vous ne devez pas cloisonner vos références. Par exemple, si vous abordez la référence à la pitié chez Rousseau dans le cours sur autrui, n'allez surtout pas croire que c'est « la-référence-pour-le-cours-sur-autrui » et qu'elle ne servira que dans ce cadre ! C'est tout le contraire : mieux vous possédez une référence, et plus vous pouvez vous en servir pour un grand nombre de notions. C'est ce que nous allons tâcher de faire ici, pour vous montrer comment utiliser une référence en dehors du cours où elle a été abordée.

J'espère vous montrer par là que le travail en philosophie n'est pas insurmontable ! Il ne s'agit pas d'apprendre par cœur des centaines de références, en espérant tomber sur le sujet qui vous permettra de les réciter... il suffit d'en comprendre quelques-unes, dont vous explorez tous les enjeux, de manière à pouvoir les « recycler ».

3. Je me construis toujours à travers le regard de l'autre

Le solipsisme affirme que je suis moi-même indépendamment de toute rencontre avec autrui, puisque cette rencontre ne se produit jamais vraiment : j'infère la présence d'autrui plus que je n'en fais l'expérience immédiate. De ce point de vue, la rencontre avec autrui ne ferait que me renvoyer à une conscience déjà sûre d'elle-même.

C'est cette idée que Sartre critique dans *L'être et le néant*. Dans un passage connu, Sartre décrit le cas d'un homme jaloux : « *Imaginons que j'en sois venu, par jalousie, par intérêt, par vice, à coller mon oreille contre une porte, à regarder par le trou de la serrure. Je suis seul* ». Dans cette situation, le moi, en tant que sujet, ne sait rien de lui-même : il est tout entier dans ce qu'il cherche à voir à travers la serrure. À ce moment, il ne se connaît pas, il ne se dit pas « je suis jaloux » ; comme lorsque, concentrés sur une activité qui requiert toute notre attention, nous nous oublions nous-mêmes. « *Or, voici que j'ai entendu des pas dans le corridor : on me regarde. Qu'est-ce que cela veut dire ? C'est que je suis soudain atteint dans mon être et que des modifications essentielles apparaissent dans mes structures* ».

De quelles modifications Sartre parle-t-il ici ? Si nous décomposons la situation, voici ce qui se produit : des bruits de pas interrompent mon espionnage. Ils m'informent de la présence de quelqu'un qui me regarde. Immédiatement, j'imagine ce que cette personne doit voir : un homme penché sur le trou d'une serrure… et cet homme c'est *moi*. Autrement dit, le fait qu'autrui me voie et que je m'imagine dans son regard, a pour conséquence la production d'une image de moi-même : c'est l'apparition de la conscience de soi. L'apprentissage ici consiste en une prise de conscience de soi à travers l'autre. Le jaloux doit se dire : « En me voyant dans cette situation, autrui doit me juger jaloux et voyeur ; et il faut bien que, d'une certaine manière, je sois ainsi qu'il me voit. » Je prends alors conscience de moi par l'intermédiaire d'autrui qui, de sa seule présence, me *décentre* de moi-même. C'est parce qu'il me regarde que j'existe *pour quelqu'un d'autre* et que *par conséquent* je prends conscience de moi. Autrui, en me renvoyant à moi-même, m'apprend qui je suis.

Conseils du prof

L'emploi du « je » dans une dissertation peut être perturbant. Par convention, le « je » ne désigne pas l'auteur du devoir. Celui-ci se désigne par la première personne du pluriel : « nous ». Ce n'est pas un « nous » de majesté, mais son rôle est d'associer le lecteur à la réflexion de l'auteur. Rappelez-vous : vous écrivez toujours pour quelqu'un qui va chercher à entrer dans votre raisonnement. Vous êtes ensemble avec lui, dans la même aventure. Si vous parlez de vous à la première personne, vous l'excluez de fait de votre réflexion : il n'en est plus que le simple spectateur. Le « nous » l'inclut, comme partie prenante qui réfléchit en votre compagnie. Le « je » quant à lui, désigne par convention un sujet universel abstrait : c'est n'importe qui, auquel tout le monde peut s'identifier.

Jean-Paul Sartre

Jean-Paul Sartre (1905-1980) a lui-même évoqué son enfance dans un chef d'œuvre impérissable, *Les Mots*. Il explique comment, dès son plus jeune âge, c'est par la fréquentation des livres et l'apprentissage de l'écriture qu'il a pu conquérir une forme de liberté. Voilà qui définit ce que sera toute sa vie. Avec Simone de Beauvoir, figure du féminisme qu'il rencontre alors qu'il passe l'agrégation de philosophie, ils formeront au XXe siècle le couple qui incarne à la fois la liberté et la fidélité d'un amour de toute une vie. Figure de l'esprit « existentialiste » régnant sur le quartier emblématique de Saint-Germain-des-Prés, explorant tous les genres de la littérature, il dominera les lettres françaises, multipliant les provocations et les engagements politiques, travaillant à « se sauver » à travers ses livres jusqu'à l'épuisement.

Pour aller plus loin

La phrase bien connue « l'enfer, c'est les autres » se retrouve dans de nombreux devoirs autour d'autrui, mais rarement bien comprise. Sartre lui-même a dû l'expliquer face aux interprétations erronées qu'on en faisait :

https://www.youtube.com/watch?v=k4O_OcTFfMc
(page consultée en décembre 2016)

En réalité, autrui fait plus que m'apprendre quelque chose sur moi-même. Il détermine la conscience que j'ai de moi, puisque celle-ci est le résultat de celui que j'imagine être dans son regard. Ainsi, le jaloux surpris à regarder par le trou de la serrure prend conscience de lui à travers *la honte* d'avoir été ainsi surpris. Pour Sartre, la honte est l'état à travers lequel mon existence m'apparaît par l'intermédiaire du regard d'autrui. Le regard, ce n'est pas les yeux, mais la certitude qu'autrui me voit et qu'il me juge. Ce regard que je crains et que je cherche à influencer en me donnant un beau rôle, il constitue la matière première sur laquelle je fonde la connaissance de moi ainsi que l'explique Sartre : « *Quand nous pensons sur nous, quand nous essayons de nous connaître, au fond nous usons des connaissances que les autres ont déjà sur nous, nous nous jugeons avec les moyens que les autres nous ont donnés, de nous juger* ».

Voilà à la vérité ce qu'autrui a à m'apprendre de décisif sur moi-même. Non pas quelque chose d'accidentel ou d'accessoire, comme s'il jouait le rôle d'un simple miroir, comme nous le disions en introduction. Mais le jugement qu'il porte sur moi constitue le cœur de la conscience que j'ai de moi-même. J'ai la liberté de le rejeter ou, par faiblesse, d'en demeurer prisonnier. Dans tous les cas, je ne puis être moi-même sans autrui.

Conclusion

Dire qu'autrui m'apprend quelque chose sur moi ne revient pas à dire qu'il me donne accès à une partie de moi qui me serait interdite ou insaisissable. Cela signifie plutôt que, dans mon rapport à lui, que ce soit par réaction ou par soumission, je me construis d'une manière que je n'aurais pas pu soupçonner. Certes, dans une première partie, nous avons vu que le moi se connaît lui-même, et qu'il y a une forme de solipsisme indépassable. Mais ce solipsisme se heurte bientôt à une présence tout aussi insaisissable qu'indestructible : celle d'autrui, qui me fait entrer, que je le veuille ou non, dans un monde de rapports de force et de domination. Ces rapports se compliquent bientôt du fait que, comme l'analyse Sartre, ma conscience n'est d'abord qu'un héritage de l'image que les autres ont de moi. Ce qu'autrui m'apprend, c'est que je dépends de lui pour être moi-même.

L'épreuve de la honte

La honte chez Sartre n'est pas un sentiment parmi d'autres. C'est le mode unique suivant lequel je prends conscience de moi à travers le regard d'autrui. Cela s'explique car à travers le regard d'autrui je me sens vulnérable, à la merci de son jugement. Ce regard est l'origine de la conscience : que j'accepte de me soumettre à son jugement ou que je m'y refuse, il constitue toujours le point de départ de la conscience que j'ai de moi. Cela est mis en scène dans *Huis-clos* : Garcin, qui ne veut pas reconnaître qu'au lieu d'être un héros pacifiste, il n'est qu'un obscur déserteur et un lâche, est constamment renvoyé à cette image de lui par Estelle : « *Tu es un lâche Garcin, un lâche parce que je le veux. [...] Je ne suis rien que le regard qui te voit, que cette pensée incolore qui te pense. Je te tiens* ». Parce qu'il est incapable de se déprendre de cette image de lâche, parce qu'il ne peut plus vivre et faire preuve de courage dans de nouvelles situations, alors Garcin est dépossédé de lui-même par le jugement d'autrui.

Il est amusant de remarquer, toujours à propos d'*Huis-clos*, que les deux dernières lettres du nom de Garcin : « i-n », et les deux premières de celui d'Estelle : « e-s », composent le nom de la plus jeune des trois personnages : Inès. Et par sa fausse innocence, elle incarne effectivement le nœud de la dispute des deux autres, comme si à travers elle il n'y avait qu'une seule entité : « Garcinestelle »... voilà qui pourrait nourrir de nouvelles interprétations. Mais Sartre, par ailleurs peu économe en commentaires sur son œuvre, n'a jamais évoqué ce curieux hasard.

Pour aller plus loin

Les trois œuvres philosophiques abordées dans ce chapitre sont les suivantes :

- Hobbes, *Traité de la nature humaine*, Paris, Actes Sud Babel, 1999.
- Rousseau, *Discours sur l'origine de l'inégalité parmi les hommes*, Paris, GF Flammarion, 2011.
- Sartre, *L'être et le néant*, Paris, Gallimard « Tel », 1976, 1e partie.

Le temps est-il réel ?

Introduction

Se demander si le temps est réel, c'est avancer au moins deux présupposés. Tout d'abord que le temps pourrait bien *ne pas* être réel ! C'est-à-dire que la succession des choses et des événements pourrait n'être qu'une vue de l'esprit. Voilà qui semble difficilement soutenable. Ensuite, se demander si *le* temps est réel, c'est postuler qu'il n'y a qu'*un seul* temps, et non pas une multiplicité de rythmes, de temporalités subjectives. Pourtant l'expérience commune semble indiquer que, selon le type d'événement vécu, le temps n'est pas le même. Des moments plus ou moins heureux, plus ou moins lassants, s'écoulent plus ou moins rapidement. « *Je dis à cette nuit : sois plus lente, et l'aurore vient dissiper la nuit* », écrit Lamartine dans *Le lac* : c'est justement quand on voudrait profiter du moment intensément vécu que le temps semble filer entre nos doigts. Ce serait d'ailleurs là la propriété fondamentale du temps qui, à elle seule, suffirait à poser sa réalité de manière indiscutable : son écoulement, plus ou moins rapide mais que rien ne peut arrêter, plutôt qu'une succession neutre et métronomique d'événements.

Cette définition pose au moins deux problèmes. En premier lieu, le temps existe-t-il hors de nous, comme une propriété objective des événements ? C'est ce qu'on aurait tendance à penser : mais comment dès lors comprendre ses différentes variations de rythmes, subjectifs, plus ou moins rapides en fonction de l'intensité de ce que nous ressentons ? En second lieu : Comment comprendre exactement ce processus de fuite ? Ne coïncide-t-il pas justement avec le *temps vécu*, celui dont parle Lamartine ? Si c'est bien le cas, alors il n'y aurait pas *un seul temps réel* pour tous, mais uniquement une infinité de façons subjectives de vivre une succession d'événements.

Afin de savoir si le temps a bien une réalité objective, nous nous efforcerons de distinguer deux concepts rendus confus par notre langage commun. D'abord *l'instant*, ce qui a lieu comme un état des choses ; ensuite, le *moment*, c'est-à-dire le mouvement même du temps qui passe. Enfin, la réalité du temps pourra peut-être se retrouver dans le dépassement de cette opposition un peu abstraite entre moment et instant, vers l'*instant vécu*.

1 Analyse du sujet

La question semble difficile et très abstraite. Il n'en est rien pourtant. Quoi de plus concret que le temps, qui recouvre tout ce que nous faisons et que nous pensons, depuis notre naissance jusqu'à notre mort ? D'ailleurs, le programme couple la notion du *temps* avec celle de *l'existence* : autrement dit c'est le moins le temps au sens scientifique que le temps tel qu'il nous affecte, qui nous importe.

2 Ce qui fait problème

Tout le problème de la réalité du temps se trouve dans la distinction entre *objectif et subjectif*. De deux choses, l'une : ou bien le temps existe *hors de nous*, comme une chose à part entière, indépendante de nous. Il aurait alors une réalité objective. Ou bien le temps n'existe qu'*en nous*, c'est-à-dire comme manière toute humaine d'appréhender les événements. Il serait alors entièrement subjectif.

La piste que nous suivrons pour résoudre le problème est celle de la distinction entre instant et moment. Ces deux mots semblent dire la même chose, mais c'est tout le contraire ! *L'instant est un état de fait figé* **:** ce qu'on peut capturer sur une photographie par exemple. À l'inverse, *le moment est un processus d'écoulement*, mouvant par définition. Si cette opposition vous semble encore un peu confuse, ne vous inquiétez pas : le fil directeur de tout le cours est justement de l'éclaircir. Plusieurs exemples seront présentés pour bien la faire comprendre, mais toujours dans le souci de répondre le mieux possible au sujet : lequel des deux nous fait le mieux comprendre la réalité du temps, afin de déterminer si celui-ci est objectif ou subjectif ?

3 Annonce du plan

1. Le temps, compris comme *succession d'instants*, possède une réalité objective parce qu'il peut faire l'objet d'observations et de mesures,
2. mais compris comme moments il n'a qu'une réalité subjective, il n'est qu'une forme d'organisation de l'esprit ;
3. la réalité du temps peut cependant se retrouver dans l'irréversibilité de chaque instant vécu.

1. Le temps possède une réalité objective parce qu'il peut faire l'objet d'observations et de mesures

La première évidence de la réalité du temps qui peut nous apparaître est tout simplement celle de la succession d'instants. Pour Zénon d'Elée, le mouvement en lui-même n'existait pas : seul l'instant figé était réel, le mouvement étant une illusion donnée par la juxtaposition d'une infinité d'instants.

Au livre VI de la *Physique*, Aristote rapporte quatre arguments avancés par Zénon, pour démontrer l'impossibilité du mouvement du temps qui passe. Le plus parlant de ces arguments est sans nul doute celui de la flèche tirée par un archer et parcourant la distance d'un stade. Le mouvement de la flèche nous apparaît bien comme un moment, un temps s'écoulant depuis son point de départ jusqu'à son point d'arrivée. Mais selon Zénon, de la même manière qu'une droite n'est composée de rien d'autre que d'une infinité de points fixes, le mouvement de la flèche n'est rien d'autre qu'une infinité d'instants immobiles les uns à côté des autres.

Aristote reconnaît que certes, Zénon a raison en disant que l'instant existe, qu'il est immobile et indivisible. Mais l'Eléate raisonne mal, car l'instant ne fait pas le tout du temps. L'instant de la flèche en vol ne peut être pensé qu'*après* son départ, et *avant* son point d'arrivée. Un instant n'est guère qu'un outil conceptuel, qui présuppose toujours un avant et d'un après. Autrement dit, l'instant ne sert qu'à départager cet avant et cet après.

Le raisonnement d'Aristote est alors le suivant. Si l'on prend l'instant *avant* considéré isolément, il n'existe plus. Et l'instant *après* considéré isolément, il n'existe pas encore : « *Quand donc nous percevons l'instant comme unique, nous ne pensons pas qu'un temps quelconque se soit écoulé, parce qu'il n'y a eu aucun mouvement. Mais quand nous percevons l'avant ET l'après, alors nous disons qu'il y a un temps ; car c'est cela le temps : le nombre d'un mouvement selon l'avant et l'après.* » Aristote veut dire qu'un instant est toujours compris comme un moyen terme entre un instant antérieur et un instant postérieur, il fonctionne comme une unité indivisible un peu abstraite qui les relie entre eux. De cette manière, il permet une mesure entre l'avant et l'après.

Zénon d'Élée

Zénon d'Elée, comme son nom l'indique, fait partie de l'école des Eléates au Ve siècle avant Jésus-Christ, qui affirmaient que la réalité des choses ne saurait résider dans le mouvement ou dans le changement. Aristote rapporte que Zénon avait élaboré plusieurs paradoxes dont le but était de faire comprendre que le mouvement que l'on percevait n'avait aucune réalité. Le plus connu est sans doute celui de la course entre Achille et la tortue : Achille aux pieds ailés ne pourra jamais dépasser une tortue à la course, car pendant qu'il fera la moitié de la distance déjà parcourue par l'animal, celui-ci aura encore avancé, et ainsi de suite...

Conseils du prof

Pour mieux approfondir cette opposition entre instant et moment, prenons l'exemple d'une pellicule de cinéma : une série d'images fixes qui, passées à grande vitesse devant un projecteur, donne l'apparence du mouvement. Mettons que le film soit celui d'un athlète effectuant un saut en longueur. Une image découpée dans la pellicule, montrera l'athlète comme suspendu dans les airs, le visage marqué par l'effort. Pour Zénon, la réalité tout entière est dans cet instantané. Le mouvement n'est que *l'illusion* donnée par le défilement des images devant un projecteur à une vitesse suffisante (à partir de six images par seconde). Mais ce mouvement n'existe pas dans la pellicule : ce qui existe se réduit à une quasi-infinité de points fixes. La réalité n'est que dans l'instantané, c'est-à-dire l'immobilité.

D'un autre côté, on pourrait avancer qu'un athlète ne peut pas être suspendu en l'air tel qu'on le voit sur une image figée. Si cette image existe c'est qu'elle est *abstraite*, tirée d'un mouvement qui lui donne son sens. Cela signifie que la réalité ne serait que dans le mouvement du saut : isoler un instant dans le moment, c'est créer une illusion de fixité. Pour s'en convaincre, il suffit de considérer l'absence totale d'intérêt de regarder un film image par image, plutôt qu'à sa vitesse normale !

Par exemple, en quittant l'Académie pour rejoindre le Lycée, on peut mesurer un nombre d'instants (qu'ils soient fondés sur un pas, ou une seconde, peu importe) qui sépare le premier instant – c'est-à-dire le départ de l'Académie – du dernier – c'est-à-dire l'arrivée au Lycée. Cette mesure d'un nombre précis d'instants produit un moment ; et ce moment, dit Aristote, *c'est le temps lui-même.* Et le temps est réel tout simplement parce que nous pouvons le mesurer ! Une flèche qui parcourt un stade est dans le temps parce que je peux mesurer le moment, court ou long, dont elle a besoin pour le franchir.

Aurait-on trouvé, dans la conception du moment comme mesure du temps, le fondement de sa réalité ? Suivant cette idée, on pourrait dire : le temps est bien réel, parce qu'il s'écoule ; et il s'écoule bien, puisqu'on peut décomposer cet écoulement en un nombre délimité d'instants dont la somme produit un moment, délimité par un instant *avant* et un instant *après.*

Mais un nouveau problème surgit aussitôt. Ce découpage d'instants ne présuppose-t-il pas un « temps primordial », une sorte de trame de fond sur laquelle s'effectue la découpe ? Nous décidons par convention de l'instant où commence un moment et de l'instant où il s'arrête : comme si mesurer le temps revenait à le maîtriser. Mais cela semble aller contre l'expérience indépassable que nous ne maîtrisons pas l'écoulement du temps lui-même, sa fuite. La question serait alors la suivante : le moment comme mesure fait-il le tout du temps ?

2. Le temps compris comme moments n'a qu'une réalité subjective, il n'est qu'une forme d'organisation de l'esprit

Cette question de savoir si la mesure du temps fait toute sa réalité est exactement celle que pose Augustin d'Hippone dans les *Confessions.* Il pose d'abord le problème dans les mêmes termes qu'Aristote, comme s'il lui répondait directement : « *Nous mesurons le temps qui passe. Comment le sais-tu pourrait-on me dire ? Et ma réponse serait : je le sais parce qu'il est impossible de mesurer ce qui n'est pas. Mais on le mesure quand il passe. Une fois passé, on ne le mesure plus : il n'y a plus rien à mesurer. Dans quel espace mesurons-nous le temps quand il passe ? D'où vient le temps que nous mesurons ?* »

Pour aller plus loin

De toutes les institutions qui portent le nom d'« académie » (de l'Académie française à l'Académie des Oscars à Hollywood...), celle de Platon est la première. Il a tout simplement donné à son école, au nord-ouest de l'Acropole, le nom du héros athénien enterré tout près : Akademos. Quant à Aristote, son élève et plus grand rival, il a inauguré sa propre école cinquante ans plus tard, de l'autre côté de l'Acropole, en lui donnant le nom du gymnase dédié à Apollon situé juste à côté : le *Lykeion*. « Quitter l'Académie pour rejoindre le Lycée » peut signifier en une sorte de clin d'œil : abandonner l'enseignement de Platon pour rejoindre celui d'Aristote : puisque dans cette partie c'est cette référence qui prédomine. Cette opposition fondatrice est génialement résumée en un geste dans la fresque *L'École d'Athènes* de Raphaël (1510). Quand Platon lève le doigt vers le ciel pour signifier que la savoir commence par l'examen des idées, Aristote étend la main vers la terre pour montrer que c'est l'observation de la nature qui doit primer.

Augustin d'Hippone

Augustin d'Hippone (354-430) a une place cruciale dans l'Europe médiévale, et conditionne encore largement notre façon de penser aujourd'hui. Entre autres choses, Augustin est celui qui va théoriser l'opposition entre bien et mal dans l'occident chrétien. De ces jeunes années passées à étudier le manichéisme, Augustin garde l'idée d'une dualité entre deux réalités irréconciliables, le bien et le mal. Le corps mortel, le lieu du plaisir et de la sensualité, serait cette partie de nous corrompue par le péché originel. Il emprisonnerait l'âme immortelle et, par le poids de la tentation, l'empêcherait de s'élever vers le bonheur éternel en Dieu.

Le protestantisme d'abord, à travers Luther et Calvin, a lui aussi été fortement influencé par Augustin. Par exemple, le dualisme omniprésent dans le protestantisme anglo-saxon du « right or wrong », de la condamnation des plaisirs charnels, trouve son origine chez Augustin.

« *Qu'est-ce que je mesure alors ? Où est l'instant qui me sert de mesure ? Où est le moment que je mesure ? Ils sont passés. Ils ne sont déjà plus. Ce ne sont pas eux que je mesure, mais quelque chose dans ma mémoire qui est toujours là. C'est en toi, mon esprit, que je mesure le temps.* »

L'idée d'Augustin est de substituer, à l'illusion du moment « réel », une représentation mentale ou psychologique du moment. Le passé n'existe pas : à la place du passé, il n'y a que la mémoire de ce qui est passé. Le futur n'existe pas encore : à la place du futur se trouve l'attente que se produise quelque chose. Et le présent existe à peine : il se résout en fin de compte dans une *tension* de l'esprit entre ce dont il se souvient et ce qu'il attend.

Augustin prend l'exemple de celui qui prononce un discours. « *Quelqu'un veut prononcer un assez long discours. Il a anticipé sa longueur en pensée, et en a évidemment estimé en silence la durée. Confiant le tout à sa mémoire, il commence son discours à voix haute et le poursuit jusqu'à son terme. Ou plutôt, on en a entendu une partie, on en entendra une autre. C'est cela, prononcer un discours au présent : faire passer intentionnellement le futur – qui n'existe pas encore, dans le passé – qui n'existe plus.* »

Dans ce processus d'écoulement, le temps est réduit à une représentation mentale : celle de l'orateur qui prépare mentalement son discours. Il n'a plus de réalité *que* psychologique. C'est cela qui explique le sens de la phrase fameuse : « *Qu'est-ce donc que le temps ? Si personne ne me le demande, je le sais ; si je cherche à l'expliquer à celui qui m'interroge, je ne le sais plus.* » Cela ne veut pas dire que le temps serait quelque chose de trop compliqué à comprendre – de toutes les façons, pour Augustin, rien n'est compréhensible sans l'aide de Dieu. Cela veut dire qu'appréhender le temps, bien loin de considérer un objet qui serait extérieur à nous, nécessite de la part de l'esprit de faire un retour complet et difficile sur lui-même, puisque le temps n'a de réalité que psychologique.

S'il y avait une réalité objective du temps, dit Augustin, ce serait celle du temps de Dieu qui n'a ni début ni fin : « *De la hauteur de l'éternité toujours présente, tu précèdes tous les temps qui passent et tu dépasses tous les temps futurs.* »

Pour aller plus loin

L'idée que le temps ait une réalité strictement subjective est une idée importante dans l'histoire de la philosophie. C'est en effet par cette idée que s'ouvre l'un des livres les plus décisifs de notre histoire philosophique, à savoir la *Critique de la raison pure* de Kant (1781). Le temps n'est pas une réalité objective existant hors de l'esprit, mais la forme même de notre sensibilité. Autrement dit le temps « *n'est rien en soi en dehors du sujet.* » On reviendra précisément là-dessus à la page 80. Normalement, si vous avez bien compris ce point (difficile !), alors vous pouvez voir l'erreur qu'il y a dans l'effort, louable mais hélas faux, d'expliquer un jeu vidéo à partir de la conception kantienne du temps et de l'espace :

http://ludosophie.canalblog.com/archives/2012/07/06/24650795.html

L'auteur de ce texte, bien que de bonne volonté, n'a manifestement pas saisi que pour Kant le temps n'a pas d'existence hors du sujet !

Conseil du prof

Cette célèbre citation d'Augustin, fait partie des formules répétées inlassablement et expliquées de manière catastrophique (« l'enfer c'est les autres », « Dieu est mort », etc.) Lors de l'examen, vous gagnerez de précieux points en montrant à votre correcteur que vous comprenez vraiment ce que vous citez. Comment se fait-il que, pour Augustin, je ne sais pas ce qu'est le temps quand on me le demande ? Cela tient à la *nature psychologique* du temps : c'est cela qu'il faut savoir expliquer.

Futur / avenir

Futur et *avenir* sont deux mots devenus interchangeables dans le langage courant. Pourtant, tout comme instant et moment, ils veulent dire des choses très différentes. Le futur, c'est le temps qui n'existe pas encore. *L'avenir n'est pas un temps* : c'est l'ensemble des événements qui vont se tenir dans le temps futur. Ainsi donc, le futur est certain, car il y a bien un temps qui va se dérouler ! Mais l'avenir l'est beaucoup moins : On peut espérer « prédire l'avenir » et « voyager dans le futur », mais pas l'inverse !

Apparaît ici l'idée capitale d'éternité. À l'inverse du temps psychologique dans lequel le présent n'a qu'une réalité fugace, l'éternité est un présent *absolu*, qui ne passe pas, sans avant ni après. Ce présent intemporel ne doit pas être envisagé comme un temps suprême, mais comme *ce qui rend possible* le temps qui passe. Il constitue la trame unique sur laquelle se découpe et se détache le temps psychologique que nous nous représentons. L'idée d'éternité représente ainsi un tournant de notre réflexion puisqu'elle nous permet de dépasser l'idée d'un temps réel strictement conçu comme moment. Ce n'est pas le temps réel qui passe, mais c'est *nous qui passons dans* le temps.

Mais en dépassant ainsi l'idée de moment comme réalité du temps, nous parvenons à une nouvelle étape de notre réflexion : savoir si la réalité du temps ne peut pas se saisir dans le sentiment que nous passons, que nous prenons conscience que nous sommes soumis à lui. En un mot, que nous *existons*.

3. La réalité du temps se mesure moins qu'elle se vît : la notion d'instant vécu

Au-delà de l'opposition entre éternité et temps qui passe, il va s'agir de déterminer si *ce qui est vécu* dans le temps et qui donne corps à notre existence, pourrait ou non faire de lui un temps réel. Autrement dit, la question qui se pose maintenant est la suivante : de quoi est fait un instant vécu ?

La réponse que Jankélévitch apporte à cette question peut être tout à fait éclairante pour nous. Selon lui, l'instant se définit comme un événement *qui, considéré dans sa singularité, ne se reproduira plus*. Il s'est produit une fois, et reste, parce qu'il ne s'est produit qu'une fois, parfaitement unique. Je ne pourrai jamais revivre exactement à l'identique tel instant que j'ai vécu. Voilà comment Jankélévitch le décrit, dans le sixième et dernier chapitre de *La mort :*

« *On devine pourquoi éternité et instant cessent ici de se contredire. [...] Cette fine pointe de l'instant est unique dans toute l'éternité ; car non seulement la vie de quelqu'un est brève comme un songe, et autant dire inexistante, mais encore elle n'advient qu'une seule fois, et ne sera en aucun cas renouvelée.* » Puis, Jankélévitch conclut : « *aussi parlions-nous d'un instant éternel. Car si la vie est éphémère, le fait d'avoir vécu une vie éphémère est un fait éternel.* »

Conseils du prof

Sans le savoir, vous avez peut-être déjà rencontré ce type d'idée philosophique. Par exemple dans le *Sonnet à Marie* de Ronsard : « *le temps s'en va, le temps s'en va, ma dame / Las, le temps non, mais nous nous en allons / Et tôt serons étendus sous la lame* ». Vous ne devez pas hésiter à vous servir de toute cette culture que vous possédez déjà, parfois sans vous en rendre compte. Ici, le recours à Ronsard aide à montrer que ce n'est pas le temps lui-même qui passe mais nous qui sommes sous l'emprise du temps et, de ce fait, promis à la mort.

Analyse et méthode

Notre troisième partie introduit la notion d'existence. Nous comprenons mieux pourquoi le temps et l'existence sont présentés comme deux notions couplées : « exister » a le sens de « passer dans le temps ». On n'entendra pas « existentiel » au sens d'une doctrine philosophique, mais simplement comme quelque chose qui concerne l'existence. Or exister (= *ex-sistere*, poussé hors de) c'est être « jeté dans le monde », en déséquilibre constant entre l'avant et l'après. Exister, ce n'est pas vivre en possédant un corps structuré et organisé, mais c'est être affecté par la conscience du temps qui passe.

Vladimir Jankélévitch

Vladimir Jankélévitch (1903-1985), résistant pendant la Seconde Guerre mondiale, fut disciple et ami d'Henri Bergson. Il occupe une place importante pour nombre de philosophes français aujourd'hui. Il cherche à retrouver l'indicible au cœur de l'expérience quotidienne : ce qui est tellement présent, tellement précieux, tellement beau, qu'il en devient presque impensable. Ce qu'évoque bien le titre d'un de ses ouvrages les plus connus, *Le je-ne-sais-quoi et le presque rien*, publié en 1957. On peut retrouver sa voix particulière et son style iconoclaste dans des cours de la Sorbonne enregistrés, par exemple lorsqu'il présente lui-même son ouvrage (1) ou qu'il parle du « mal du siècle », l'angoisse (2) :

(1) *https://www.youtube.com/watch?v=5XU_vRowaoc*

(2) *https://www.youtube.com/watch?v=U38VN_avli8*

Ici Jankélévitch nous livre un concept décisif, qui apporte à la question de la réalité du temps une réponse un peu plus profonde. Ce concept, c'est celui de l'éternité de « *l'avoir-vécu* ». L'éternité de l'avoir-vécu réconcilie les deux extrêmes : l'instant et l'éternité. C'est ce concept qui nous permet de mieux comprendre que le temps n'a de réalité que dans la manière dont nous vivons les choses.

C'est là le point capital. Ce qui nous fait expérimenter que le temps est réel, ce n'est ni qu'il passe ou qu'il est en train de passer ; ni que, en vérité, il ne passerait pas, fugace comme un instant ou infini comme une éternité. Ce qui nous fait expérimenter que le temps est bien réel, c'est bien au contraire la certitude que bientôt, et de manière inéluctable, pour nous il ne passera plus.

Cette idée n'est pas nouvelle. Elle porte même tout un genre artistique, celui qu'on appelle *les vanités*. Un grand nombre de tableaux sur ce thème montre un personnage principal perdu dans la contemplation d'un crâne. Souvent, le lien est saisissant entre le visage de celui qui contemple et le crâne qui lui fait face. Ce crâne ne représente rien d'autre que l'inéluctabilité de la mort et, avec elle, la réalité du temps lui-même.

Conclusion

L'évidence de l'irrévocabilité de la mort nous pousse à vivre et à accorder la plus grande valeur possible aux instants vécus qui, du fait même qu'ils se sont produits, acquièrent une certaine forme d'éternité. Et c'est dans cet appel à vivre que nous reconnaissons la réponse à la question de savoir si le temps est réel. L'appel à vivre contient toujours nécessairement, quoique la plupart du temps implicitement, la perspective de la mort. C'est cette perspective de l'effacement du temps à vivre qui achève de montrer la réalité du temps qui fuit.

Nous avions commencé ce chapitre en citant *Le Lac* de Lamartine. Nous pouvons terminer avec lui. À la fin du poème, l'auteur demande à la nature de garder le souvenir de l'amour dont elle a été le témoin : « *Que tout ce qu'on entend, l'on voit ou l'on respire, tout dise : ils ont aimé* ». Tout est finalement contenu dans ce vers : l'éternité de l'avoir-vécu (ce dernier moment sur le lac) et l'inéluctabilité de la mort, marquées tout simplement par l'emploi du passé composé : « Ils *ont* aimé. »

Pour aller plus loin

L'expression latine « *memento mori* », selon la tradition, vient des esclaves qui accompagnaient les généraux romains lors de leurs parades victorieuses à Rome. Tenant la couronne de lauriers au-dessus de sa tête, l'esclave soufflait au général : « souviens-toi qui tu es un être mortel » alors que la foule l'acclamait en lui promettant une gloire éternelle. Cette expression est devenue la maxime de l'art des vanités, qui consiste à représenter une série d'objets symbolisant le caractère éphémère et fragile de la vie : un crâne pour signifier la mortalité du corps, un sablier ou une bougie pour le temps qui passe, une coupe renversée pour évoquer l'épuisement des plaisirs de la vie, et parfois un bouquet de fleurs fanées. Parmi les représentations les plus connues des vanités, on retrouve par exemple celles de Philippe de Champaigne (1644), celles de Pieter Claez (1630), ou encore la *Madeleine à la veilleuse* de Georges de La Tour (1640).

Analyse et méthode

Ces références alimentent votre culture artistique et vous servent d'exemples pour de nombreux sujets. Sur *l'existence et le temps, l'art* bien sûr, mais aussi sur *le sujet, la conscience, le bonheur,* voire d'autres notions... Répétons-nous : vous ne devez pas cantonner l'exemple que vous avez vu dans le cadre d'un cours, aux seules notions du cours. Toute votre culture peut et doit être mise au service de votre pensée : c'est ce que nous avons voulu montrer avec *Le Lac* de Lamartine, qui sert à la fois d'ouverture et de fermeture pour montrer la cohérence de la réflexion.

Conseils du prof

Cette double notion de l'existence et du temps remplace une notion autrefois au programme, la mort. Cela ne signifie évidemment pas que le problème de la mort n'est plus d'actualité, mais qu'il peut être judicieux de l'explorer par le biais de l'épreuve du temps qui passe. À ce titre, il est tout à fait intéressant de se pencher sur ce petit livre d'entretiens de Vladimir Jankélévitch : *Penser la mort ?*, Paris, Liana Levi, 2017.

Y a-t-il un fondement universel à la morale ?

Introduction

Par le terme de « morale », on entend aujourd'hui deux choses qui sont loin de s'identifier l'une à l'autre. La morale renvoie d'abord aux *mœurs,* c'est-à-dire l'ensemble des règles de conduite qui permettent de vivre en société. Mais la morale désigne surtout les jugements sur les valeurs de bien et de mal censés conduire et justifier nos actions. Nous entendons par *bien* et *mal* ce qui nous semble conforme au sens que nous accordons à la vie et à notre conception du monde.

Pourtant, contrairement aux mœurs dont on accepte volontiers qu'elles soient relatives, il rentre dans la définition du bien et du mal que ces derniers soient universels. Car s'il ne pose aucun problème que la manière de se saluer ou de porter le deuil varie d'une culture à l'autre, il nous paraît en revanche inacceptable de remettre en question les valeurs à travers lesquelles nous nous représentons le monde. Par exemple, nous savons que, dans la Grèce antique, la pédérastie comme relation intime entre un homme mûr et un jeune garçon était tolérée, et parfois encouragée. Aujourd'hui, la loi pour la protection des mineurs, qualifie d'atteinte sexuelle toute relation de ce type, et la notion de consentement est vivement débattue. À nos yeux, ce qui passe pour une agression sur mineur ne renvoie pas seulement à des coutumes qui varieraient d'une époque à l'autre, mais surtout à une certaine vision du monde et de la valeur accordée à la personne de l'enfant. Il nous semble impensable de remettre cela en question.

Mais, dans le même temps, comment ne pas constater que les valeurs de bien et de mal sont aussi diverses que les cultures humaines ? Que tant de pratiques culturelles différentes qui sont inacceptables pour certains, sont habituelles chez d'autres ? Pourtant, s'il n'y a pas de fondement universel à la morale, alors il n'y a plus de bien et de mal auxquels se raccrocher, car celles-ci ne deviennent que des conventions culturelles parmi d'autres. Mais cela ne rend-il pas impossible tout jugement moral ? Nous avons dès lors à identifier des valeurs de bien et de mal pouvant être universellement acceptées, et servant de fondement universel à la morale, c'est-à-dire autant à nos jugements qu'à nos actions morales.

1 Analyse du sujet

C'est bien entendu la notion de *morale* qui est en jeu ici, mais aussi *autrui*, le *devoir* et la *culture*. La question du fondement universel de la morale se pose parce qu'aujourd'hui, sous l'intention louable de la tolérance et d'acceptation de la différence, on défend le relativisme moral : qui sommes-nous pour juger de la valeur d'autres cultures ? L'esclavage, la torture ou l'oppression des femmes nous font horreur. Mais doit-on refuser de les condamner au prétexte des différences culturelles ? Le préambule de la Déclaration universelle des droits de l'homme du 10 décembre 1948, pour qui l'universalité existe bel et bien, récuse tout relativisme : « *Considérant que la reconnaissance de la dignité inhérente à tous les membres de la famille humaine [...] constitue le fondement de la liberté, de la justice et de la paix dans le monde, [...] l'assemblée générale proclame la déclaration universelle des droits de l'homme comme l'idéal commun à atteindre par tous les peuples et par toutes les nations* ».

2 Ce qui fait problème

S'il y a des valeurs morales acceptables par tous, indépendamment des cultures, cela signifie qu'elles sont valables universellement, sans exception. Mais ne sont-elles pas à l'inverse *relatives*, indéfectiblement liées à notre culture ? Si tel était le cas les actions humaines n'auraient pas de valeur en elles-mêmes : et cela entraîne de nombreuses conséquences. Toute la difficulté du problème est d'articuler le constat de fait de la relativité des valeurs, et l'exigence d'universalité qui, comme nous le découvrirons lors de la deuxième partie, engage notre conception de la *justice*.

3 Annonce du plan

1. Nous avons un sentiment du bien et du mal attaché à la condition humaine.
2. Dans l'impossibilité de trouver des valeurs véritablement universelles, nous devons nous résigner au relativisme voire au pessimisme moral ;
3. C'est à travers l'analyse par Kant du devoir moral que nous pourrons mieux saisir ce que doit être un fondement universel à la morale.

1. L'urgence éthique est le premier fondement de la morale

S'il n'est pas certain qu'il y ait de *loi morale* universelle, au moins pouvons-nous être sûrs qu'il existe une *conscience morale* : on entend par là l'épreuve, intime et parfois confuse, du bien et du mal. Le sentiment de culpabilité, par exemple, le prouve bien assez. On peut penser à Macbeth, dans la pièce éponyme de Shakespeare, qui après avoir conspiré avec sa femme pour tuer le roi et prendre sa place, se trouve en proie à une culpabilité qui le ronge : « *Connaître ce que j'ai fait ! Mieux vaudrait ne plus me connaître moi-même.* » Macbeth, dévoré par l'ambition, a bien conscience de l'ampleur de son crime, qu'il déteste au point de se détester lui-même. Voilà pourquoi il voudrait ne plus se connaître lui-même : pour ne plus avoir à se juger moralement.

Or, si l'on peut se montrer plus ou moins sensible à la culpabilité, il est certain qu'elle va au-delà d'un simple comportement culturel et que, comme la mélancolie ou la jalousie, elle appartient à la condition humaine. Et que prouve la culpabilité, sinon l'existence d'une conscience morale, c'est-à-dire une connaissance *innée* du bien et du mal ?

Pour Rousseau, avant même de parler de conscience, il faut parler de quelque chose de primordial chez l'homme : le soin de sa propre conservation, qu'il appelle l'amour de soi. Dans le *Second Discours*, l'amour de soi est le sentiment qui, chez l'homme comme chez les animaux, force à assurer les moyens de sa survie : c'est, en un mot, un sentiment universel.

Rousseau voit immédiatement que ce sentiment ne se réduit pas à la conservation de l'individu. Pourquoi la vue sanglante d'un homme ou même d'un animal blessé nous paraît-elle insoutenable ? C'est que nous nous identifions confusément à lui, et nous ressentons sa souffrance comme si c'était la nôtre. Autrement dit l'amour de soi nous pousse aussi, malgré nous et sans réfléchir, à nous porter au secours d'autrui. C'est ce que Rousseau appelle la *pitié*, qui n'est qu'un prolongement de l'amour de soi envers les autres individus. Or cette pitié est un sentiment *naturel*, qui se trouve bientôt perverti par le raisonnement et l'égoïsme. Le *philosophe* est celui qui, à force de raisonnement, étouffe le sentiment de la pitié :

« *On peut impunément égorger son semblable sous sa fenêtre ; il n'a qu'à mettre ses mains sur ses oreilles et s'argumenter un peu pour empêcher la nature qui se révolte en lui de l'identifier avec celui qu'on assassine. L'homme sauvage n'a point cet admirable talent ; et faute de sagesse et de raison, on le voit toujours se livrer étourdiment au premier sentiment de l'humanité* ».

Absolu / relatif

La distinction entre *absolu* et *relatif* est décisive quand on en vient à parler du bien et du mal. Il désigne ce qui ne dépend de rien d'autre que lui (cause ou circonstance extérieure) pour exister. Est relatif, au contraire, ce dont l'existence provient d'une cause ou d'une raison distincte. Dire du bien et du mal qu'ils sont relatifs signifie qu'ils dérivent des mœurs d'une culture donnée, à laquelle ils sont irrémédiablement attachés. Mais dire qu'ils sont absolus signifie que, au-delà des différences culturelles, il y a des valeurs de bien et de mal dont l'existence ne dépend pas des différences culturelles et des mœurs.

Ne pas confondre !

On trouve trop souvent dans les copies des confusions entre ce qui est universel, nécessaire ou absolu, relatif, etc. Il faut bien maitriser ces outils conceptuels qui vous servent à mieux préciser vos idées :

- *Universel* : qui vaut en tous temps et en tous lieux
- *Particulier* : qui vaut en certains temps et lieux à l'exclusion d'autres.
- *Singulier* : qui vaut dans un temps et lieu unique.
- *Nécessaire* : qui ne peut pas ne pas être.
- *Contingent* : qui peut être autrement qu'il n'est, ou ne pas être.
- *Absolu* : qui existe par soi.
- *Relatif* : qui dépend d'autre chose que de lui-même pour exister.

Analyse et méthode

Deuxième épisode de notre référence suivie à la pitié et l'amour de soi chez Rousseau. Remarquons d'entrée de jeu qu'il faut *présenter la notion comme si elle était nouvelle*, et ne surtout pas présupposer que le lecteur la connaît déjà. Vous voyez comment vous pouvez « recycler » une référence ? Et cela n'est possible que parce que vous saurez la réadapter à un autre problème que celui dans lequel vous l'aurez découvert.

Ici, nous faisons un pas de plus en introduisant l'opposition entre *amour de soi et pitié* d'une part, et *amour propre* d'autre part. Vous *maîtrisez* cette référence dès que vous êtes capables de les opposer et de vous servir de cette opposition pour travailler votre propre problème.

En lisant ces lignes, on pourrait alors avancer que trouver le fondement universel de la morale consisterait à redécouvrir, à rebours de la raison philosophique, ce qui est le plus profondément inscrit en l'homme, à savoir l'amour de soi et la pitié. On pourrait, en partant d'eux, déterminer des valeurs de bien et de mal qui soient véritablement universelles, puisqu'elles définissent la nature humaine. Pourtant, ils restent des *sentiments* qui, s'ils peuvent conditionner nos réactions dans des situations précises, ne peuvent toutefois servir de *loi morale* à laquelle nous pouvons décider ou non de nous conformer.

2. En l'absence de loi universelle, toute morale reste contingente

S'il n'y a pas de fondement universel à la morale, alors le relativisme est maître. Le bien auquel nous sommes attachés, comme le mal qui nous répugne, sont des valeurs qui nous semblent indépassables seulement parce qu'elles nous sont habituelles.

Dans un des plus célèbres passages des *Essais*, Montaigne rappelle que « *chacun appelle barbarie ce qui n'est pas de son usage* ». On raconte que les indiens du Nouveau Monde mangent leurs ennemis tués au combat. On est horrifié par la cruauté de telles pratiques, que l'on condamne immédiatement comme inhumaines et immorales. Mais, dit Montaigne, c'est parce que « *nous n'avons d'autre mire de la vérité et de la raison que l'exemple et l'idée des opinions et usances du pays où nous sommes* ». Autrement dit, par un effet d'habitude, nos mœurs nous semblent les plus légitimes. Nous en venons à les confondre avec des valeurs universelles et nous les utilisons comme maître-étalon pour juger des autres mœurs.

Du point de vue de la raison, continue Montaigne, les cannibales sont peut-être bien barbares. Mais ne le sommes-nous pas plus qu'eux ? « *Je pense qu'il y a plus de barbarie à manger un homme vivant qu'à le manger mort, à déchirer [...] un corps encore plein de sentiment.* »

Jean-Jacques Rousseau

Jean-Jacques Rousseau (1712-1778). On appelle traditionnellement *Second Discours* le *Discours sur l'origine et les fondements de l'inégalité parmi les hommes.* Rousseau est alors connu pour son premier *Discours sur les sciences et les arts,* publié en 1750. Agé de 38 ans, il avait répondu à la question mise au concours par l'Académie de Dijon : « Le rétablissement des sciences et des arts a-t-il contribué à épurer ou à corrompre les mœurs ? » En montrant que les sciences et les arts nous corrompent en nous éloignant de la nature. La virtuosité de sa démonstration et de son style lui permet de remporter le premier prix et de se faire connaître dans toute l'Europe.

En 1754, Rousseau répond à une nouvelle question de l'académie de Dijon : « Quelle est l'origine de l'inégalité des conditions parmi les hommes ? » Il espère un succès éclatant. Sa déception sera de taille. Sa critique de la société est mal accueillie ; pour le ridiculiser, Voltaire fera circuler l'idée qu'il prône un retour à la vie sauvage... Dès lors, sa conviction d'être persécuté ne le quittera plus.

Pour aller plus loin

Il faut rendre à Michel Eyquem de Montaigne (1533-1592) cet hommage qu'il est impossible de dissocier sa vie de son œuvre, les *Essais*, trois livres composés à partir de 1572 jusqu'à sa mort. Petit à petit, ce qui commençait comme un traité de morale sur le modèle antique se change en longue introspection, et Montaigne décide, par la description de sa vie et de sa pensée, de chercher à saisir l'universalité de la condition humaine. Le chapitre XII du deuxième livre, qui en occupe la majeure partie, est aussi le plus fameux. Connu sous le titre d'« Apologie de Raymond Sebon » (un théologien espagnol du 15e siècle), ce chapitre cherche à montrer le bon sens du scepticisme, selon lequel l'esprit humain ne peut connaître aucune vérité définitive. Ce que peut nous offrir la raison, c'est la connaissance de la faiblesse de notre esprit et de la vanité qui l'accompagne.

Montaigne pense ici aux tortures qu'en France on inflige encore aux suppliciés, avant de les abandonner aux animaux alors qu'ils ne sont pas encore morts. Ainsi la raison peut nous montrer, par l'analyse des mœurs, à quel point chaque culture s'éloigne d'une vie proche de la nature et crée sa propre barbarie. Elle peut nous amener à reconnaître l'ethnocentrisme dans lequel nous nous trouvons pris : piégés dans nos habitudes, celles-ci nous paraissent *naturelles*, et par conséquent conformes à des valeurs universelles. Mais elles ne peuvent pas offrir de fondement universel à la morale : si nous sommes enclins à juger les autres morales, c'est toujours à partir de la nôtre.

Nous croyons que nos valeurs ont une portée universelle parce que nous sommes prisonniers de l'illusion ethnocentriste : *l'habituel* devient *normal*, puis *juste*. Mais tout nous montre au contraire que les morales sont construites, qu'elles sont relatives, et qu'elles ne peuvent s'exporter dans une autre culture. Il serait alors impossible de trouver un fondement universel à nos valeurs morales. Mais se résigner à cela a des conséquences : nous devons en effet nous résigner à ce qu'il n'y ait aucune justice transcendante qui puisse motiver notre action.

C'est bien l'idée que nous retrouvons dans le livre de l'*Ecclésiaste*. « *Vanité des vanités, tout est vanité. Quel avantage revient à l'homme de toute la peine qu'il se donne sous le soleil ? Une génération passe, une génération vient, et la terre subsiste toujours* ». Pour l'Ecclésiaste, l'absence de fondement universel à la morale mène à l'absence de justice transcendante. Rien ne permet plus de juger différemment celui qui s'efforce d'être vertueux, et le cynique qui se moque de la morale. Si tout se vaut, rien n'a de valeur. « Toute la peine » que l'on peut se donner n'aboutit à rien, puisque c'est bien la mort qui attend tous les hommes au bout du compte et qui rend toutes choses futiles.

Ainsi, refuser toute valeur universelle et accepter le relativisme, c'est, sans qu'on y prenne garde, ruiner l'idée même de morale et tomber dans le pessimisme. Cela semble inévitable, à moins que l'on puisse trouver *dans* l'action elle-même, et non pas dans le but qu'elle recherche, ce qui pourrait fonder sa valeur morale.

Justice transcendante / justice immanente

Dès lors qu'on éprouve un sentiment d'injustice devant le spectacle d'un criminel qui, à force de mensonge et de corruption, parvient à échapper à la justice, on fait la différence entre justice immanente et justice transcendante. La justice est immanente quand elle est le produit du droit positif. Mais il y a quelque part l'idée que celui qui est coupable, même s'il échappe à la loi, *doit* payer sa faute, et il nous est souvent insupportable de voir des gens profiter avec cynisme des fruits de leurs fautes. Le sens de la justice aboutissant à un sentiment d'injustice est *transcendant*, au sens où il présuppose une forme supérieure de réalité. C'est pourquoi l'idée de justice transcendante a souvent été dérivée de la croyance religieuse. Au-delà de la justice des hommes, il y a une justice « supérieure » qui châtie les hommes à la hauteur de leurs fautes.

Pour aller plus loin

L'Ecclésiaste est un livre de la Bible qui date probablement du IIe ou du IIIe siècle avant Jésus-Christ. Il est remarquable par son pessimisme, en soutenant que la vie n'a pas de sens particulier et que la façon dont nous menons notre existence importe peu. Trois des formules les plus répétées au long du texte « tout est vanité », « rien de nouveau sous le soleil » et « il y a un temps pour tout », font aujourd'hui partie des expressions courantes. L'argument principal du texte est la dénonciation de la justice comme illusion. La nature humaine se définit par son orgueil, le sentiment de son importance, d'autant plus déplacé que rien de ce que les hommes peuvent faire ne changera jamais quoi que ce soit. L'espoir de voir le juste récompensé et le méchant châtié ne repose sur rien car Dieu n'intervient pas dans les affaires humaines. La seule chose certaine, c'est la mort, qui rend au néant à la fois le juste et le méchant : « *Les vivants savent qu'ils mourront, mais les morts ne savent rien du tout ; pour eux il n'y a nulle rétribution, puisque leur souvenir est oublié* ».

3. Retrouver un fondement universel à la morale, c'est retrouver ce qui fait de nous des hommes

Nous venons de voir que ce n'est pas en comparant entre elles les morales relatives que nous pourrons trouver une sorte de dénominateur commun tenant lieu de fondement universel à nos valeurs. Mais ne faudrait-il pas au contraire chercher à un « propre de l'homme », c'est-à-dire une caractéristique essentielle à la condition humaine, véritablement universelle ?

Pour Kant, cette caractéristique, c'est la raison, et plus précisément la raison *pratique*. En effet, seul l'homme a cette faculté d'agir, non pas seulement en fonction de son intérêt ou de sa propre conservation, mais seulement guidé par une représentation du bien. Par exemple, si je trouve un portefeuille perdu, que personne ne me voit et que je sais que je ne risque rien, qu'est-ce qui m'empêche de prendre l'argent qu'il contient ? Mais la raison pratique me fait aussitôt penser à une autre conduite : celle de refuser de prendre l'argent et de rapporter le portefeuille, alors que je n'ai strictement rien à y gagner. Je peux suivre mon intérêt et m'emparer de l'argent ; mais j'éprouve aussi cette souveraine liberté à agir moralement, sans que rien ne m'y contraigne.

La représentation de cette action morale, c'est ce que Kant appelle le *devoir*. Le devoir ne repose pas sur une loi qui m'est imposée, par Dieu ou par d'autres hommes. Elle est étrangère aux logiques de l'intérêt et de la recherche du bonheur. Je n'ai rien à gagner à agir moralement. Si je suis moral parce que je veux être heureux, me faire bien voir d'autrui, ou plaire à Dieu, j'agis encore par intérêt : je me sers de la situation pour en tirer un avantage. Autrement dit, l'action n'est pas morale par rapport au but qu'elle se donne, mais grâce à la *bonne volonté* qui la conduit, et qui commande d'agir uniquement par devoir, et non par intérêt.

Pour Kant, cette *bonne volonté* inspirée par la raison pratique est la seule chose qui puisse être considérée comme fondement universel à la morale. Quels que soient notre culture, nos croyances religieuses ou nos idées politiques, nous pouvons à chaque instant nous représenter un devoir d'agir par *bonne volonté* et non suivant notre intérêt.

Analyse et méthode

Ce que nous avons appelé la « logique de l'intérêt », Kant l'appelle plus précisément *l'impératif hypothétique*. Un impératif est un commandement qui représente l'action à mener suivant le but recherché. L'écrasante majorité des impératifs sont hypothétiques, c'est-à-dire qu'ils définissent les meilleurs moyens qui nous permettront d'atteindre la fin que nous nous fixons, par exemple : « si tu veux la paix (*fin*), alors prépare la guerre (*moyen*) ». Le plus important dans l'impératif hypothétique, c'est que le moyen et la fin sont différents, et que le moyen n'a de valeur qu'en fonction de la fin qu'il doit nous faire atteindre.

Il en va tout autrement de *l'impératif catégorique*. Il ne distingue pas le moyen et la fin : l'action morale est à elle-même sa propre fin. Si je choisis de rendre par exemple un trop-perçu, je ne le fais pas pour une fin autre que celle de rendre de l'argent indû. Je le fais simplement parce que je le dois, et non pas dans l'attente d'une éventuelle récompense.

Pour aller plus loin

Si on admet que, la plupart du temps, mentir est immoral, il y aurait, dit-on, des circonstances dans lesquelles mentir serait la seule action morale. Mais imaginez, dit Kant, que vous mentiez à quelqu'un qui prémédite un meurtre, en lui disant que sa victime n'est pas chez elle. Le mensonge est certes généreux, mais reste immoral dans le fond puisqu'il ne peut être érigé en maxime universelle : « *je puis certes vouloir le mensonge, mais non point du tout une loi universelle ordonnant de mentir* », écrit Kant. C'est donc un devoir absolu : je dois au meurtrier la vérité. Et il rajoute : qui vous dit que le mensonge va vraiment avoir l'effet escompté ? Peut-être que la victime est sortie de chez elle et va tomber sur son meurtrier que, par votre mensonge, vous aviez détourné de son projet...

http://www.lepoint.fr/dossiers/hors-series/maitres-penseurs/kant-pourquoi-il-est-urgent-de-le-lire/le-droit-de-mentir-ou-pas-13-04-2017-2119577_3396.php

De cette loi morale dictée par la raison qu'il appelle « impératif catégorique », Kant donne plusieurs formules, dont voici la première : « *Agis uniquement d'après la maxime qui fait que tu peux vouloir en même temps qu'elle devienne une loi universelle* ». Peu importe ma situation : je dois me demander, quand j'agis, si tout le monde, tout le temps, devrait agir comme je le fais. Celui qui s'engage sur une promesse qu'il se sait incapable de tenir et qui trahit volontairement la confiance qu'on lui porte, ne peut pas vouloir que tout le monde agisse systématiquement comme lui. Il ne voudrait pas, lui, être trahi, ni vivre dans un monde où toute confiance est rendue impossible, puisqu'il cherche justement à en profiter pour son propre intérêt.

Conclusion

Recherche un fondement universel à la morale, c'est rechercher une valeur suprême qui puisse dépasser les seules valeurs culturelles. Nous avons vu qu'elle ne pouvait pas être de l'ordre du sentiment, comme la pitié telle que le concevait Rousseau, qui nous fait agir aveuglément et presque malgré nous. Pourtant, si nous devons nous résoudre au relativisme, il nous faut en assumer toutes les conséquences : l'impossibilité de concevoir une justice transcendante et une perte du sens de l'existence. Il devient impossible de renoncer à un tel fondement sans sombrer dans le pessimisme. Mais nous avons pu trouver une solution satisfaisante grâce à la morale kantienne. L'impératif catégorique, indépendant de tout commandement religieux ou culturel, porte sur le respect de la loi morale qui inspire le devoir. Le fondement universel à la morale est cet impératif selon lequel une action est morale si sa maxime est, elle aussi, universelle.

S'il y a un fondement universel à la morale ce n'est pas dans la fin qu'on doit la chercher : ni le bien d'autrui, ni la poursuite du bonheur, ni le salut de l'âme mais dans les moyens ; c'est dans les moyens pour y parvenir. Gandhi, dans le recueil *Tous les hommes sont frères*, écrivait : « *la vérité est incluse dans les moyens, et la fin vaut ce que valent les moyens ; si on s'occupe des moyens tôt ou tard on atteint la fin* ». C'est dans cette idée que l'action morale est à elle-même sa propre fin, quelles que soient les conséquences, que se trouverait le cœur de la moralité.

Analyse et méthode

C'est avec Kant que nous trouvons la réponse à la question posée. S'il y a un fondement universel au devoir, indépendant des valeurs culturelles ou religieuses et s'élevant au-dessus de la contingence de l'histoire, il ne peut résider que dans l'intention d'agir par pur devoir, avec le seul souci de l'humanité tout entière, en moi et en l'autre.

Nous retrouvons là la notion du devoir, qui avec le bonheur et la liberté constitue le bloc sur la morale. Il faut donc lire ensemble ce chapitre avec les chapitres 1 (sur le désir), 12 (sur le bonheur), l'explication de texte d'Aristote (chapitre 18), ainsi que toutes les autres parties du cours qui impliquent d'une manière ou d'une autre la question de la liberté. Vous voyez, les questions sur la morale infusent dans d'autres parties du cours et se mêlent aux questions politiques, religieuses, métaphysiques. Au sein de chaque chapitre, vous devez pouvoir les distinguer, pour mieux les exploiter par la suite.

Conseils du prof

Les lectures autour de la notion de morale sont nombreuses. Si nous nous en tenons à ce que nous avons évoqué, il y a le *Second Discours* de Rousseau, et le livre de *l'Ecclésiaste* qui synthétise de manière originale une forme de stoïcisme et d'épicurisme teintés de pessimisme. C'est très court et cela vous servira également pour les notions de vérité, de religion, et bien sûr pour l'existence et le temps. Il fait partie des « lectures stratégiques », car il est à la fois très connu et très peu lu. Il peut vous être très utile, lorsque vient le moment de construire un raisonnement, d'avoir une figure du pessimisme moral qui vous aidera efficacement à articuler des arguments !

Les *Fondements de la métaphysique des mœurs* peuvent sembler difficiles d'accès, mais vous avez chez Nathan une édition faite pour les classes de terminale (Paris, Nathan, 2010).

Enfin ne passez pas à côté de : Gandhi, *Tous les hommes sont frères*, Paris, Folio Essais, 1990.

Percevoir, est-ce connaître ?

Introduction

Se demander si percevoir signifie la même chose que connaître revient à remettre en doute l'évidence selon laquelle percevoir permettrait simplement de s'ouvrir à ce qui existe hors de nous. Or comprendre en quoi consiste la perception, c'est toujours se trouver à mi-chemin entre la sensation et l'entendement. Percevoir, ce n'est pas sentir. Je peux *sentir* une chose sans *comprendre* de quoi il s'agit. Dans l'obscurité, je marche pieds nus sur quelque chose : je n'ai aucune connaissance de ce qui se trouve là, je le sens bien, mais sa nature m'échappe encore : je ne le *perçois* pas vraiment. Quand je vois un arbre, je ne *vois* pas immédiatement un arbre. Ce que je vois, c'est un ensemble confus de formes et de couleurs qui composent une intuition sensible, que l'entendement ordonne *ensuite* à partir d'un modèle, d'une idée abstraite, qui lui donne une forme connaissable. De même, écouter de la musique, ce n'est pas seulement entendre des sons, c'est aussi être capable de saisir l'intention qui les dispose harmonieusement. Percevoir consiste alors à *organiser* intellectuellement le contenu de la sensation.

Ainsi l'objet de la perception ne se réduit jamais à la seule réalité sensible. Il en est toujours une *reconstruction*. Mais peut-on vraiment appeler cette reconstruction : une connaissance ? Connaître, ce serait avoir une représentation fidèle d'un objet, de manière désintéressée, pour le saisir tel qu'il est *objectivement*, c'est-à-dire en lui-même, et non pas tel qu'il apparaît *subjectivement*, c'est-à-dire pour moi. Mais percevoir revient-il à cela ? Est-ce seulement recevoir un objet déjà constitué et existant hors de l'esprit, ou bien est-ce plutôt *fabriquer* une représentation mentale à partir d'un amas informe de sensations ?

Se demander si percevoir, c'est connaître, revient ainsi à mesurer la part de réalité objective qui compose la perception. Nous tâcherons donc de voir si l'objet de la perception est bien la réalité elle-même, ou si au contraire il ne se jouerait pas dans la perception bien autre chose que la seule connaissance. Percevoir ne se réduirait pas à une simple recherche d'objectivité, mais consisterait au contraire à modeler, à transformer, voire à créer de toutes pièces un monde qui n'existe pas en dehors de l'esprit.

1 Analyse du sujet

Sur la forme, ce sujet est très simple : il s'agit d'une simple équivalence. On se demande si une notion se réduit à une autre notion. Ici, on nous demande de comparer deux actions, percevoir et connaître. La perception est une notion qui figure au programme seulement en L. Mais au-delà de la seule perception, le sujet contient aussi implicitement les couples de notions *la raison et le réel* et *matière et esprit*, ainsi que, plus secondairement, les notions de vérité et d'interprétation. Il concerne donc toutes les séries !

Pour un tel sujet, une bonne façon de procéder consiste à faire varier le sens des deux termes, afin de voir si, en les croisant, deux sens ne seraient pas identiques. Nous allons partir de la définition de la connaissance comme représentation vraie du réel, pour mieux faire évoluer vis-à-vis d'elle la notion de perception.

2 Ce qui fait problème

Tout le problème posé par le sujet est celui de la remise en question d'une évidence : ce que je perçois est ce qui existe tel quel hors de moi. De deux choses, l'une. Ou bien c'est effectivement le cas : mais comment expliquer, dès lors, que la perception puisse me tromper, et que je puisse voir à la surface de l'eau un bâton brisé alors même que je sais qu'il est droit ? Ou bien la perception ne me livre pas la réalité telle qu'elle est : mais, *comment* la perception transforme-t-elle alors la réalité objective, et surtout, *pourquoi* procède-t-elle ainsi ? Il va donc s'agir de passer de la conception d'une perception passive, assimilée à une simple chambre d'enregistrement de ce qui m'entoure, à une perception active qui ordonne le monde autour de moi.

3 Annonce du plan

1. Percevoir c'est connaître le réel entendu comme synthèse de nos sensations ;
2. Percevoir, c'est se contenter des apparences des choses, c'est-à-dire les phénomènes, sans jamais pouvoir saisir les choses en elles-mêmes ;
3. Percevoir, ce n'est pas connaître, mais se préparer à agir et à ordonner le monde autour de soi.

1. Percevoir c'est connaître le réel entendu comme synthèse de nos sensations

Au XIXe siècle, au mois de mai, près de Rouen, un homme seul, qui profite agréablement de sa maison sur les bords de la seine, tombe mystérieusement malade : « *J'ai sans cesse cette sensation affreuse d'un danger menaçant [...] ; j'ai peur... de quoi ?... Je ne redoutais rien jusqu'ici... j'ouvre mes armoires, je regarde sous mon lit ; j'écoute... j'écoute...* » Le malheureux, en proie à des angoisses paniques, pense devenir fou. Puis, le 4 août : « *Cette fois, je ne suis pas fou. J'ai vu... je ne puis plus douter... j'ai vu !* » Et le narrateur raconte comment il a enfin « vu » l'être qui le persécutait : le Horla.

Cette célèbre nouvelle fantastique de Maupassant pose de manière très claire la question du rapport de la perception avec la connaissance. Le narrateur se perd en conjectures afin de connaître la véritable raison de ses troubles. Il regarde, il écoute : il utilise ses sens. Mais tant qu'il ne sait pas ce qu'il doit voir, le manque total de connaissance claire lui fait craindre qu'il soit en train de devenir fou. Ce manque de connaissance est dû à l'absence d'idées vers lesquelles renvoyer ses sensations.

La connaissance va surgir d'une vision, c'est-à-dire une sensation : « *Je vis distinctement, tout près de moi, la tige d'une de ces roses se plier [...] puis la fleur s'éleva, suivant la courbe qu'aurait décrite un bras* ». La perception du narrateur est exemplairement un mélange entre des sensations (une fleur suspendue dans les airs) et un jugement : il faut bien qu'il y ait un bras, et donc *quelqu'un*, pour avoir cueilli la fleur et la porter à son nez. La connaissance claire apparaît soudainement : le narrateur *voit* le Horla dans son invisibilité même ! Il n'était pas fou ou en proie à des hallucinations. Ses sens ne l'avaient pas trompé.

Cela signifie que la perception nous fait bien connaître ce qui existe hors de nous. C'est ce que disait Lucrèce au chant IV de son poème *De la nature :* « *La raison ne peut expliquer pourquoi des objets qui de près étaient carrés paraissent arrondis de loin [...]. Car non seulement ta raison s'écroulerait mais ta vie périrait dès lors que tu n'oserais plus te fier aux sens qui te gardent des précipices, ou d'autres mauvais pas, et te guident à l'opposé* ».

Analyse/synthèse 1/2.

La perception comme outil de connaissance de la réalité objective fonctionne sur le mode de la synthèse. Synthétiser, c'est rassembler des parties éparses de manière à former un tout cohérent ; c'est *comprendre*, dans les deux sens du terme : tenir ensemble et faire sens. La perception est de ce fait une opération de synthèse en tenant ensemble le divers de la sensation, et en le mettant en forme afin de produire un objet qui a du sens pour nous, comme l'image d'un arbre ou une mélodie musicale, pour reprendre les deux exemples donnés en introduction.

Attention, *synthétiser* ne veut pas dire *résumer* ! Résumer, c'est réduire un tout à ses parties jugées les plus importantes. Quand on résume l'intrigue d'un roman, on laisse de côté les passages descriptifs et on évoque simplement les grands moments de l'intrigue. Au contraire, quand on synthétise, on ne laisse rien de côté : on montre en quoi chaque élément est nécessaire pour constituer un ensemble cohérent.

Conseils du prof

Là encore, toute la culture générale peut aider. Si nous avons opté ici pour *le Horla*, afin de montrer comment la littérature fantastique peut être porteuse d'un sens philosophique, le recours à Sherlock Holmes aurait été tout aussi intéressant. Tout le talent de Sherlock Holmes réside, non dans des déductions, mais dans sa faculté de perception : il parvient mieux que quiconque à rassembler les sensations apparemment insignifiantes au sein d'un tout cohérent.

Lucrèce (Ier siècle après J.-C.)

Si on ne connaît à peu près rien de la vie de Lucrèce, il est certain qu'il avait à sa disposition des textes d'Épicure qui sont perdus aujourd'hui. Nous n'avons qu'une grande œuvre à la fois philosophique et poétique, *De la nature*, qui en six chants détaille la pensée du maître Épicure et apporte des éléments de la doctrine dont nous n'avons plus la source originale.

Peut-on dire, dès lors, que si notre perception nous découvre la réalité, alors ce qui existe est nécessairement ce qui est perçu ? Pour Berkeley, le moindre objet sensible n'est en réalité que la somme de tout ce que nous pouvons percevoir de lui. Prenons l'exemple d'une cerise. Je peux saisir sa rougeur, sa rondeur, son goût sucré. Ce que j'entends par « cerise » n'est rien d'autre que la *synthèse* de toutes ces sensations : elle n'est « *qu'un assemblage de qualités sensibles et d'idées perçues* » : elle n'a donc d'existence que dans l'esprit qui la perçoit. Il faut comprendre toutes les implications d'une telle théorie. Berkeley refuse de considérer comme évident que la cerise serait composée d'une matière existant hors de l'esprit, « recouverte » de qualités perceptibles. Cette « matière » insaisissable n'est qu'une pure abstraction. Quand je la vois, je la touche ou je la goûte, je suis sûr que la cerise existe ; « *mais si par le mot cerise vous entendez une nature inconnue, distincte de la perception qu'on en a, alors certes je le déclare, ni vous ni moi ni aucun homme ne pouvons être sûrs de son existence* ».

Ainsi, selon Berkeley, percevoir c'est connaître au sens où il n'y a, de toutes les façons, rien d'autre à connaître hors de ce que l'esprit peut percevoir : les deux seules choses qui existent sont les esprits et les idées qui les occupent ; l'idée d'une matière étendue qui se déploierait hors de moi, dans l'espace, est superflue. Cela reviendrait à dire le monde autour de nous s'épuiserait dans la perception. Peut-on vraiment le soutenir ?

2. Percevoir, c'est se contenter d'apparences

La perception nous donne-t-elle une connaissance exhaustive et fidèle de la réalité telle qu'elle est ? Mais pour l'esprit humain, voilà qui est difficilement tenable. Il y aurait bien un écart entre le monde tel qu'il est et ce que nous en percevons. C'est ce que Kant explique dans l'*Esthétique transcendantale*, première partie de la *Critique de la raison pure :* l'objet de la perception, ce n'est pas la réalité en elle-même, mais seulement une certaine façon qu'elle a de nous apparaître : « *Quant à ce qui pourrait être tenu pour une caractéristique des objets en eux-mêmes [...], cela nous reste entièrement inconnu. Nous ne connaissons rien d'autre que notre manière de les percevoir.* »

George Berkeley (1685-1753)

Indépendamment du fait d'avoir donné son nom à la ville de Californie où se trouve la célèbre université, Berkeley est un évêque irlandais connu pour sa doctrine de l'immatérialisme. Paradoxalement, celle-ci est présentée comme la seule à être de « bon sens ». La matière n'existe pas : « *être, c'est percevoir ou être perçu.* » Or, si je perçois un objet à travers les qualités que je me représente, que serait cet objet débarrassé de toutes ces qualités ? Un fantôme métaphysique impossible à saisir. Il faut donc pour Berkeley revenir au sens commun et admettre que tout ce qui existe, existe uniquement comme esprit ou idée résidant dans l'esprit.

Cette référence doit aussi vous servir pour tous les sujets autour de la notion *matière et esprit*.

Pour aller plus loin : la *Critique de la raison pure*

Publié en 1781, remanié puis réédité en 1787, la *Critique de la raison pure* fait partie de cette poignée de livres qui auront été décisifs pour l'histoire des idées occidentales. À partir de 1770, Kant constate qu'on ne peut s'empêcher de penser à des choses qui nous sont absolument inconnaissables : l'immortalité de l'âme, l'infinité de l'univers, ou l'existence d'un être parfait. En cherchant à saisir par la raison ces objets qui nous dépassent, nous nous enfermons dans des disputes interminables. Posons-nous plutôt la question : comment fonctionne la raison et que permet-elle de connaître ? Il faut donc en faire la critique, c'est-à-dire redéfinir ce qu'il est possible de connaître par son intermédiaire.

La *Critique de la raison pure* est difficile si on ne maîtrise pas son vocabulaire technique. Là encore, l'excellente émission de France Culture *Les chemins de la philosophie* fournit une très précieuse porte d'entrée dans l'œuvre. Voici le lien vers la première émission d'une série qui lui est consacrée :

https://www.franceculture.fr/emissions/les-nouveaux-chemins-de-la-connaissance/la-critique-de-la-raison-pure-demmanuel-kant-14-le

Autrement dit, il y a bien un contenu sensible qui donne l'occasion d'une perception. Mais ce contenu sensible est ordonné, formé, délimité d'une certaine manière. Le contenu de notre sensation est *façonné* de telle sorte que, dans le phénomène, c'est notre « manière de percevoir » qui est peut être connue. Tout se passe comme si nous portions des lentilles de contact colorées que nous ne pourrions pas ôter. L'erreur serait alors de croire que la couleur que je vois existe objectivement dans le monde. S'il y a bien un phénomène coloré qui m'apparaît, sa couleur est celle que mon œil lui donne, et non celle que l'objet aurait indépendamment de la façon dont je le vois. Je dois donc me rendre à cette vérité que la couleur que je perçois n'est que la manière dont mon esprit arrange et modifie tout ce qu'il reçoit par les sens. C'est exactement le même raisonnement pour l'espace et le temps. Ils n'existent pas hors de l'esprit qui perçoit, mais définissent la capacité humaine de donner une forme aux sensations.

De ce point de vue, si percevoir c'est connaître, alors la connaissance doit s'entendre d'une manière bien particulière. Ce n'est pas une connaissance synthétique du monde en lui-même, mais analytique, c'est-à-dire qui distingue au sein de la perception ce qui est reçu comme contenu de la sensibilité, et la forme de ce contenu, c'est-à-dire notre propre pouvoir de connaître : *« La représentation d'un corps dans l'intuition ne contient* absolument rien *qui puisse appartenir à un objet en lui-même, mais elle contient uniquement la manifestation phénoménale de quelque chose et la manière dont nous en sommes affectés »*. Quand je vois une boule de billard en frapper un autre, je vois des phénomènes dans l'espace et le temps : la forme des boules, la largeur de la table, le mouvement de la première boule puis celui de la seconde. Je ne vois donc *absolument rien* de ce qui existe comme *chose en soi*, indépendamment de toute perception. Ce n'est pas le monde lui-même qui m'apparaît objectivement, mais la *façon* dont l'esprit humain met en scène des sensations.

Est-ce à dire que la chose en soi est à jamais hors de la perception et donc inconnaissable ? De quoi nous servirait la perception si elle ne produisait aucune connaissance de ce qui existe hors de nous et sans nous ?

Analyse/synthèse 2/2

Si la perception est synthétique, comme nous l'avons dit plus haut, comprendre son fonctionnement demande à l'inverse un raisonnement *analytique*. Analyser, c'est décomposer un tout en chacune de ses parties distinctes afin de décrire exactement sa nature et son fonctionnement. Par exemple, si j'analyse la perception, j'aperçois deux éléments distincts qu'il faut démêler : la sensation et le jugement.

Kant soumet la connaissance empirique au même traitement analytique. Dans chaque objet connu, il y a un flux de sensations confuses qui en l'état, ne constitue pas une connaissance. Ce qui lui donne une forme et fait d'elle un objet de connaissance à part entière, c'est la façon dont nous allons l'ordonner. Une deuxième analyse s'impose alors. Car cet ordre a au moins deux causes. 1) la forme sensible que l'intuition prend en nous, du fait même que nous la recevons : celle de l'espace et du temps ; 2) la façon dont l'entendement subordonne l'intuition à des catégories, qui ne sont que les différentes relations qui construisent la connaissance. Ces deux analyses nous font mieux comprendre la part de subjectivité qui structure toute notre connaissance.

Analyse et méthode

Nous en avions déjà dit un mot dans l'encadré page 57, mais la référence à Kant est précieuse pour un tel sujet parce qu'elle nous permet de poser la distinction entre *phénomène* et *chose en soi*. Nous nous servons de cette distinction pour montrer que dans la perception, la connaissance de la réalité objective se réduit au phénomène – autre nom pour dire « apparence ». Mais ici, l'apparence n'est jamais qu'une image subjective, incapable de nous révéler les choses telles qu'elles sont objectivement. C'est en ce sens qu'est faite la transition : elle remet en perspective l'idée que toute connaissance désire toujours, d'une manière ou d'une autre, tendre vers l'objectivité.

3. Percevoir, ce n'est pas connaître, mais agir et modeler le monde

Nous venons de voir que la fonction de la perception n'est pas la connaissance en tant que représentation adéquate et objective du monde. Doit-on affirmer que les informations que la perception me donne du monde sont filtrées et sélectionnées ? C'est ce que Bergson écrit dans *Le Rire* : « *Ce que je vois et ce que j'entends du monde extérieur, c'est simplement ce que mes sens en extraient pour éclairer ma conduite. [...] Mes sens et ma conscience ne me livrent donc de la réalité qu'une simplification pratique.* »

Bergson donne une image de la perception bien différente de celle d'une simple chambre d'enregistrement des sensations. Elle n'a pas une fonction épistémologique : il ne s'agit pas de connaître le monde pour lui-même. Sa fonction est *pratique :* il s'agit de sélectionner les seules informations qui nous permettront de prévoir une action et de la mener avec le plus de garanties possible.

En ce sens, percevoir, ce n'est pas connaître : c'est se préparer à agir. C'est confier à l'entendement le rôle d'organiser le divers de la sensation dans un but bien précis : l'utilité. La perception me signale ce dont j'ai besoin pour agir. Par exemple, quand je conduis ma voiture, ce que je perçois est l'ensemble de mon véhicule. Ses parties s'estompent parce que je n'ai aucun besoin de les distinguer. Mais si ma voiture tombe en panne et que je dois m'arrêter sur le bas-côté pour chercher l'origine de la panne, alors je vais affiner ma perception : distinguer le moteur, puis les différentes parties du moteur : le réservoir d'huile, la batterie, le carburateur, puis les éléments qui à leur tour composent ces parties. En ce sens, la perception est subordonnée à l'exigence subjective d'efficacité.

Toutefois, si l'on poursuit ce raisonnement, si la perception *construit* le monde, comment le fait-elle ? Nietzsche peut nous aider à comprendre ce que, dans notre perception du monde extérieur à nous, nous mettons de nous-mêmes. « *L'homme a projeté à partir de lui-même ses trois faits antérieurs, ce à quoi il croyait le plus fermement, la volonté, l'esprit, le moi. Il a posé les choses comme étant à son image. [...] Quoi d'étonnant qu'il n'ait jamais fait ensuite que retrouver dans les choses ce qu'il y avait mis ?* »

Analyse et méthode

Il faut bien garder à l'esprit que Bergson et Nietzsche n'ont pas vraiment la même idée de ce qu'est la perception. La similitude s'arrête au refus de considérer la perception comme simple organe de connaissance objective. Mais pour Nietzsche, cela a des implications morales : la perception est une forme de la *volonté de puissance* par laquelle l'homme s'assimile le monde et le rend à son image. La vie elle-même n'a pas d'autre manière de fonctionner que de s'étendre et de s'imposer, par la force, sur tout ce qui l'entoure. Quant à Bergson, nous y reviendrons au chapitre suivant…

Friedrich Nietzsche (1844-1900)

Peu d'auteurs auront été si diversement reçus et interprétés que Nietzsche. Il se présente lui-même comme philosophe de l'affirmation de soi, de la pleine santé, de la « belle humeur ». Son œuvre, comme il le dit lui-même, est une lutte continuelle contre la souffrance physique et mentale qui aura marqué toute sa vie.

Nietzsche devient professeur de philologie à Berne en 1869. Il se lie d'amitié avec Richard Wagner, en qui il voit d'abord l'expression la plus élevée de l'« âme allemande ». Mais en 1875, il tombe gravement malade. Son attitude et son rapport avec ses amis changent. Bientôt il ne voit plus en Wagner que le symptôme d'une maladie profonde de la culture allemande, et au fond de l'occident moderne en général. Ne supportant plus son travail de professeur, il obtient une pension en 1879 et commence alors une vie errante, entre la France et l'Italie. Ses livres révèlent au monde la supercherie métaphysique et morale dans laquelle il s'est enfoncé. Mais en 1889, à Turin, il est terrassé par une crise de « folie », qui le laissera dans un état végétatif jusqu'à sa mort en 1900. Sa sœur Elisabeth, mariée à un nazi, cherchera à tirer son œuvre du côté de l'antisémitisme, en recomposant des fragments posthumes sous le titre d'un livre que Nietzsche projetait d'écrire : *Volonté de puissance*.

Pour Nietzsche, l'idée même de réalité objective n'a aucun fondement. C'est une supercherie logique et métaphysique qui nous fait croire que, comme par miracle, le monde fonctionnerait exactement de la même manière que nous. Si la connaissance repose sur le principe de la causalité, comment ne pas s'étonner que, comme par miracle encore, nous retrouvions exactement ce même fonctionnement dans la nature ? D'ailleurs, c'est de cette manière que nous devons définir la *nature* : le réel reconstruit comme s'il était fait pour nous correspondre.

Percevoir, ce n'est donc pas simplement s'ouvrir à ce qui existe hors de nous à travers la sensation. C'est lui donner une forme et une temporalité subjective. Toutefois, à l'inverse de Kant, Nietzsche ne dit pas que cette subjectivité nous masquerait une mystérieuse « chose en soi » : au contraire, elle est la seule réalité qui existe. Les phénomènes ne sont ainsi rien d'autre que ce que je projette de moi à l'extérieur de moi. Devant chaque coucher de soleil, devant le rythme des saisons, ce que je perçois ce sont des événements qui s'organisent selon un rythme de successions invariables dont l'homme est le seul auteur.

Conclusion

La perception ne nous révèle pas le monde : elle le construit autour de nous. Dans un premier temps, la perception nous a semblé un vecteur fiable de connaissance ; voire le seul qui nous permette d'appréhender le monde autour de nous. Mais nous avons pu voir avec Kant que la perception exige qu'on puisse distinguer le phénomène de la chose en soi. Ce n'est pas le monde lui-même que nous saisissons, mais son phénomène, c'est-à-dire un divers sensible mis en scène par l'entendement. De ce qui, hors de nous, est cause du phénomène, nous ne pouvons rien savoir. Dans la perception, nous savons *comment* nous sommes affectés, mais non pas *ce* qui nous affecte. Enfin, il nous est apparu que percevoir n'est pas retrouver le réel dans sa complexité, mais chercher à le *simplifier*. C'est tout le fonctionnement de la perception qui s'en trouve inversé. Percevoir, loin de se réduire à recevoir plus ou moins passivement des informations du monde qui nous entoure, consiste au contraire à le *créer* en le façonnant à notre image. Percevoir, ce n'est donc pas connaître, mais recréer le réel à notre image.

Objectif/subjectif

Dans un sens, on peut dire que tout le sujet a pour enjeu de distinguer les deux repères objectif et subjectif. Si percevoir, c'est connaître, alors la perception est essentiellement objective : elle saisit une réalité indépendante de l'esprit. Si, au contraire, percevoir, c'est *recréer* le monde autour de soi, alors la perception est essentiellement subjective. La deuxième partie, où avec Kant nous avons distingué le phénomène et la chose en soi, permet de bien séparer ces deux dimensions.

Pour aller plus loin

Nous avons commencé en évoquant un œuvre fantastique, *Le Horla*. Nous pouvons finir en en évoquant une autre, qui affronte explicitement le problème de la perception. Dans la nouvelle de H.P. Lovecraft *From Beyond* (1934), un archétype de savant fou, Crawford Tillinghast, parvient à construire une machine qui ouvre le champ de la perception bien au-delà des phénomènes que l'esprit est capable d'appréhender : « *Que savons-nous du monde et de l'univers qui nous entourent ? Nos moyens de recevoir des impressions sont si peu nombreux que cela en est absurde, et les notions que nous formons des objets qui nous environnent sont infiniment étroites. Nous ne voyons les choses que de la façon dont nous sommes faits pour les voir, et ne pouvons avoir aucune idée de leur véritable nature* ».

Le narrateur décrit ce qui est, au premier degré, *imperceptible*, non pas parce que la sensation est trop ténue, mais au contraire parce qu'elle est trop intense : « *Mon esprit terrorisé s'ouvrit aux impressions que Tillinghast avait appelées l'« au-delà ». [...] La scène devint ensuite presque kaléidoscopique, et dans la mêlée des visions, des sons, des impressions sensibles inidentifiables, je sentis que j'étais sur le point de me dissoudre moi-même, comme si je perdais ma forme solide* ».

La littérature et le cinéma fantastiques sont habités par la question philosophique : quelle est la réalité de ce que nous percevons ?

Le langage est-il une arme ?

Introduction

Se demander si le langage est une arme, c'est chercher à le définir en fonction de son utilité. De prime abord, le langage est un système de signes qui a pour fonction de transmettre des informations. On peut parler d'un « langage des animaux » : les abeilles, les baleines, les oiseaux, interagissent avec leurs congénères dans une sorte de langage naturel, au moyen de sons (comme des cris ou des sifflements) ou de comportements précis (comme des danses ou des émissions d'hormones). Le langage se définit comme un moyen de communication utile pour la survie, pour le choix de partenaires et l'affirmation de sa supériorité : En ce sens, il est bien une *arme*, c'est-à-dire un outil de domination. Mais n'y a-t-il pas autre chose qui se joue dans le langage ? La communication animale est prédéterminée et stéréotypée, elle n'autorise aucune invention. Mais quand on parle de langage, on se représente également cette faculté à inventer des signes, à assigner un sens artificiel à un objet naturel. On parle dans ce cas d'une *langue* comme d'un système de signes qui sert à élaborer des représentations abstraites : en un mot, de penser.

Il y aurait alors deux fonctions au langage. D'abord la *communication*, qui correspondrait au besoin animal de transmettre des informations. Mais également la *pensée*, c'est-à-dire l'élaboration de représentations abstraites au moyen de signes établis par convention. Si, chez l'homme, la pensée est le but ultime du langage, cela ferait de lui un être à part dans le règne animal. Si, au contraire, le langage humain n'est qu'une forme de communication animale parmi d'autres, ne se distinguant que par sa qualité ou sa puissance, alors il n'y aurait aucune différence entre l'homme et d'autres espèces animales : le langage lui permettrait de s'intégrer dans un groupe social et d'y affirmer sa supériorité.

Afin de démêler le problème, il faut commencer notre analyse en repartant de l'évidence que, loin d'être une arme, le langage met des mots sur notre pensée, pour éventuellement la communiquer à d'autres. Mais ce faisant nous verrons qu'à travers la communication le langage revêt toujours un rôle social ; et c'est la nature de ce rôle social qu'il nous faudra interroger.

1 Analyse du sujet

La notion explicite du sujet est bien sûr le langage. Mais l'idée d'arme, avec la dimension violente qu'elle contient, est surprenante. On ne s'attend pas à la voir associée au langage : on connaît bien l'image selon laquelle les mots sont plus forts que la violence... Cette violence renvoie implicitement à d'autres notions du programme : *la culture, la société et les échanges*, mais aussi *la justice et le droit* : c'est-à-dire toutes les relations, instituées ou non, qui nous relient à autrui. Autrement dit, le langage aurait par nature un rôle politique : c'est en insistant sur ce point que le sujet montre une certaine originalité.

2 Ce qui fait problème

Il y a un double problème dans cette question. D'abord, celui de savoir si la pensée est produite par le langage, ou si elle lui préexiste sur la forme d'une « pensée sans mots », ce qui semble tout aussi difficile à concevoir. L'autre problème est celui de savoir si, justement, le langage pacifie les relations humaines par la communication et les échanges, ou si au contraire la communication ne se réduit pas au fond à de simples rapports animaux de domination. La solution de ces deux problèmes passe par une analyse du langage : a-t-il pour fonction première de *communiquer* – et par là d'instituer des rapports de domination – ou de *penser* ? Est-il d'abord un outil social ou une faculté intellectuelle d'abstraction ?

3 Annonce du plan

1. Le langage, loin d'être une arme, est d'abord une faculté intellectuelle qui permet de penser ;
2. Cependant le langage, comme moyen de communication, a toujours en même temps un rôle social et politique ;
3. Finalement le langage, dans son usage, reste par essence un outil de domination.

1. Le langage est-il ce qui nous permet de former une pensée ?

Peut-on dire que le langage des animaux est le même que le langage humain, et sert le même propos ? C'est bien ce qui apparaît dans un premier temps. Certains animaux, comme les abeilles, ne disposent-ils pas d'un système de communication éminemment complexe et développé, par lequel elles échangent rapidement des informations très précises ?

Pourtant, répond Émile Benveniste dans un texte dont le titre est déjà évocateur : *Communication animale et langage humain :* « *Le message des abeilles n'appelle aucune réponse de l'entourage, sinon une certaine conduite, qui n'est pas une réponse. Cela signifie que les abeilles ne connaissent pas le dialogue, qui est la condition du langage humain* ». Les animaux communiquent, certes, mais *ne parlent pas :* leur échange d'information se réduit à des interactions chimiques. Il ne s'agit jamais d'émulation intellectuelle comme lors d'un dialogue humain, où ce qui se joue n'est pas seulement de l'ordre de la transmission de données : ce sont des idées, des représentations parfois abstraites.

Ainsi le langage serait indispensable pour former le contenu de nos pensées. Sans les mots, qu'aurions-nous à penser ? C'est en ce sens qu'il faut comprendre la formule de Hegel dans la troisième partie de son *Encyclopédie des sciences philosophiques*, la « philosophie de l'esprit » : « *C'est dans le mot que nous pensons. [...] On croit ordinairement que ce qu'il y a de plus haut, c'est l'ineffable [...]. En réalité l'ineffable c'est la pensée obscure, à l'état de fermentation, et qui ne devient claire que lorsqu'elle trouve le mot. Ainsi le mot donne à la pensée son existence la plus haute et la plus vraie.* »

C'est donc le processus même de formation du langage qui produit la pensée. On aurait en effet tendance à croire que le langage ne servirait qu'à exprimer des pensées « pures », qui lui préexisteraient. Comme s'il n'en était qu'un appauvrissement, malheureusement nécessaire pour que celles-ci puisse être communiquées. Mais en quoi consisterait une telle pensée ? En des sentiments, des émotions, autrement dit quelque chose d'embryonnaire et de confus, alors que la pensée se joue au contraire dans l'effort de l'esprit pour trouver le mot qui lui convient.

Analyse et méthode

Le plan de ce cours peut paraître un peu singulier : la première partie sonne comme une dernière partie. Il aurait peut-être été plus naturel de commencer par dire qu'il en va du langage humain comme du langage animal, se définissant comme une arme c'est-à-dire un outil de domination. Puis avancer vers l'idée que, réflexion faite, le langage humain a cette singularité qu'il permet d'élaborer des représentations abstraites, c'est-à-dire de penser. Pourtant nous choisissons ici le parti contraire, afin de souligner le rôle social et politique du langage. L'option choisie est celle de la « déconstruction » : partir de la conception qu'on se fait volontiers du langage, pour découvrir ce qu'elle cache : son rôle de domination et sa fonction d'arme.

Essentiel/accidentel

Le langage est-il *essentiel* ou *accidentel* à la pensée ? Si nous pensons *avant* les mots, alors la pensée n'a pas besoin du langage pour être ce qu'elle est. Le langage est alors accidentel au sens où il ne fait que lui donner une expression, sans pour autant changer sa définition. Mais si, comme le dit Hegel, les mots *réalisent* une pensée qui n'existe pas avant eux, alors le langage lui devient *essentiel* : il participe de l'essence de la pensée, car c'est lui qui la rend possible. Sans lui, elle ne serait pas ce qu'elle est.

Pour aller plus loin

Depuis Aristote au moins, les abeilles font partie de ces exemples qui traversent l'histoire de la philosophie. L'occurrence la plus connue est sans doute *La fable des abeilles*, publiée en 1704 par Bernard Mandeville, philosophe néerlandais. Dans cet essai, il soutient que l'organisation extraordinairement complexe d'une ruche ne repose pas sur l'abnégation de chaque abeille qui travaillerait en vue du bien commun. Au contraire, cette organisation n'est que le produit de l'égoïsme de chaque abeille qui ne travaille que pour son intérêt personnel.

http://expositions.bnf.fr/utopie/cabinets/extra/textes/constit/1/18/2.htm

Ainsi donc, la pensée, loin de précéder le langage, ne se réalise qu'à travers lui. Or penser, c'est s'élever du particulier au général, c'est élaborer des idées et des concepts par lesquels nous nous forgeons une représentation générale du monde. Comment, dans ces conditions, le langage pourrait-il être une arme ou un outil de domination, s'il n'est *essentiellement* pas fait pour la communication ?

Cependant, une objection surgit bien vite. Si la pensée est bien le but du langage, alors comment comprendre la grande difficulté à produire une pensée ? C'est que les mots n'auraient pas cette fonction, comme le note Bergson dans *Le Rire* : « *Le mot, qui ne note de la chose que sa fonction la plus commune et son aspect banal, s'insinue entre elle et nous, et en masquerait la forme à nos yeux si cette forme ne se dissimulait déjà derrière les besoins qui ont créé le mot lui-même.* »

La pensée s'efforcerait de dépasser les catégories grossières du langage qui servent à s'orienter et à interagir avec le monde qui nous entoure. Le langage ne cherche pas la pensée générale et abstraite, mais se porte bien plus aisément sur le particulier, c'est-à-dire sur l'objet de la perception. Il ne *pense* pas le réel, il le *découpe* de manière à y voir le plus facilement et le plus rapidement ce qui est utile. Par exemple, si je conduis une voiture sans problème, j'entends le moteur tourner, et pour moi le réel se réduit à un objet définit dans le mot « moteur ». Mais si je tombe en panne, alors le réel se précise, et des concepts comme « batterie » ou « carburateur » apparaissent pour me permettre d'agir adéquatement et réparer le moteur.

2. Le premier rôle du langage n'est-il pas un rôle d'intégration sociale ?

Peut-on cantonner le langage à un processus de réalisation de la pensée, sans aucune question de communication ? On voit qu'une telle position est impossible du fait même que, dans un cadre culturel donné, *tous parlent la même langue* et s'en servent précisément pour communiquer avec autrui. C'est que parler une même langue est le premier acte d'appartenance à une société. D'abord parce que la langue, comme nous l'avons vu, est un système artificiel qui structure la coexistence de plusieurs individus au sein d'un même groupe. C'est ce que dit le linguiste Ferdinand de Saussure :

Cause/fin

Dire que la pensée est-elle *la cause* ou *la fin* du langage ? Le langage est la cause de la pensée, c'est dire qu'il la précède et la rend possible. La pensée ne sera qu'un effet postérieur et extérieur au langage, comme si on pouvait posséder le langage sans avoir de pensée (cela ne s'entend que si on réduit le langage à de la communication). Mais si le langage est *la fin* de la pensée (ou, comme le disait Aristote, sa cause finale), alors cela signifie que le langage est le but du processus même de la pensée, son objectif essentiel. Il y aurait un lien *nécessaire* entre les deux : l'un ne pourrait aller sans l'autre.

Henri Bergson

D'abord mathématicien, Henri Bergson (1859-1941) décide de se tourner vers la philosophie pour approfondir une intuition qui, de prime abord, paraît assez énigmatique. On raconte qu'à une dame distinguée qui était venue, à la fin d'une de ses conférences, lui demander de résumer sa pensée en une phrase, il aurait répondu : « Madame, je soutiens que le temps n'est pas de l'espace »... Il a effectivement cherché à rétablir la différence entre un temps « spatialisé », fixe mais abstrait, et la durée insaisissable qui constitue l'essence de la réalité. L'œuvre qu'il va construire à partir de cette intuition initiale va lui donner tous les honneurs : le Collège de France, puis l'élection à l'Académie française, et enfin le prix Nobel de littérature en 1928. Toujours en dialogue à travers son œuvre avec les savants de son temps, il essaiera de nouer un dialogue avec Einstein sur la nature du temps, mais ce dialogue n'aura hélas jamais lieu.

Analyse et méthode

Cette référence à Bergson ne vous dit rien ? Elle fait très exactement suite à celle de la page 75 sur la perception ! Le langage, tout comme la perception, a une fonction *pratique* en ordonnant le perçu. Et je reprends également le *même exemple de la voiture*. Encore un cas où vous voyez comment *adapter* vos connaissances à un problème précis.

« *Tout moyen d'expression reçu dans une société repose en principe sur une habitude collective ou, ce qui revient au même, sur la convention. Les signes de politesses, par exemple, doués souvent d'une certaine expressivité naturelle (qu'on pense au Chinois qui salue son empereur en se prosternant neuf fois jusqu'à terre), n'en sont pas moins fixés par une règle ; c'est cette règle qui oblige à les employer* ».

Le signe est arbitraire, mais pourtant nous ne choisissons pas librement de modifier la forme signifiante que nous employons. Les modifications ont toujours un sens social. La modification d'un salut ou d'une formule de bienvenue, par exemple, crée une communauté singulière, et par conséquent un sentiment d'appartenance plus étroit. Par conséquent il serait illusoire de croire que, au sein d'une société, parce qu'il n'y a qu'une seule langue, il n'y aurait qu'un seul langage.

L'expérience montre bien que si faire un effort de pensée, ou chercher à désigner des objets abstraits, c'est faire violence au langage, au contraire, la fonction d'intégration sociale (ou de rejet) du langage se fait *sans y penser*. Quand j'entends l'accent de quelqu'un et que j'identifie son appartenance sociale, je lui réponds en conséquence. C'est que toute intégration sociale chercher aussi à confirmer la place de chacun, c'est-à-dire à établir une hiérarchie. Chaque niveau de langue codifie une certaine situation sociale et indique une position hiérarchique. Par exemple, dans la comédie musicale *My fair lady*, le professeur Higgins prend sous son aile la jeune Eliza Doolittle pour la faire entrer dans la bonne société. Il doit pour cela transformer totalement son accent et son vocabulaire, qui ont des répercussions dans son maintien. Que ce soit l'argot, un vocabulaire riche et recherché, ou toute autre forme sociale de langage, le langage fixe l'individu qui l'emploie dans un rapport hiérarchique : avant même de savoir ce que veut dire la personne qui me parle, je peux la situer socialement par la forme de la langue employée.

Mais si la position des individus est à la fois inégale et figée, n'est-on pas, de fait, dans des relations de domination ? Nous sommes bien loin ici de l'expression de la pensée : c'est la fonction animale du langage qui semble prédominer.

Ferdinand de Saussure

Ferdinand de Saussure (1857-1913), est un philosophe et linguiste suisse qui travailla en Allemagne, à Leipzig, puis à Paris à partir de 1881 à l'École des Hautes Etudes de Paris. Mais alors qu'on lui propose un poste au prestigieux Collège de France en 1891, il repart à Genève pour élaborer sa théorie du structuralisme linguistique. On peut saisir la façon dont la pensée se forme, tout comme la façon de communiquer avec autrui, en décomposant le langage en ces éléments primordiaux. Chaque mot est un *signe linguistique*, c'est-à-dire la synthèse entre une forme, écrite ou sonore : un *signifiant* ; et un sens, c'est-à-dire une idée ou un concept que l'on décide d'associer au signifiant : ce que Saussure appelle le *signifié*. L'ensemble de la langue est un système de signes ; mais quelle est la part d'arbitraire, et la part de naturel dans ce système ? C'est en étudiant la *structure* de la langue (d'où l'idée de structuralisme qui va s'imposer par la suite) qu'il devient possible de déterminer comment la pensée peut apparaître au sein de ce système.

Analyse et méthode

Cette deuxième partie montre à quel point le rôle social du langage lui est consubstantiel. Au fond, si le langage avait pour fonction première de réaliser une pensée, alors créer des concepts ne serait pas si difficile ! Il faut reconnaître que penser, c'est souvent aller à l'encontre des tendances du langage, c'est lui faire violence. Tout cet ouvrage en est l'illustration ! C'est en ce sens que la pensée est toujours une conquête de haute lutte.

Pour aller plus loin

My Fair Lady, réalisé par George Cukor en 1964, est un grand classique du cinéma hollywoodien. C'est Rex Harrison qui joue le rôle du professeur Higgins et Audrey Hepburn qui incarne Eliza Doolittle. En modifiant son langage, il lui arrache une partie d'elle-même – sa *culture* – pour qu'elle se réinvente elle-même.

La bande annonce est ici :

http://www.imdb.com/title/tt0058385/?ref_=fn_al_tt_1

3. Le langage n'est-il pas fondamentalement un outil de domination ?

Si le langage est une arme, alors on peut lui donner un nom encore plus précis : celui de rhétorique. Celle-ci consiste dans une maîtrise des procédés et des techniques oratoires (effets de style, ton, choix des mots, etc.) Par le pouvoir de la persuasion, Gorgias acquiert une influence déterminante sur ceux qui l'écoutent. Dans le dialogue de Platon, lors du face à face entre Socrate et le célèbre sophiste, voici ce que ce dernier affirme : « *Si au moins tu savais tout, Socrate, et en particulier comment la rhétorique contient en elle toutes les capacités humaines et les maintient sous son contrôle !* »

Gorgias prend ainsi l'exemple du médecin, qui connaît le traitement pour la maladie d'un patient, mais ne parvient pas à le convaincre qu'il s'agit là du bon remède. Le rhéteur quant à lui, même sans posséder la connaissance du médecin, pourra sans effort convaincre le patient de prendre n'importe quel remède. Qui donc, entre l'orateur et le médecin, serait choisi lors d'un débat public comme le meilleur médecin ? « *Eh bien, j'affirme que le médecin aurait l'air d'être un moins que rien, et que l'homme qui sait parler serait choisi s'il le voulait* », assène Gorgias.

On comprend pourquoi les sophistes, et Gorgias en premier, faisaient payer leurs leçons à prix d'or : qui maîtrisait l'art du langage possédait une influence déterminante au sein de l'assemblée politique, et par conséquent possédait le pouvoir. C'est bien le contrôle du langage qui donne le contrôle sur la pensée des autres hommes. Que m'importe d'avoir raison si je ne parviens à convaincre les autres ? Et que m'importe d'avoir tort si je peux m'approprier le pouvoir dans ma cité ?

De surcroît le langage n'est pas qu'oral : il est aussi écrit. Claude Levi-Strauss établit un lien très étroit entre l'oral et l'écrit : « *le seul phénomène qui ait fidèlement accompagné [l'écriture] est la formation des cités et des empires. [...] si mon hypothèse est exacte, il faut admettre que la fonction primaire de la communication écrite est de faciliter l'asservissement. L'emploi de l'écriture à des fins désintéressées est un résultat secondaire, si même il ne se réduit pas le plus souvent à un moyen de renforcer, justifier ou dissimuler l'autre* ».

Analyse et méthode

Voici notre deuxième référence au *Gorgias* de Platon. Nous évoquons ici la première partie du dialogue, où Socrate fait face au grand Gorgias. Son apport est très intéressant parce qu'il présente explicitement le langage comme une arme puisque la rhétorique, dit-il, est une lutte contre un adversaire, en l'occurrence l'interlocuteur.

Persuader/convaincre

Selon Platon, la dialectique nous convainc, quand la rhétorique ne fait que nous persuader. Persuader quelqu'un c'est, par le moyen de la rhétorique, le considérer comme un adversaire à abattre, c'est-à-dire à implanter en lui l'idée qui convient à notre intérêt. Convaincre, en revanche, c'est vaincre *avec* notre interlocuteur un adversaire commun : l'erreur. Dans les deux cas, au fond, le langage est une arme : toute la question est de savoir contre quoi ou contre quoi la diriger.

Pour aller plus loin

La réflexion sur le langage nous conduit à une réflexion *politique* sur la démocratie. Dans le dialogue de Platon, Gorgias évoque la figure emblématique de Périclès, brillant stratège, systématiquement réélu de 470 à 430 avant Jésus-Christ. Par son talent oratoire, il a su faire ostraciser tous ses rivaux politiques (comme Cimon, chef du parti aristocratique), faire voter le budget pour construire les monuments de l'acropole comme le Parthénon, et conduire la défense d'Athènes contre Sparte durant la guerre du Péloponnèse.

Périclès donnerait sans doute raison à Gorgias : c'est bien plus par son talent oratoire que par le bien-fondé de ses décisions, parfois discutables, qu'il parvient à garder le pouvoir. Là sont les limites du fonctionnement démocratique, où les citoyens votent les lois : ils sont soumis au plus *persuasif* et au discours qui a *l'apparence* d'être le meilleur. C'est là la différence entre démocratie et démagogie : servir les intérêts du peuple, ou utiliser le peuple pour servir ses propres intérêts. Périclès semble être l'incarnation même de cette ambiguïté.

Comment Lévi-Strauss explique-t-il la conjonction entre l'apparition de l'écriture et la formation des cités et des empires, c'est-à-dire de systèmes politiques complexes ? C'est que l'écrit prend le relais de l'oral en formalisant les lois et les hiérarchies sociales. Mais n'est-ce pas oublier un peu trop vite le rôle de la pensée ? Ne participe-t-elle pas à ses rapports de domination ? Notre conception du langage serait complète si l'on parvenait à associer à la fois rapports sociaux et effort de pensée.

Dans son roman *1984*, Orwell met en scène une société intégralement totalitaire, où Big Brother qui contrôle les actes, mais aussi les pensées intimes de ses citoyens. Comment s'y prend-elle ? Syme, un agent du gouvernement, a en charge de constituer un dictionnaire. Il explique que son travail consiste à supprimer le plus grand nombre de mots possible, car en en réduisant le nombre, on réduit d'autant la possibilité de penser : « *Ne voyez-vous pas que le véritable but du novlangue est de restreindre les limites de la pensée ? À la fin, nous rendrons littéralement impossible le crime par la pensée car il n'y aura plus de mots pour l'exprimer. [...] Chaque année, de moins en moins de mots, et le champ de la conscience de plus en plus restreint. Il n'y a plus, dès maintenant, c'est certain, d'excuse ou de raison au crime par la pensée.* »

Le langage contrôlé par le pouvoir politique qui réduit le vocabulaire, devient l'arme de domination humaine la plus redoutable. Plus nous avons de vocabulaire, plus nous pouvons approfondir et nuancer, et plus la liberté de pensée sera importante.

Conclusion

C'est bien parce que le langage est plus qu'un moyen de communication, et qu'il permet la pensée, qu'il est une arme, c'est-à-dire un outil de domination – et, possiblement, de destruction. En effet, puisqu'il détermine la façon dont nous pensons, alors celui qui contrôle le langage contrôle la pensée des individus. Le langage nous est apparu d'abord comme moyen de communication ayant un rôle social décisif. La pensée vient ensuite : elle des déterminations politiques et sociales à travers lesquelles elle se forme. Le langage est, sans conteste, instrument de domination : c'est à la philosophie de le libérer le langage, par l'effort de penser *contre* soi-même.

Claude Lévi-Strauss

Au début de *Tristes tropiques*, Claude Lévi-Strauss (1908-2009) explique pourquoi il est devenu anthropologue. Après avoir passé comme un jeu l'agrégation de philosophie, il a compris qu'il devrait répéter les mêmes leçons pendant toute sa carrière. De peur, il aurait pris le bateau pour la destination la plus lointaine : la forêt amazonienne au Brésil... C'est sur cette petite pique que commence l'essai, qui exporte en anthropologie le modèle structuraliste qui avait permis à Saussure d'analyser le langage.

On peut saisir l'intention de Lévi-Strauss à partir d'une phrase de la sixième partie de l'ouvrage : « *La structure du village ne permet pas seulement le jeu raffiné des institutions : elle résume et assure les rapports entre l'homme et l'univers, entre la société et le monde surnaturel, entre les vivants et les morts.* » Nos relations sont déterminées par des mœurs et des traditions, qui révèlent la représentation qu'elle se fait du cosmos : c'est-à-dire sa *structure*. En un mot, chaque société se construit à partir d'un modèle abstrait, inconscient, à partir d'un noyau familial. C'est en comprenant ce modèle que, pour Lévi-Strauss, nous pouvons comprendre les rapports humains.

Pour aller plus loin

La manipulation du langage décrite par Orwell a eu lieu historiquement, par exemple avec le régime des khmers rouges au Cambodge. Dans l'article « La langue des khmers rouges : une opération sans reste », Janine Filloux écrit : « *Au mot usuel "samlap" pour dire tuer, mot incluant une notion du bien et du mal, l'Angkar avait substitué le mot "kamtech" qui veut dire détruire* ». Entre « tuer », *samlap* et « détruire », *kamtech*, il y a un monde : celui de la morale, qui distingue le crime, de l'idée neutre de simple nettoyage. On voit ici comment la manipulation du langage peut effacer toute forme de culpabilité morale et encourager massacres et génocides, comme cela a été le cas au Cambodge entre 1975 et 1979.

http://www.cairn.info/article_p.php?ID_ARTICLE=TOP_096_0147

Peut-on changer le cours de l'histoire ?

Introduction

L'expression « cours de l'histoire » exprime un mouvement, une sorte d' « écoulement » du passé vers le futur. Cette image fait penser à un fleuve dont nous ignorons la longueur, les méandres, l'endroit où il rejoindra un fleuve plus grand, mais qui finalement parviendra à son *terme* en se jetant dans la mer. Voilà qui présuppose que l'histoire suit déjà une voie toute tracée, et que les événements qui la constituent sont écrits à l'avance et adviennent sans le consentement des hommes. Ainsi, quoi que nous fassions, quoi que nous voulions, malgré nous, l'histoire suivrait son cours de manière inéluctable. N'y a-t-il pas cependant une contradiction manifeste dans cette idée, puisque l'histoire renvoie en premier lieu aux événements qui s'appliquent aux sociétés, c'est-à-dire aux actions humaines collectives ? Or celles-ci apparaissent comme imprévisibles : aucun historien ne prétend connaître l'avenir, ni prédire dans le détail comment vont agir les hommes. En ce sens, l'histoire n'a pas de « cours » prédéterminé : elle n'est que le récit ou l'analyse, fait par des historiens, des événements *déjà passés.*

Or, l'idée même de changer le cours de l'histoire entremêle ces deux sens. Il y aurait une marche historique des actions humaines établie par avance, et dans le même temps les hommes pourraient, dans une mesure plus ou moins grande, *influer librement* sur elle. Cela impliquerait qu'il y ait à la fois des événements historiques déterminés et des événements imprévisibles, « hors du cours de l'histoire » pour ainsi dire, mais qui seraient aussi les plus décisifs.

Savoir s'il est possible de changer le cours de l'histoire demande donc de savoir ce qu'est l'histoire. Ou bien elle n'est qu'un récit des faits passés : dans ce cas, l'expression même de « cours » est inadéquate. Ou bien elle suit un cours prévisible et se déploie inéluctablement selon les lois de la causalité. Mais alors il faut pousser cette idée jusqu'au bout, et s'il y a un chemin prédéterminé, alors il y a une finalité. Tout « cours » s'achemine vers sa fin ; mais peut-on soutenir qu'il y a une fin de l'histoire, et que des actions humaines libres et imprévisibles pourraient, pour le meilleur ou pour le pire, la dévier de sa trajectoire ?

1 Analyse du sujet

Bien évidemment, c'est la notion *d'histoire* qui est au cœur de ce sujet, plutôt difficile car il reprend une expression commune lourde de présupposés. Toute la difficulté est d'identifier les deux problèmes sous-tendus par la question. Le premier est le statut de l'histoire. Est-elle une *science*, c'est-à-dire un examen analytique des événements passés, ou une *métaphysique*, c'est-à-dire un discours spéculatif sur le sens à donner à la marche de l'humanité ? L'idée de changement, de modification possible d'une voie toute tracée, est profondément métaphysique car elle engage l'idée d'une finalité, d'un but préétabli, en un mot d'une *téléologie*. Dès lors, ou bien ce sens est prédéterminé : charge à l'historien de le mettre en évidence. Ou bien les hommes ont une liberté collective aussi totale qu'imprévisible, c'est l'expression même de « cours » de l'histoire qui doit être remise en cause.

2 Ce qui fait problème

Le problème de cette question est de parvenir à se prononcer sur la nature même de l'histoire. En ce sens, il est assez analogue à celui du chapitre 11 sur le vivant, qui interroge aussi les présupposés métaphysiques et le statut de science de la biologie. Le rôle de la réflexion philosophique sur ces sciences – ce qu'on appelle l'épistémologie – est d'interroger ce cadre et de faire la lumière sur son fonctionnement et ses fondements métaphysiques. Qu'il s'agisse de « science dure » ou de « science humaine », dans tous les cas chercher à comprendre le monde qui nous entoure se fait toujours en fonction d'un cadre mental précis et qui, justement, évolue selon les cultures et les époques.

3 Annonce du plan

1. Il y a des lois qui conduisent le cours de l'histoire selon les lois de la causalité.
2. Il n'y a pas de « cours de l'histoire » puisque rien n'est écrit à l'avance.
3. C'est l'idée d'un « cours » de l'histoire qu'il faut revoir et retrouver sa nature cyclique.

1. Tout est écrit et doit se déployer selon les lois de la causalité

Avant de savoir s'il est possible de changer le cours de l'histoire, il importe de se demander s'il y en a bien un. Parler d'un cours de l'histoire signifie que celle-ci est constituée par une suite ininterrompue de faits. Chaque fait est la cause de celui qui va suivre, et l'effet du précédent. Suivant l'image du fleuve évoquée en introduction, le cours de l'histoire suit une voie tracée, que l'on pourrait déterminer à l'avance.

C'est ce que Thucydide écrit dans un passage fameux du début de sa *Guerre du Péloponnèse* qui retrace l'histoire des conflits entre athéniens et lacédémoniens. L'historien affirme rester prudemment éloigné de toute forme de récit partial ou merveilleux : « *Quant aux événements de la guerre, je n'ai pas jugé bon de les rapporter sur la foi du premier venu, ni d'après mon opinion ; je n'ai écrit que ce dont j'avais été témoin ou, pour le reste, ce que je savais par des informations aussi exactes que possible. Cette recherche n'allait pas sans peine [...] et l'absence de merveilleux dans mes récits les rendra peut-être moins agréables à entendre.* »

Ces remarques sont très importantes car elles montrent comment les premiers historiens grecs ont cherché à se défendre contre les menaces de partialité ou de manipulation. Ainsi, établir un récit historique, ce n'est rien d'autre que retrouver le cours de l'histoire *passée*. Or, Thucydide ajoute : « *Il me suffira que ceux qui veulent voir clair dans les faits passés et, par conséquent, aussi dans les faits analogues que l'avenir, selon la loi des choses humaines, ne peut manquer de ramener, jugent utile mon histoire.* »

Il y a bien, selon lui, une « loi des choses humaines », qui amène une répétition dans l'avenir des faits passés – c'est particulièrement aux guerres et à leurs causes que Thucydide pense ici. Faire un récit historique des événements survenus par le passé aurait cette vertu de pouvoir mettre en évidence cette loi, une forme de régularité dans les actions humaines, de retour incessants des guerres. Face à cette loi, les hommes eux-mêmes seraient impuissants. Leur histoire, c'est celle des invasions, des pillages, des conflits politiques pour la domination des territoires.

Récit, fait, événement

Il faut pouvoir distinguer *récit, fait* et *événement*. Le *fait* renvoie à tout ce qui a lieu objectivement, et qui peut s'inscrire dans une chaîne de causalité. L'*événement* est un fait singulier qui constitue une cause particulièrement remarquable des faits qui vont lui succéder. Le *récit* est l'interprétation que les historiens font des événements, c'est-à-dire la façon dont ils les ordonnent par rapport au reste des faits. Toute histoire en tant que récit est tiraillée entre souci d'objectivité des faits et nécessité de la subjectivité dans l'interprétation des événements. Beaucoup de sujets sur l'histoire reposent sur cette tension.

Analyse et méthode

Avec Thucydide, notre première partie présente une méthode pour parvenir à relater les faits *objectivement*, mais malgré tout selon une *loi* qui leur donne du sens : en l'occurrence celle de la causalité – qui nous renvoie au problème de *l'induction* dans les sciences, que nous examinons dans le chapitre suivant. Remarquez que les deux chapitres sont étroitement liés. Si l'histoire suit un cours rationnel déterminé par la causalité, alors celui qui sait bien interpréter les événements passés peut *prédire* les événements futurs, ou tout du moins leur forme, puisqu'il en saisit la règle.

Conseils du prof

La notion d'histoire présente un avantage qui peut très vite devenir un inconvénient. Vous disposez en effet d'une réserve d'exemples à analyser, de manière à rendre votre devoir beaucoup plus vivant et concret. Mais attention ! Beaucoup de mauvaises copies se réduisent à des récitations de cours d'histoire ! Vous ne pouvez pas faire l'économie des théories philosophiques sur l'histoire pour vous permettre d'analyser un sujet de manière pertinente et philosophique. Le mieux est de réserver un exemple historique par partie (ce que nous faisons ici), voire de le filer sur plusieurs parties, afin de souligner encore plus le lien étroit entre chacune d'elles.

S'il y a bien une puissance qui gouverne au destin des peuples, il devient impossible de changer le cours des choses. Il faut au contraire travailler à la mettre en évidence. Pour Hegel, il faut voir en elle la forme que prend la raison qui gouverne le monde. C'est, selon une anecdote fameuse, ce qui lui fera dire, dans une lettre à son ami Niethammer du 13 octobre 1806, alors qu'il voit passer Napoléon sous ses fenêtres à Iéna : « *J'ai vu l'Empereur, cette âme du monde, sortir de la ville pour aller en reconnaissance... j'ai vu la raison aller à cheval.* » À son insu, Napoléon par sa soif de conquêtes ne fait que réaliser la Raison, en permettant la diffusion d'idées nouvelles dans toute l'Europe.

Mais pour identifier la raison qui conduit l'histoire, ce n'est pas au récit élaboré par les historiens qu'il faut s'attacher. On reproche à la philosophie, note Hegel, de ne s'intéresser qu'au développement des idées et de se désintéresser des faits. Mais ne faut-il pas voir là, au contraire, sa plus grande force ? « *La seule idée qu'apporte la philosophie est la simple idée [...] que la raison gouverne le monde et que, par conséquent, l'histoire universelle s'est, elle aussi, déroulée rationnellement.* » La raison n'est pas que la forme artificielle et subjective du récit d'un historien : elle est la loi universelle qui préside *factuellement* au devenir de l'humanité tout entière.

Si la raison trace le cours de l'histoire, il est inconcevable qu'on puisse le changer. Il nous est seulement possible, par nos actions, de le faire advenir. Pourtant, nous avons défini dans l'introduction l'histoire comme la série des événements composés par des actions humaines. Si les hommes *font* réellement l'histoire, n'en sont-ils pas responsables ?

2. Rien n'est écrit à l'avance : il n'y a pas de cours de l'histoire

Affirmer qu'on ne peut changer le cours de l'histoire, c'est affirmer qu'elle est déterminée et que les hommes ne font que suivre un destin tracé à l'avance : chaque événement serait préparé par le long enchainement de causes et d'effets qui le précède. Mais on pourrait alors facilement prévoir les événements à venir. Pourtant une foule d'exemples vient à l'esprit, de révolutions ou de coups d'État, qui furent autant d'événements tout à fait imprévisibles.

La dialectique

Dans la philosophie de l'histoire hégélienne, la *dialectique* renvoie au mouvement la Raison qui se manifeste à travers les grands événements historiques. Chaque moment historique est dépassé puis intégré dans l'événement qui lui succède. Par exemple, dans l'Europe moderne, la monarchie s'affirme d'abord, puis est niée dans la Révolution. C'est le mouvement de la thèse et de l'antithèse. Mais après la Révolution survient un nouvel événement qui synthétise les deux précédents : le Premier Empire. La thèse et l'antithèse ne sont pas rejetées, mais *comprises dans la synthèse*. C'est ce rythme ternaire de l'histoire qu'Hegel appelle la dialectique.

Au passage, rappelons que c'est dans cette doctrine que se trouve l'origine de la dissertation sous la forme que nous connaissons aujourd'hui, élaborée en France par un ami de Hegel, Victor Cousin !

Pour aller plus loin

D'abord une remarque générale : l'histoire de la philosophie peut souvent se comprendre comme l'histoire de la rivalité entre les philosophes. De cette manière, tout comme Aristote contre Platon, comme Spinoza contre Descartes, Marx critiquera Hegel, mais sans cacher sa profonde admiration. Il y a là comme une sorte de « mouvement dialectique » de l'histoire de la philosophie, à travers des relations où se mêlent inspiration et farouche opposition. C'est dans le soin qu'ils mettent à se montrer plus grands, plus convaincants que leurs illustres prédécesseurs que les philosophes trouvent souvent la force de construire leur propre pensée.

À propos de Marx, notons dès à présent qu'il va reprendre l'idée hégélienne de mouvement dialectique de l'histoire, pour en faire, non pas l'histoire de la manifestation de la Raison dans le monde, mais l'histoire de la lutte des exploités pour l'amélioration des conditions matérielles de leur vie et la réappropriation du produit de leur travail. C'est ce qu'il appellera la lutte des classes. Nous y reviendrons dans le cadre du cours sur le travail.

Ainsi pour Schopenhauer, l'histoire n'a pas de cours inéluctable : « *Les sciences parlent toutes de ce qui est toujours, tandis que l'histoire rapporte ce qui a été une seule fois et n'existe plus jamais ensuite.* » Aucune loi ne peut être tirée des événements qui se succèdent tout au long de l'histoire. Y a-t-il une loi historique qui stipule qu'une période de croissance et de prospérité entraîne une ouverture sur le monde alors qu'une crise morale et économique amène les peuples à un repli identitaire, voire à des conflits armés ? Cela présupposerait que toute croissance économique ou toute crise morale est toujours fondamentalement la même, et qu'il y aurait des lois générales définitives qui s'appliqueraient uniformément à tous les événements. Or ce n'est pas le cas : chaque événement, dans son contexte historique et avec ses acteurs singuliers, est toujours unique et ne se répète jamais de la même manière.

Pour cette raison, l'histoire ne peut énoncer de lois générales et ne saurait par conséquent prétendre au statut de science. Parce qu'un événement est toujours singulier et ne répond pas à une causalité stricte, le cours de l'histoire est toujours imprévisible. C'est par exemple ce que beaucoup de britanniques ont affirmé en votant en 2016 lors du référendum sur l'appartenance du Royaume-Uni à l'Union européennes (« Brexit »). Cette appartenance leur a été présentée comme allant dans le sens de l'histoire : désormais leur destinée était liée à celle du continent. Le résultat du référendum, qui a surpris l'opinion internationale, a montré que les électeurs britanniques ont eu la volonté d'aller contre un état des choses qui leur avait été présenté comme inéluctable. Certes, on peut parfaitement expliquer *a posteriori* les causes d'un événement historique. Mais cela ne signifie pas que le cours de l'histoire obéit à des règles qui ne peuvent pas être changées.

On le voit, la simple idée de *changer* le cours de l'histoire présuppose une trame historique déjà écrite, que les hommes pourraient modifier dans une certaine mesure. Mais cette trame ne saurait exister, sinon dans la croyance erronée en une causalité qui ne fait que dissimuler la liberté des actions humaines. Mais doit-on pour autant affirmer qu'il n'y a pas de causalité dans l'histoire ?

Conseils du prof

Des élèves confondent parfois les idées, pourtant contradictoires au niveau individuel, de destin et de liberté. Cela est dû pour une bonne part aux personnages de cinéma ou de séries télévisées, qui seraient libres tout en « accomplissant leur destin ». Mais comme le montre l'histoire d'Œdipe, l'idée de destin renvoie à des événements qui s'accompliront quels que soient nos choix pour tenter de les contourner. En revanche, la liberté individuelle n'est pas forcément incompatible avec celle du destin des peuples. Nous le verrons dans la partie suivante : Si l'on ne peut influer sur des événements historiques, du moins peut-on à leur contact, faire l'épreuve de notre liberté.

Général / particulier

La science se définit comme connaissances de lois *générales* qui permettent de comprendre et d'appliquer des catégories au *particulier*. La connaissance historique est une connaissance, non du général, mais du particulier. L'historien ne doit pas se demander quelles sont les causes de toute guerre en général, mais quelles sont les causes de la guerre du Péloponnèse ou de la Première Guerre mondiale en particulier. Le grand défi de l'historien, s'il veut approcher des critères scientifiques, est d'accéder à la plus grande objectivité possible dans l'analyse des faits particuliers. Quoiqu'exprimée différemment, c'est cette même intention qu'on trouvait déjà chez Thucydide.

Pour aller plus loin

Un livre de Pascal Blanchard et Farid Abdelhouahab, *Les Années 30 : et si l'histoire recommençait ?*, veut montrer que notre époque de crise est *exactement similaire* à celle qui a précédé la Seconde Guerre mondiale, et que les mêmes causes produisent toujours les mêmes effets. Le présupposé est bien ici, à l'inverse de Schopenhauer, que l'histoire est une science et peut établir des lois générales très précises. L'historien aurait de ce fait ainsi un rôle moral de mise en garde en rappelant les drames passés.

http://www.editionsdelamartiniere.fr/ouvrage/les-annees-30/9782732479972

3. Le cours de l'histoire est à la fois imprévisible et inéluctable

Même si elle ne peut pas être calculée selon des lois générales, il n'en reste pas moins que l'histoire suit un cours déterminé. Dans un livre retentissant publié en 1992, *La fin de l'histoire et le dernier homme*, le philosophe américain Francis Fukuyama présente le modèle de la démocratie libérale comme « *le seul régime politique légitime, et le capitalisme comme le seul système économique viable.* » L'histoire ne serait que la longue lutte de chaque individu pour que soient reconnus ses droits politiques et économiques. Il ne s'agirait alors pas tant de changer un cours de l'histoire inéluctable, que de chercher à le consolider, par exemple en luttant contre le retour des extrémismes et des totalitarismes qui refusent ce progrès inexorable vers la démocratie libérale, venant parachever le cours de l'histoire.

Pourtant on peut se demander si finalement, la *répétition incessante* de ces conflits n'est pas la marque de l'histoire elle-même. « Plus jamais la guerre ! », s'était-on écrié dans tous les pays d'Europe à la fin de la Première Guerre mondiale. Toute l'histoire du XXe siècle aura apporté un sanglant démenti à cette déclaration. Il semble impossible de montrer un quelconque progrès moral dans le cours de l'histoire : tout se passe comme s'il n'y avait, en réalité, aucun *cours* de l'histoire à changer. Cela signifie que l'histoire ne serait pas linéaire, marchant vers son hypothétique réalisation. L'homme ne *s'améliore* pas. Il se *perfectionne*, certes, c'est-à-dire qu'il devient de plus en plus efficace pour parvenir aux buts qu'il se fixe. Mais ces buts eux-mêmes ont-ils jamais évolué ? Ne sont-ils pas toujours des rapports de dominations, politiques militaires ou économiques, à la recherche de plus de puissance ?

C'est ce qu'écrivait déjà Polybe : « *Tel est l'enchaînement naturel par lequel les régimes se transforment puis sont remplacés par d'autres, jusqu'à ce qu'on en revienne au point de départ. Une fois qu'on a clairement discerné cela, on peut sans doute, si l'on émet une prédiction au sujet de l'avenir de tel régime, se tromper dans l'évaluation du temps, mais pour ce qui est de déterminer [...] ce à quoi aboutira la prochaine révolution, on ne risque guère de faire erreur.* »

Progrès moral / progrès technique

Il y a une idée qui est fortement mise en jeu à travers les notions d'*histoire*, de *travail*, de *culture* ou même de *morale* : c'est celle de *progrès*. Au sens le plus large, le progrès désigne le mouvement qui nous rapproche d'un objectif précis. Mais il renvoie aussi à une plus grande élévation morale des objectifs et une plus grande efficacité des moyens mis en œuvre pour atteindre ces objectifs.

Le constat du progrès technique, surtout à notre époque, est indiscutable. Mais quelle est sa valeur morale ? Nous rend-il meilleurs, d'une manière ou d'une autre ? Tout dépend bien sûr de ce qu'on entend par « meilleur » ! Nous avons déjà évoqué la réponse que Rousseau, à contre-courant de son temps, évoquait dans le *Discours sur les sciences et les arts*. Mais c'est aussi un débat très contemporain : Par exemple, l'exploitation des OGM (moyen) est-elle un progrès si elle permet de lutter contre la famine (finalité) ? Par ailleurs la notion économique et morale de décroissance, qui accompagne la théorie du développement durable, est abondamment discutée : elle demande de repenser l'organisation sociale soumise à la division du travail et à la productivité.

Pour aller plus loin

Sur la question de l'imprévisibilité des événements, l'exemple de l'arrestation de Robespierre me paraît intéressant. Dans le dernier volume de son *Histoire de la révolution française*, publiée au cours des années 1850, Jules Michelet évoque l'appel à l'insurrection destiné à la section des Piques, pour le libérer et renverser la Convention. Ses amis le pressent de signer l'appel, mais après avoir hésité il s'y refuse. On ne peut lire sur la lettre que les deux premières lettres de sa signature : « Ro ». Il savait qu'il allait mourir : c'était dans le cours de la révolution. Mais sa liberté individuelle, à défaut de changer ce cours, était de mourir sans avoir été celui qui aurait renversé la Convention et qui serait alors devenu, pour de bon, le tyran que ses adversaires dénonçaient.

Tirée de son *Histoire* qui analyse les causes et les conséquences des guerres puniques, cette remarque de Polybe signifie que toute prévision est toujours un pari. Personne ne peut dire quand ou comment tel régime tombera, ni les causes précises de la mutation d'une société. Mais ce qui est indéniable, c'est ce que tous les régimes tombent, et toutes les sociétés disparaissent au fil des conflits qui les opposent à leurs voisines. « *Tout périt, tout est sujet au changement* », écrit-il : l'histoire n'est que la répétition de ces ruptures inéluctables. En ce sens, elle n'est pas le *cours*, modifiable ou non, d'une dynamique de changement : c'est au contraire un *cycle* qui, indépendamment du progrès technique, ramène inlassablement l'homme à la fragilité de sa condition.

Conclusion

Dans *Guerre et paix*, Tolstoï réfléchit sur le sens historique de la campagne de Russie menée par Napoléon en 1812 : « *Pourquoi donc les choses se sont passées ainsi et pas autrement ? Parce qu'elles se sont passées ainsi.* » Par cette tautologie, Tolstoï ne dit pas que les événements historiques obéissent à des lois rationnelles identifiables et qu'on ne pourrait en modifier le cours, comme nous en avions fait l'hypothèse vue dans une première partie. Et nous avons bien vu que le cours de l'histoire n'est rien moins que prévisible. Cette imprévisibilité s'explique par le fait que les événements historiques relèvent toujours du singulier, et qu'aucun d'eux n'est jamais exactement le même que celui qui l'a précédé. Le cours de l'histoire fait alors la part belle aux actions décidées par des peuples qui y laissent leur empreinte. Mais changent-ils vraiment pour autant le cours de l'histoire ? C'est ce qu'on ne peut pas affirmer. Des empires naissent et meurent, des civilisations apparaissent et disparaissent : « *rien de nouveau sous le soleil* », comme le disait l'Ecclésiaste. Affirmer que l'histoire suit son cours n'équivaut pas à croire en un progrès moral. Doit-on pour autant abandonner toute idée de liberté ? Certes, nous sommes *dans* l'histoire, confrontés à des événements que nous n'avons pas choisis. Mais c'est au niveau individuel que tout se joue alors. Si on ne peut changer le cours de l'histoire, du moins pouvons-nous changer celui de notre comportement face à elle.

Pour aller plus loin 1/2

Comment l'individu peut-il être libre alors qu'il n'est pas maître des événements qu'il subit ? Sartre apporte la réponse suivante : « *Être libre n'est pas choisir le monde historique où l'on surgit – ce qui n'aurait point de sens – mais se choisir dans le monde, quel qu'il soit.* » D'où cette phrase polémique publiée en septembre 1944 : « *nous n'avons jamais été aussi libres que sous l'occupation.* » Notre liberté se réalise dans les choix que nous faisons à l'occasion des événements que nous subissons :

http://www.dailymotion.com/video/x2f4jq_la-republique-du-silence_news

Pour aller plus loin 2/2

Prenant le contrepied de Rousseau, le philosophe et ancien ministre de l'Éducation nationale Luc Ferry associe étroitement progrès technique et progrès moral. Dans le numéro 578 du *Magazine littéraire* il écrit : « *Quels que soient les critères retenus, l'espérance de vie, la prospérité, la diminution des violences urbaines, du risque de la mort dans un conflit armé, la scolarisation, l'alphabétisation, la liberté des femmes, l'époque que nous vivons en Europe est infiniment supérieure à toutes celles que l'humanité a connues par le passé.* » C'est par son libéralisme, et parce qu'il est « *favorable à l'innovation, à l'argent et à la réussite sociale* » de tous, que notre « *Vieux Continent* » est « *l'un des plus doux, créatif et libre qui soit* » ; même si Luc Ferry souligne également que la « marge de progrès » qu'il reste à accomplir est importante. Voici le lien vers la page internet de ce numéro :

http://www.magazine-litteraire.com/parution/mensuel-578

Le débat sur une conception linéaire de l'histoire, ou bien cyclique, occupe encore aujourd'hui bon nombre d'historiens et de chercheurs. Une page de *Philosophie magazine* (une excellente lecture pour un élève de terminale !) donne un florilège de citations éclairantes sur la question de savoir si l'histoire est un cycle ou un progrès dans une page intitulée « l'histoire sans fin »...

http://www.philomag.com/lepoque/revues-de-presse/lhistoire-sans-fin-1535

En quoi la science dit-elle le vrai ?

Introduction

D'une manière ou d'une autre, nous sommes tous attachés à la vérité, c'est-à-dire au fait que ce que nous nous représentons doive correspondre le plus précisément possible au réel tel qu'il est, au-delà des apparences souvent trompeuses. L'idée d'être trompés nous est insupportable, comme si nous avions une sorte d'inclination naturelle à la vérité.

Mais comment appréhender la vérité ? En tant qu'effort pour dépasser notre connaissance superficielle du monde, la première source de vérité qui vient à l'esprit est celle de la religion, qui dépasse l'expérience sensible du monde pour révéler le principe qui l'anime. Dans la foi religieuse, la vérité est donc *révélée* : c'est-à-dire qu'elle se donne, déjà formée et définitive, aux hommes. Mais toute vérité révélée, par définition, est dépendante des croyances. Il existe toutefois une seconde forme de vérité, qui n'est pas déjà constituée, mais que l'esprit humain construit par lui-même, indépendamment de toute croyance. Par opposition à la vérité révélée, il s'agit d'une vérité *démontrée*.

Or la science est précisément cette activité humaine qui affirme pouvoir démontrer des vérités bien éloignées des vérités révélées de la religion. Elle s'attache simplement à décrire le réel tel qu'il peut être observé, indépendamment des croyances. Mais cette description est-elle bien capable de dire le vrai, c'est-à-dire de traduire, dans un discours, la réalité *objective*, qui s'étend hors de l'esprit qui la perçoit ? En ce cas, la vérité en science serait définitive, donnée une bonne fois pour toutes. Or on voit bien que les théories scientifiques évoluent à travers l'histoire.

Afin d'examiner les rapports que la science entretient avec la vérité, nous verrons dans un premier temps comment, par la méthode inductive, elle s'efforce de dépasser le stade de l'opinion vers l'objectivité. Mais cette vérité peut-elle apparaître sans que le scientifique présuppose ce qu'il cherche mais ne connaît pas encore : c'est-à-dire sans hypothèses ? Toute la difficulté sera de dire si, en dernière instance, le vrai que dit la science correspond bien à l'essence de la réalité, ou s'il ne s'agit que d'un modèle descriptif qui approcherait la réalité, mais sans jamais vraiment coïncider avec elle.

1 Analyse du sujet

Il s'agit d'un chapitre important au carrefour de nombreuses notions : *la raison et le réel, théorie et expérience, la démonstration*, et bien sûr *la vérité*. Dans de nombreuses discussions passionnées, on jette comme argument d'autorité la « preuve scientifique » qui de nos jours se présente sous la forme : « de nombreuses études ont montré que... », sans jamais, bien sûr, citer précisément les soi-disant études. Mais admettons que celles-ci existent : quelles sont les vérités qu'elles énoncent ? Il va donc s'agir d'interroger une évidence : celle de la vérité scientifique.

Nous consacrons quelques lignes à opposer vérité révélée (dans la religion) et vérité démontrée (dans la science), bien que cela puisse sembler hors sujet de prime abord. En réalité l'opposition nous permet d'approcher une définition *négative* de la vérité scientifique, c'est-à-dire de poser la question de ce qu'elle est en commençant par dire ce qu'elle n'est pas.

2 Ce qui fait problème

La science semble partager avec la philosophie et la religion un même souci de vérité, définie de prime abord comme adéquation entre la représentation et le réel. Une théorie sera scientifique à mesure qu'elle nous fait accéder à une certaine forme de vérité. Le problème est l'objectivité. En se déclarant comme seule capable de poursuivre une méthode objective, la science se positionne comme seule activité intellectuelle à même d'apporter des vérités démontrées indiscutables. Tout le problème sera donc de savoir ce que signifie cette fameuse *objectivité scientifique*, comment elle est construite et quelles sont ses limites.

3 Annonce du plan

1. Une théorie est scientifique en dépassant l'opinion et en se fondant exclusivement sur l'observation objective du réel.
2. Une théorie constitue une validation d'opérations expérimentales.
3. La science dit le vrai en proposant une organisation du réel.

1. La science accède à la vérité en dépassant l'opinion et en se fondant sur l'observation objective du réel

Le souci d'objectivité est le premier pas par lequel la science cherche à accéder à la vérité. Or, notre connaissance est polluée par d'innombrables idées préconçues qui nous empêchent de voir ce qui a *véritablement* lieu. Par exemple, il semblerait selon l'expérience quotidienne que, plus un objet est lourd, plus sa vitesse de chute est grande. C'est également ce qu'affirmait Aristote.

Mais Galilée, qui s'attache sans idée préconçue à l'observation des faits, écrit dans son fameux *Dialogue sur les deux grands systèmes du monde* en 1632 : « *Un boulet de canon de cent ou deux cents livres, ou plus encore, n'aura pas pris l'avance d'une palme, à son arrivée au sol, sur une balle de mousquet d'une demi-livre, même si la hauteur de chute est de cent coudées !* » La répétition et la mesure de la vitesse de la chute d'objets de masse et de volume différents conduisent Galilée à statuer que ce n'est qu'en vertu de la résistance du milieu, c'est-à-dire du frottement de l'air, que la vitesse de chute d'un objet varie.

Une première forme de vérité se dégage dès lors qu'il est possible de formuler des lois générales à partir de la répétition des faits particuliers. Dans ce cas, ne pas partir de fausses évidences, idées préconçues ou opinions communes, de manière à parvenir à l'objectivité : voilà la première force de la démarche scientifique. C'est ce qu'affirmait Isaac Newton : « *Je ne formule aucune hypothèse. Tout ce qui ne se déduit point des phénomènes est une hypothèse ; et les hypothèses, soit métaphysiques, soit physiques, soit mécaniques, soit celles des qualités occultes, ne doivent pas être reçues dans la philosophie expérimentale* ». C'est l'effort d'aller à rebours des évidences et de regarder les faits en eux-mêmes qui constitue le premier pas de l'objectivité.

Cette première méthode scientifique, qui permet d'énoncer une vérité indiscutable, s'appelle *l'induction*. Elle se définit comme faculté d'énoncer des lois générales à partir de l'observation des faits particuliers. L'induction apporte ainsi la preuve éclatante de la force de la vérité scientifique : sa faculté de prévision. Avant même que les objets ne tombent, je peux calculer la vitesse de leur chute.

Croire / savoir

Croire et *savoir* désignent tous les deux l'acte de tenir quelque chose pour vrai. Pourtant ils sont à l'opposé l'un de l'autre. *Croire*, c'est tenir pour vrai, mais sans que la vérité soit fondée sur des faits. Si je dis, en voyant le ciel se couvrir : « je crois qu'il va pleuvoir tout à l'heure », je ne vois pas encore la pluie comme un fait ayant lieu. Il en va de même pour la foi religieuse. Si je dis « je crois que Dieu existe », j'ai la conviction qu'il s'agit là d'une vérité. Cette vérité n'est pas moins forte que celle donnée par le *savoir*, qui repose sur des preuves (cf. ch. 11).

Conseils du prof

Bien réussir une dissertation portant sur une question d'épistémologie (c'est-à-dire de philosophie de la connaissance), c'est aussi savoir utiliser une culture scientifique. Pour cela, vous pouvez avoir recours à vos cours de sciences. Quand on n'en a pas l'habitude, il est difficile de « décloisonner » la connaissance : comme si ce que nous avions appris en sciences physiques, en biologie ou en mathématiques ne s'appliquait qu'à ces cours, et ne pouvait être mobilisé ailleurs. Mais la philosophie vous demande de devenir maître de votre savoir, c'est-à-dire de le remettre en perspective afin qu'il devienne une véritable *culture*. On connaît l'expression (dont la paternité reste discutée) : « La culture, c'est ce qui demeure en l'homme lorsqu'il a tout oublié ». Dès que vos connaissances scientifiques deviennent partie de votre culture, elles ont vocation à servir dans une dissertation.

Analyse et méthode

L'induction, comme type de raisonnement logique permettant d'inférer des lois générales à partir de l'observation de faits particuliers, place cette première partie au carrefour de trois notions : la vérité, la démonstration, la raison et le réel. Il s'agit de faire de la vérité une affirmation sur le *général* et non sur le particulier, qui n'en serait qu'une déclinaison. La deuxième partie consistera à remettre en question ce présupposé.

L'induction peut-elle, à elle seule, établir d'indiscutables vérités scientifiques ? Imaginez, répond le philosophe anglais Bertrand Russell, qu'une dinde arrivant dans une ferme constate que le fermier vient la nourrir tous les jours à neuf heures, sans faute. Le temps passant, en bonne inductiviste, elle formule une loi générale, en vertu de laquelle elle se fait un devoir d'attendre le fermier près de la porte tous les matins. Sauf que, à la veille de Noël, le fermier vint à neuf heures précises... pour lui tordre le cou.

Ce que veut dire Russell par cette image éloquente, c'est qu'une seule expérimentation non concluante peut remettre en cause une vérité inductive, qui ne serait donc jamais que provisoire. N'avons-nous pas écarté trop rapidement le rôle que joue l'hypothèse dans la théorie scientifique ? Peut-on vraiment conduire des expériences scientifiques sans avoir d'hypothèses, comme l'affirmait Newton ?

2. La vérité scientifique résulte d'opérations expérimentales

Dans un fameux passage de son *Introduction à la médecine expérimentale*, Claude Bernard raconte qu'on a apporté un jour des lapins dans son laboratoire : « *On les plaça sur une table où ils urinèrent, et j'observai par hasard que leur urine était claire et acide. Ce fait me frappa, parce que les lapins ont ordinairement l'urine trouble et alcaline, en leur qualité d'herbivores, tandis que les carnivores, ainsi qu'on le sait, ont, au contraire, les urines claires et acides.* » À partir de cette observation et à rebours de la méthode inductive, il va, *intuitivement*, formuler une hypothèse : à jeun, tous les animaux herbivores sont carnivores, au sens où l'organisme se nourrit de lui-même. Afin de vérifier cette hypothèse, il va tâcher de multiplier les expériences, sur différents animaux herbivores, puis carnivores, à jeun ou bien nourris : « *L'idée expérimentale a consisté dans le rapprochement que mon esprit a fait spontanément entre l'acidité de l'urine chez le lapin, et l'état d'abstinence [...]. Le raisonnement inductif que j'ai fait implicitement est le syllogisme suivant : les urines des carnivores sont acides ; or, les lapins que j'ai sous les yeux ont des urines acides ; donc ils sont carnivores, c'est-à-dire à jeun. C'est ce qu'il fallait établir par l'expérience.* »

Analyse et méthode

C'est au chapitre 6 des *Problèmes de philosophie*, publié en 1912, que Russell évoque le cas de la « dinde inductiviste » (qui donne une idée de l'humour tout britannique dont le philosophe ne se dépare jamais, et qui n'est peut-être pas étranger au prix Nobel qu'il reçoit en 1950...) La première partie de son œuvre philosophique consiste à décomposer les énoncés mathématiques, comme les propositions philosophiques, en des termes logiques simples : c'est l'idée de l'atomisme logique. Tout le problème de la vérité réside alors dans l'accord entre ces propositions simples et l'expérience individuelle sensible. La seconde partie de son œuvre est morale et politique : dès avant le début de la Première Guerre mondiale, il défend une position résolument pacifiste.

Claude Bernard

Claude Bernard (1813-1878) abandonne dès sa jeunesse des ambitions littéraires pour se consacrer à la médecine et à la recherche expérimentale. Il obtient la reconnaissance en devenant professeur à la Sorbonne puis au Collège de France. Il est l'auteur du concept de *milieu intérieur*, qui définit l'organisme vivant comme effort de maintenir un équilibre organique et une régulation des échanges physiologiques malgré les variations constantes du milieu extérieur, c'est-à-dire l'environnement.

David Hume

Philosophe anglais incontournable du XVIIIe siècle, David Hume (1711-1776) est un *sceptique*, c'est-à-dire qu'il affirme que la vérité est insaisissable. Dans son *Enquête concernant l'entendement humain*, qui connaîtra un grand succès, il formule une critique de l'induction, qui selon lui fonde toute notre connaissance. Je sais que demain le soleil se lèvera et que le pain me nourrira, parce que ce lien de cause à effet s'est toujours produit par le passé. Mais je ne le sais que parce que j'en ai *l'habitude* : ce n'est que l'évidence de l'expérience, et non une nécessité rationnelle, qui me dit que cette causalité se produira de la même manière à l'avenir.

Pour Claude Bernard, c'est la méthode expérimentale qui va permettre à la science de s'approcher de la vérité. La première étape de cette méthode est, comme dans le cas de l'induction, l'observation. Cependant, il s'agit d'une observation déjà orientée et affutée par l'expérience : il faut savoir où regarder. La deuxième étape est celle, décisive, de la formulation d'une hypothèse, c'est-à-dire une proposition inspirée par l'intuition : Comment Claude Bernard explique-t-il qu'il ait senti l'importance de l'urine des lapins ? C'est la pratique et l'observation qui affinent son intuition et le conduisent à formuler des hypothèses. En fonction de cette hypothèse, le scientifique va pouvoir mettre en place un protocole expérimental, qui consistera à faire varier les conditions d'observation afin de voir si le fait sur lequel porte l'hypothèse n'est pas l'effet d'une autre cause. En un mot, l'hypothèse de départ est une *croyance* quand l'hypothèse vérifiée est un *savoir*.

Dans le cas du régime alimentaire du lapin, est-ce que l'acidité et la clarté observées de leur urine dépendent vraiment de leur régime alimentaire, comme le médecin en a eu l'intuition ? Il a fallu faire varier l'alimentation des lapins, leur donner une alimentation carnée, répéter l'opération avec d'autres animaux carnivores puis herbivores. Avec, à chaque fois, la même hypothèse : un organisme herbivore à jeun se nourrit de lui-même. La vérité, dans la méthode expérimentale, ne porte donc pas sur le fait particulier observé (on ne dit pas : « il est vrai que l'urine des lapins est acide et claire ») mais sur l'idée générale déduite de l'observation du fait. C'est l'hypothèse qui devient vraie au moment où elle est vérifiée par la méthode expérimentale. En ce sens, ce n'est pas en *observant*, mais en *expérimentant* que la science dit le vrai.

Une véritable différence se dessine alors ente l'expérience et les vérités communes d'une part, l'expérimentation et la vérité scientifiques d'autre part. Les vérités scientifiques sont énoncées à partir d'un effort de la pensée, à la fois théorique et pratique, pour maîtriser le réel afin d'en tirer des lois. La difficulté est que le scientifique est responsable de l'interprétation des phénomènes qu'il observe, et qui deviennent de ce fait des *résultats*.

Observation / expérimentation

Il faut pouvoir distinguer *observation* et *expérimentation*. On observe les faits quand on est simplement témoin de ce qui se produit, sans chercher à les faire varier ou à les manipuler. Par exemple, le médecin autrichien Ignace Semmelweis découvre en 1847 que, faute de se laver les mains les médecins, passant de la dissection des cadavres de femmes mortes de fièvre puerpérale, à l'accouchement de femmes enceintes, transmettaient aux nouveau-nés des maladies qui les tuaient.

Bien évidemment, Semmelweis ne s'est livré à aucune *expérimentation* au sens propre du terme. Celles-ci auraient dû consister à demander à certains de s'exposer volontairement à la fièvre puerpérale ! Mais en pratiquant des autopsies, notamment sur son collègue le professeur Kolletschka également décédé de fièvre puerpérale, il *observe* un lien entre la dissection de cadavres et l'accouchement, sans le définir vraiment. Il faudra attendre vingt ans pour que l'anglais Joseph Lister, vérifiant par *l'expérimentation* la théorie des germes formulée par Pasteur, crée des solutions antiseptiques, dont l'emploi se systématise en très peu de temps.

Pour alimenter la réflexion sur la *culture*, il faut faire le lien avec l'avènement de l'hygiène, la baisse de la mortalité, et l'association entre progrès technique et progrès moral que nous avions abordé au chapitre précédent. Une vérité dépend du contexte historique et moral dans lequel elle est exprimée.

Médiat/immédiat

Bernard insiste sur le caractère *intuitif* de l'hypothèse dans la méthode expérimentale. Cela implique qu'elle n'est pas *discursive* au sens où elle n'est pas produite par un raisonnement, une suite logique de propositions. Mais elle surgit d'elle-même et *immédiatement* à l'esprit. Le résultat de la méthode expérimental est bien quant à lui discursif : il n'est pas spontané, mais *médiatisé* par l'expérimentation puisque c'est elle qui permet justement d'établir le lien de causalité entre l'hypothèse et lui.

3. La science dit le vrai en proposant une certaine organisation du réel

Si la vérité scientifique est dépendante des hypothèses et des intuitions formulées par les scientifiques, ne reste-t-elle pas prisonnière d'une certaine forme de subjectivité ? Enoncer des lois générales, élaborer un système du monde, revient en réalité à décrire un monde d'apparences – et non pas l'essence du réel.

Pierre Duhem appelle cette mission de la science : sauver les apparences. Au début de *La théorie physique*, il écrit : « *L'observation des phénomènes physiques ne nous met pas en rapport avec la réalité qui se cache sous les apparences sensibles.* » Seuls les phénomènes peuvent être mesurés et classifiés, c'est-à-dire ordonnés sous des lois. Expliquer ce qui se cache *sous* les apparences, s'élever au-delà des phénomènes, c'est faire de la métaphysique, c'est-à-dire c'est penser au principe de toutes choses : c'est, en un mot, revenir à une forme de vérité révélée.

Duhem a, au contraire, le souci de préserver *et* la science *et* la religion en délimitant strictement le champ d'action de chacune d'elle. La religion *explique* ce qui se cache sous les apparences. Mais la science ne saurait être une sorte de *découverte* de la réalité elle-même. Elle réside, bien plutôt, dans « l'accord de l'esprit avec lui-même ». Cela signifie qu'une vérité scientifique est une élaboration théorique qui répond à deux conditions : la description des phénomènes observés, et la cohérence logique.

Autrement dit, en offrant à l'esprit humain un système qui représente le monde avec le plus d'efficacité et de cohérence possible, la vérité scientifique peut bien constituer une approximation plus ou moins précise du réel, mais nous ne pouvons jamais dire que cet ordre *explique* la réalité elle-même. Selon Duhem, c'est ce que le cardinal Bellarmin lors du premier procès de Galilée, avait bien compris : Galilée agira « *prudemment en se contentant de parler [de supposition], et non pas absolument, comme l'a toujours fait, je crois, Copernic ; en effet dire qu'en supposant la terre mobile et le soleil immobile, on rend compte de toutes les apparences beaucoup mieux qu'on ne pourrait le faire avec des excentriques et des épicycles, c'est très bien dire ; cela ne présente aucun danger et suffit au mathématicien.* »

Analyse et méthode

C'est bien la conception d'une vérité immuable et définitive qui est remise en cause dans cette partie à travers le recours au *modèle* et *l'approximation*. Le but est de passer, comme nous l'évoquions dans l'introduction, de cette définition commune de la vérité, à une vérité momentanée, correspondance entre l'observation (*le réel*) et notre représentation (*la raison*).

Pour aller plus loin

Copernic avait imaginé l'héliocentrisme bien avant Galilée. Pourquoi n'a-t-il pas, lui aussi, été inquiété ? En réalité le procès de Galilée ne portait pas uniquement sur l'héliocentrisme, mais sur d'autres problèmes autrement plus sérieux aux yeux de l'Eglise… En 1616 le cardinal Bellarmin (celui-là même qui fit condamner à mort Giordano Bruno en 1600), qui admirait les découvertes de Galilée, lui reprocha sa conception de la science. En effet l'héliocentrisme de Copernic était présenté par son disciple Osiander comme un *simple modèle* permettant d'expliquer les mouvements célestes. Mais pour Galilée la science se substituait à la religion en décrivant l'essence de la réalité. Ce point a beaucoup pesé lors de la condamnation de Galilée.

L'ironie du sort a fait que, avec Duhem mais surtout avec Einstein, la science contemporaine abandonnera cette prétention du « père de la science moderne » à dire l'essence du réel, et les théories physiques sont aujourd'hui présentées comme des modèles réfutables, incapables d'épuiser la réalité. Galilée a été dépassé par la loi sur l'attraction universelle énoncée par Newton ; Newton a été dépassé avec la théorie de la relativité générale énoncée par Einstein. Qui seront les prochains scientifiques à transformer radicalement notre vision du monde ?

Le téléfilm réalisé en 2005 par Jean-Daniel Verhaeghe pour France 3, avec Claude Rich dans le rôle de Galilée, le procès de 1633 rend bien compte des différents arguments défendus par chacune des parties :

http://www.imdb.com/title/tt0439583/

L'argument du cardinal Bellarmin rapporté par Pierre Duhem, n'est pas du tout de condamner la science, mais d'en proposer une définition qui la distingue de la vérité religieuse et lui permet ainsi de progresser en se perfectionnant. Si la vérité scientifique entre en compétition avec la vérité religieuse, c'en est fini de la science, puisque cette dernière ne pourra jamais, à partir de l'observation et de la mesure des phénomènes, aller au-delà de l'expérience.

Ainsi donc, la science dit le vrai en proposant des modèles ou des énoncés abstraits qui rendent compte du réel à partir de lois : c'est-à-dire des *théories*. Par exemple, à partir de la loi sur l'attraction universelle qui énonce que les corps sont attirés en fonction de leur distance et de leur masse, Newton construit une théorie de la gravitation. Cette théorie est particulièrement féconde puisqu'elle explique à la fois le mouvement des étoiles, de la lune, des marées, tout en unifiant le monde sublunaire et le monde supralunaire qui, depuis Aristote, obéissaient à des lois différentes. Sa formidable fécondité a permis à Einstein en 1905 de construire contre elle la théorie de la relativité restreinte, et ainsi de faire avancer la vérité.

Conclusion

Dire le vrai, en science, c'est comme essayer de comprendre le mécanisme d'une montre fermée, écrivaient Einstein et Infeld en 1938 dans *L'Evolution des idées en physique*. Le scientifique, « *s'il est ingénieux, pourra se former quelque image du mécanisme, qu'il rendra responsable de tout ce qu'il observe, mais il ne sera jamais sûr que son image soit la seule capable d'expliquer ses observations* ». Voilà le vrai : une image du réel, et non pas le réel lui-même. Si la vérité nous est d'abord apparue comme le résultat d'un raisonnement inductif dépassant la subjectivité de l'observateur, nous avons dû nous rendre à l'idée que le réel se réservait toujours le droit, dans l'avenir, de la faire mentir. La subjectivité du scientifique est toujours requise pour formuler des hypothèses et établir un protocole d'expérimentation, ainsi que l'a montré Claude Bernard. Mais cette vérification ne pourra jamais donner lieu qu'à une vérité en forme d'*image du réel*. Certes, elle organise les phénomènes autour de nous, mais ne nous découvre pas l'essence du réel.

Analyse et méthode

Nous répondons à la question en retournant l'idée de vérité telle que nous l'avions définie en introduction. Ici, la vérité n'est pas dans *l'adéquation* définitive du discours et du réel, mais dans la *correspondance* du discours avec *l'image* du réel que nous nous formons. Quelle est la différence ? L'adéquation est une équivalence parfaite entre l'essence de deux choses, quand la correspondance n'est qu'une conformité, c'est-à-dire la *ressemblance* de deux formes. Par conséquent, si la vérité est affaire de correspondance et non d'adéquation, elle ne révèle pas l'essence des choses. Elle est donc fortement dépendante de la *perception* et de *l'interprétation* qui contribuent à l'établissement de telles correspondances.

Pierre Duhem

À la différence d'un Claude Bernard, par exemple, Pierre Duhem (1861-1916) n'aura pas eu la reconnaissance que ces travaux lui laissaient l'espérer. Fervent partisan de la thermodynamique, théorie qui fait de la chaleur le principe énergétique qui conduit tous les mouvements de la matière, Duhem rejette l'existence des atomes alors que le physicien français Jean Perrin l'avait démontrée dès 1908.

De surcroît, Duhem revendique son catholicisme, dans une époque intellectuelle où domine l'athéisme républicain. Plutôt que de connaître le succès à Paris, il est nommé professeur à Bordeaux. En 1906, dans un article intitulé *Physique de croyant*, Duhem explique pourquoi il est important d'établir une frontière hermétique entre science et religion : « *Par essence, tout principe de Physique théorique est sans usage dans les discussions métaphysiques ou théoriques.* » Cette séparation radicale entre *croire* et *savoir* s'oppose à la doctrine positiviste qui affirme, à l'inverse, que le progrès de la connaissance scientifique va inéluctablement effacer le besoin de croyance et de métaphysique de l'esprit humain.

Peut-il y avoir une science de la vie ?

Introduction

Selon une formule célèbre de Claude Bernard, « *lorsqu'on parle de la vie, on se comprend à ce sujet sans difficulté, et c'est assez pour justifier l'emploi du terme d'une manière exempte d'équivoques.* » Cette phrase est pour le moins paradoxale, puisqu'elle affirme que l'idée de vie a une réelle importance scientifique, mais qu'il est inutile de chercher à la définir précisément : comme s'il fallait se contenter d'un concept de vie confus et brouillé, et éviter surtout d'en parler sous peine de sombrer dans des débats sans fin !

Mais comment, ainsi que le prétend Claude Bernard, pourrait-on s'entendre sur une idée dont le sens n'est pas clair ? Comment pourrait-il y avoir science d'un objet qu'on prend bien soin de ne jamais traiter ? Le problème se complique d'autant plus que l'observation de la vie donne lieu à une activité scientifique bien déterminée : la *biologie*, si l'on s'en tient à l'étymologie grecque (*bios* : la vie ; *logos :* discours rationnel), est à rigoureusement parler une « science de la vie ». Or elle existe bien déjà et est enseignée partout...

Pourtant, à y regarder de plus près, la biologie ne porte pas sur l'idée de vie elle-même, mais sur la manière dont les hommes, les animaux ou les plantes se conservent et se reproduisent, c'est-à-dire sur l'observation du *vivant.* La différence est de taille. La question de la vie contient en effet une dimension spéculative en renvoyant au problème de son origine ou de sa fin : comment de la matière animée a-t-elle pu apparaître à partir de matière inanimée ? Quelle force et quel principe peuvent expliquer ce surgissement de la vie ? Quelles sont les lois qui président à son organisation ? Comprendre la vie, n'est-ce pas ainsi saisir la cause qui la rend possible ? On le voit, ces questions sont d'ordre métaphysique, bien éloignées du minutieux travail scientifique d'observation et de description des organismes. Ce sont elles que le biologiste cherche à éviter en refusant une définition trop précise de l'idée de vie.

Il revient alors au philosophe d'affronter ce problème et de s'interroger sur la façon dont, en biologie, la vie peut se laisser saisir à travers l'observation du vivant ; ou si ce n'est pas ailleurs, dans une autre science, qu'elle peut être découverte.

1 Analyse du sujet

Le sujet part d'une interrogation à partir de la matière enseignée au lycée sous le nom « science de la vie et de la terre » (SVT), qui associe biologie (science de la vie) et géologie (science de la terre). Si l'objet même de la géologie, la terre, n'est pas contesté, il n'en va pas de même pour la vie. En tant que telle, elle ne devrait pas concerner la science. Nous avons vu en effet lors du chapitre précédent que la démarche scientifique que l'objet de toute recherche scientifique est un phénomène observable et mesurable. Or ce n'est pas le cas de la vie. Ce qu'on observe, ce n'est pas la vie elle-même, mais le vivant – c'est d'ailleurs le *vivant* qui est la notion au programme...

2 Ce qui fait problème

Le problème du sujet tient dans le fait qu'une *science de la vie* existe déjà ; mais que, dans le même temps, les biologistes rejettent l'idée que la vie elle-même soit l'objet de leur recherche en préférant s'attacher seulement au *vivant*. La biologie serait « science du vivant », et éviterait ainsi d'avoir à se prononcer sur la question métaphysique de ce qu'est la vie. Tout l'enjeu ici va donc être de préciser les enjeux épistémologiques et métaphysiques contenus dans l'idée de vie. Ils sont en réalité au nombre de deux : son origine et sa finalité. Nous tâchons dans cette introduction de ménager le suspense : il y aura bien une science de la vie, mais ça n'est pas la biologie !

3 Annonce du plan

1. Il y a bien une science de la vie à travers l'étude du vivant, c'est-à-dire des mécanismes de conservation et de reproduction des organismes.
2. Il ne peut y avoir une science de la vie puisque l'idée même de vie est une idée métaphysique, échappant à la démarche scientifique et impliquant une dimension spirituelle.
3. Établir une science de la vie, c'est chercher à dominer et à recréer la vie : la « science de la vie » ne désigne pas la biologie, mais la médecine.

1. Il y a bien une science de la vie, mais à travers l'étude du vivant, c'est-à-dire des mécanismes de conservation et de reproduction des organismes

S'il doit y avoir une science de la vie, cela signifie que la vie doit pouvoir se réduire à des phénomènes observables et mesurables. C'est alors le *vivant*, comme lieu où se produit la vie, qui concentre l'attention du scientifique. L'idée abstraite de vie ne serait que le résultat de la description des processus qui constituent le vivant.

Est-il possible, en ce cas, de considérer le vivant comme une *mécanique*, c'est-à-dire du seul point de vue de l'activité mesurable et observable de l'organisme ? C'est la façon dont le considère Descartes dans l'article 5 des *Passions de l'âme* : « *Voyant que tous les corps morts sont privés de chaleur et ensuite de mouvement, on s'est imaginé que c'était l'absence de l'âme qui faisait cesser ce mouvement et cette chaleur.* » Ce n'est pas la disparition brutale de l'âme, c'est-à-dire d'un principe immatériel et inobservable, qui est la cause de la disparition de la vie. Elle n'en est au contraire que l'effet. L'âme demeure dans le corps tant qu'il parvient à produire et de conserver de la chaleur : « *l'âme ne s'absente, lorsqu'on meurt, qu'à cause que cette chaleur cesse, et que les organes qui servent à mouvoir le corps se corrompent.* »

En écartant l'âme, Descartes cherche à voir le vivant pour ce qu'il est vraiment : une simple composition organique. Ce n'est donc pas au niveau spéculatif que se joue la science de la vie, mais au niveau de l'explication des processus par lesquels les organes d'un corps produisent, distribuent et consomment de la chaleur, grâce aux pulsations cardiaques, à l'activité musculaire et aux autres organes. Se dessine alors une certaine conception de l'organisme en tant *qu'unité ordonnée comme un réseau d'organes.*

C'est donc par l'observation et la description de la manière dont les organes s'unissent au sein d'un même tout – l'organisme – que se manifesterait la vie elle-même. C'est d'ailleurs ce que dit Lamarck quand, en 1815 il forge le mot « biologie ». À partir de la mécanique du vivant apparaît la vie ainsi définie : « *La vie, dans les parties d'un corps qui la possède est un ordre et un état de chose qui y permettent les mouvements organiques.* »

Analyse et méthode

Nous définissons de manière très générale le vivant comme *effort pour persévérer dans son être* (formule qu'on trouve par ailleurs dans l'*Éthique* de Spinoza [III, prop. 6]). Cet effort s'exprime de deux manières : la *conservation* de l'organisme jusqu'à la *reproduction*, c'est-à-dire la création d'un organisme héritier du patrimoine génétique.

Pour aller plus loin

Deux grandes manières de décrire l'origine des organismes par la génération (l'embryologie) s'opposent à travers l'histoire :

- D'un côté, *le préformisme* pour lequel ce qui compose l'organisme est déjà contenu de manière embryonnaire dans la semence. La fécondation constitue le développement mécanique du contenu de l'embryon. Malebranche dans le dernier Éclaircissement de la *Recherche de la vérité*, explique ainsi l'incroyable complexité de l'œil : « *Il n'est pas possible que des corps organisés en mille manières, se construisent par les lois générales de la communication du mouvement. [...] Ces petits embryons, ou plutôt embryons d'embryons d'embryons, etc., ont déjà en eux un cristallin et un nerf optique, et les premiers rudiments de ces parties toutes destinées à la même fin* ».
- De l'autre, *l'épigénétique* : Un même patrimoine génétique, en fonction du contexte, va donner naissance à des formes vivantes bien différentes. L'exemple bien connu est celui de l'œuf d'abeille. Dans de rares cas, un œuf d'abeille semblable à tous les autres va être nourri exclusivement avec de la gelée royale. Ce traitement va faire en sorte que certaines informations seront réprimées, d'autres exprimées de manière différente. Et l'œuf donnera naissance, non pas à une abeille ouvrière, mais à une reine pondeuse.

On doit notamment aux biochimistes français Jacques Monod et François Jacob (dont nous parlerons dans la partie suivante) d'avoir fait triompher l'épigénétique par la mise en évidence de la « traduction » chimique des informations génétiques dans l'acide ribonucléique (ARN).

Pour Lamarck, la biologie est capable de reconnaître, dans le fonctionnement organique du vivant, le principe d'unité et d'organisation qui lui permettrait de se conserver. Ce principe, ou cet ordre, ce n'est rien d'autre que *la vie elle-même*. Autrement dit, à travers l'étude du vivant, c'est bien le principe de vie à l'œuvre qui fait l'objet de la biologie.

La vie se saisirait donc dans l'observation scientifique du vivant et la compréhension de l'ordre suivant lequel il s'organise. Mais n'est-elle pas en chemin devenue une *idée métaphysique* ? Nous entendons par là que l'ordre que nous cherchons dans le corps devient *la cause invisible et abstraite* qui rend possible l'organisation du vivant. Or cette cause invisible implique l'idée d'une finalité : en vue de quoi s'organise le vivant ? Et poser cette question, n'est-ce pas déjà sortir du cadre de l'observation pour entrer dans celui de la spéculation ?

2. Il ne peut y avoir une science de la vie puisque la vie est une idée métaphysique qui implique la question de la finalité

L'organisation du vivant, pour Lamarck, n'est pas figée. Elle s'explique par l'adaptation des individus à leur milieu. Selon lui, « *la nature, en produisant successivement toutes les espèces d'animaux, et en commençant par les plus imparfaits et les plus simples, pour terminer son ouvrage par les plus parfaits, a compliqué graduellement leur organisation* ». Il y a ainsi chez Lamarck la pensée d'une *finalité* de la vie, de l'organisation la plus simple et grossière, à l'organisation la plus complexe et harmonieuse. Les premiers organismes vivants produits par la nature sont les organismes unicellulaires qu'il appelle les infusoires. Ces êtres, par interaction avec leur environnement, vont changer de forme. On peut penser à l'image bien connue des girafes dont le cou va s'allonger à mesure qu'elles auront besoin d'atteindre les feuilles au sommet des arbres.

Mais pour Lamarck cette organisation est *commandée par une fin :* celle de l'homme, qu'il présente comme la vie sous sa forme la plus parfaite possible : « *Les mammifères présentent [...] le terme du perfectionnement et du nombre des facultés qu'à l'aide de cette organisation la nature ait pu donner aux corps vivants. Ils doivent donc terminer l'immense série des animaux qui existent.* »

Fixisme et transformisme

Fixisme et *transformisme* sont au cœur du violent combat dont on entend parfois parler, entre « évolutionnistes » et « créationnistes ». Pour ces derniers, la nature est *fixe*, c'est-à-dire qu'elle a été créée d'un seul coup, telle qu'elle est maintenant, et que toutes les formes qu'emprunte le vivant sont immuables puisqu'elles font partie d'un projet divin. Dès le XVIIIe siècle, pour mieux comprendre la nature, des savants vont ainsi entreprendre de classer les espèces « fixes » en fonction de leur ressemblance. Ce travail va beaucoup aider les transformistes qui, au contraire, constatent que la forme de chaque espèce varie au cours du temps. Cette idée fondamentale va conduire les travaux des évolutionnistes...

Jean-Baptiste de Lamarck

...et le premier d'entre eux est Jean-Baptiste de Lamarck (1744-1829). Il veut que sa théorie de l'évolution par l'adaptation au milieu reste cohérente avec le dogme chrétien. Dans sa *Philosophie zoologique*, Lamarck évoque un chemin d'évolution des espèces animales jusqu'aux grands singes. Puis il passe à l'homme en montrant qu'il y a bien des ressemblances physiologiques, et termine sur cette curieuse phrase : « *Telles seraient les réflexions que l'on pourrait faire si l'homme, considéré comme la race prééminente en question, n'était distingué des autres animaux que par les caractères de son organisation et si son origine n'était pas différente de la leur* ». Façon de dire que l'homme, créé à l'image de Dieu, ne saurait être un animal comme les autres !

Pour aller plus loin

Conçue par l'illustrateur Rudolph Zallinger en 1965, l'illustration *La marche du progrès* a eu un succès considérable. Profondément anti-darwinienne, elle est à manier avec précaution, parce qu'elle tend à montrer que l'homme serait l'ultime maillon de la chaîne de l'évolution – ce qui revient à réintroduire de la finalité.

http://education.francetv.fr/matiere/sciences-de-la-vie-et-de-la-terre/troisieme/video/avant-darwin-fixisme-et-transformisme

N'y a-t-il pas là, une décision métaphysique de la part de Lamarck, de faire de l'homme la fin de l'évolution – puisque, pour lui, l'homme est à l'image de Dieu ! Le transformisme de Lamarck ne remet donc pas en cause l'origine divine de l'homme, mais l'accorde avec l'observation zoologique. En ce sens, la vie est concept métaphysique au travers duquel nous interprétons les observations scientifiques. L'évolution exprime l'ordre de la création, puisque chaque individu en s'adaptant à son milieu, réalise un peu plus un plan divin.

Comment, pour rester dans un cadre scientifique rigoureux, éviter la question de la finalité ? Sur cette question Darwin va fortement s'opposer à Lamarck. Pour le naturaliste anglais, toute idée de finalité dans l'évolution des espèces est inconcevable. La survie d'un individu dans un milieu donné se fait de manière bien plus *hasardeuse* : chaque organisme éprouve d'innombrables modifications infimes, conditionnées par de nombreux facteurs, culturels, climatiques, etc. (Darwin ignore encore le concept d'hérédité). Mais aucune causalité précise ne peut expliquer *pourquoi* telle variation particulière a lieu et permet à un individu de survivre un peu plus longtemps, de se reproduire et de transmettre ses caractères à sa progéniture. Aucune finalité ne préside ainsi à la sélection naturelle.

Le refus de la question métaphysique de l'origine du vivant et de sa finalité, tout comme le recours au hasard, sont repris par Jacques Monod, qui dans *Hasard et nécessité* montre qu'un vivant se construit de façon autonome sans finalité déterminée. Pourtant, reconnaît Monod, il faut bien expliquer l'ordre que l'on constate dans le vivant. Il introduit alors le terme de *téléonomie* : il s'agit de cette caractéristique fondamentale d'être doué d'un *projet*, qui conduit à la fois la structure et l'activité chimique de l'organisme. Le vivant est donc ce « *qui se construit par lui-même [...] de façon autonome, grâce à des interactions constructives internes de la part des protéines* ». Mais, comme Monod le dit lui-même, cette notion de téléonomie est « *ambiguë* », puisqu'elle fait de nouveau intervenir la notion de projet, c'est-à-dire d'une visée à atteindre. La réduction du vivant à des processus chimiques ne ferait ainsi que déplacer le problème de la vie elle-même.

Ordre et finalité

C'est Aristote qui parle de la *cause finale*, ou *finalité*, en affirmant que « la nature ne fait rien en vain », et que comprendre la vie, c'est comprendre à la fois son origine et le sens de l'*ordre* qui préside à son organisation. La biologie s'est construite sur l'évitement de ce problème profondément métaphysique : répétons-le, invoquer la finalité du vivant, c'est se perdre dans une question spéculative qui est étrangère à l'observation scientifique.

Par exemple, je peux observer la complexité du mécanisme d'une montre, mais je ne pourrai jamais le comprendre si je n'admets pas d'abord qu'elle répond au projet précis d'un horloger : celui de donner l'heure ! Tout ordre ne se comprend qu'à partir de sa finalité. Il en va de même pour le vivant : s'il est organisé, c'est qu'il répond à un ordre qui indique sa fin, le « ce-en-vue-de-quoi » il est organisé. Selon Kant dans la *Critique de la faculté de juger*, reprenant une image des *Méditations métaphysiques* de Descartes, une montre ne peut pas se construire elle-même ni se reproduire : il faut donc bien admettre un artisan horloger qui l'a conçue et fabriquée.

Pour aller plus loin

François Jacob, décédé en 2013, était une grande figure française : Compagnon de la Libération, Prix Nobel, membre de l'Académie française... *L'université de tous les savoirs* met à disposition en ligne une conférence prononcée en 2000 et intitulée : « Qu'est-ce que la vie ? », où il revient sur la distinction entre l'idée de vie comme principe métaphysique, et la vie comme organisation de la matière. À la 41e minute du discours, il pose la question : comment s'est formé le premier organisme vivant et, jusqu'à la fin, il prendra surtout bien soin de ne pas y répondre, puisque la biologie ne peut pas encore l'appréhender. Il reprend même, non sans humour, l'hypothèse d'une civilisation extraterrestre venue déposer la première bactérie sur Terre !

https://www.canal-u.tv/video/universite_de_tous_les_savoirs/qu_est_ce_que_la_vie.880

3. Établir une science de la vie, c'est chercher à dominer et à recréer la vie

Nous avons jusqu'à présent réduit toute science de la vie à la biologie, en nous fondant sur le sens même de son nom. Mais n'avons-nous pas oublié un peu vite une autre science qui existe depuis l'antiquité, à savoir la médecine ? La médecine s'occupe de la vie, mais non sur le mode de l'observation théorique : elle cherche à *agir* sur le fonctionnement de l'organisme.

La médecine ne s'occuperait que du vivant en tant qu'organisme, et non pas de la vie elle-même : comment pourrait-elle devenir une *science de la vie* ? Un premier indice pourrait être trouvé dans les traités attribués à Hippocrate, où l'organisme vivant est considéré comme étroitement dépendant de son milieu. Ainsi dans le traité *Airs, eaux, temps, lieux*, il est expliqué que « *lorsqu'un médecin arrive dans une cité dont il n'a pas l'expérience, il doit en examiner avec soin la position, la façon dont elle est située par rapport aux vents et par rapport aux levers de soleil* ». L'idée qui en ressort est que la vie définit la façon dont un organisme s'adapte à son milieu : cette dynamique d'adaptation, c'est ce qui s'appelle la *santé*.

La santé, comme réseau complexe des relations de l'organisme à son environnement, implique ce que le traité *De l'ancienne médecine* appelle la *nature* : « *Voici ce qu'il me paraît nécessaire pour un médecin de savoir sur la nature [...] : c'est ce qu'est l'homme par rapport aux aliments et aux boissons, ce qu'il est par rapport au reste de son genre de vie, ce qui arrivera à chacun à la suite de chaque chose* ». Par exemple le vin ou le fromage ne sont pas mauvais en eux-mêmes et n'affectent pas tous les hommes de la même manière. L'art du médecin sera de comprendre comment chaque patient est affecté, et comment rétablir un équilibre de l'organisme, tant par le régime alimentaire que par une prise en compte de toutes les dimensions du mode de vie. Suivant les saisons, suivant le type d'alimentation, suivant les tâches quotidiennes à réaliser, les conditions de la santé diffèrent grandement d'un individu à l'autre. En ce sens, la médecine serait bien une science de la vie en ne se réduisant pas à une simple description du vivant mais, par la santé, en *modifiant* le processus de la vie.

Technique / art / science

Pourquoi nous référons-nous à la médecine comme une *science*, alors que l'expression la plus courante précise que la médecine est un *art* ? Il ne faut bien sûr pas entendre « l'art de la médecine » au sens des arts libéraux qui cherchent à exprimer le beau. Comme nous le reverrons dans le chapitre 14, le terme « art » traduit le grec *technè*, qu'on peut rendre en français par « art », « technique » ou « science » suivant le contexte. Au sens le plus large, il s'agit d'un « savoir-faire raisonné ». Au XIXe siècle, après l'essor des beaux-arts, le terme de science prend le sens d'un savoir-faire précis fondé sur des principes rationnellement exprimés. La médecine comme art fait appel à *l'interprétation* comme juste lecture des symptômes.

Hippocrate de Cos

Il n'est pas aisé de faire une notice biographique sur Hippocrate de Cos (-460 à -370 environ) dont nous ne connaissons presque rien ! La seule chose dont nous soyons à peu près sûrs, c'est qu'il n'a pas écrit tous les traités qui composent ce que l'on appelle le corpus hippocratique. Mais certains principes traversent ces traités et révèlent une unité de pensée. Le premier de ces principes est que la santé du corps est une affaire de physiologie et non pas de religion. Par exemple, le traité *De la maladie sacrée* revient sur l'épilepsie, considérée comme un châtiment divin : « *Cette maladie, dite sacrée, provient des mêmes causes que celles d'où proviennent d'autres maladies, ce qui entre et sort, c'est-à-dire du froid, de la chaleur, du soleil, des vents qui changent et ne restent jamais immobiles.* »

L'équilibre qui définit la santé pour Hippocrate est à un double niveau. D'abord, comme on l'a dit, la correspondance de l'organisme avec le milieu. Mais aussi et surtout l'harmonie des humeurs du corps : le sang (chaud), le phlegme (froid), la bile jaune (du foie) et la bile noire (de la rate). Cette théorie des humeurs sera reprise par Galien, le médecin de Marc-Aurèle et de Commodus.

Si la médecine, dans son attachement à la santé, semble répondre à la définition d'une science de la vie, cela ne pourra être acquis que lorsqu'on saisira l'objectif de la pratique médicale. Le médecin n'est pas seulement un physiologiste qui cherche à décrire le fonctionnement de l'organisme. C'est un praticien qui veut *maîtriser* ce fonctionnement.

Dans son *Introduction à la médecine expérimentale* Claude Bernard écrit que « *les mécanismes de la vie ne peuvent se dévoiler et se prouver que par la connaissance des mécanismes de la mort.* » Faire une science de la vie, c'est chercher à la dominer, c'est maîtriser la frontière entre la vie et la mort pour que la vie *se maintienne.* Une science de la vie témoigne de l'obsession tout humaine de l'éloignement de la mort : or la médecine n'a pas d'autre vocation. Car les techniques médicales n'ont pas comme unique but de lutter contre la maladie. En créant des organes artificiels elle cherche à prolonger autant que possible la vie en pleine santé, en retardant l'instant de la mort de l'organisme. Elle répond ainsi à l'exigence de *conservation.* En dominant les conditions d'apparition et de développement de la vie, elle cherche aussi à en maîtriser la *reproduction.* C'est sans doute avec les questions morales que pose cette double maîtrise, que la médecine se réalise pleinement comme science de la vie.

Conclusion

Se demander s'il existe une science de la vie nous a demandé dans un premier temps de s'interroger sur l'objet de la biologie. Dans son effort pour décrire le fonctionnement du vivant, jusque dans ses processus chimiques, la biologie refuse de se prononcer sur la question métaphysique de l'origine et de la finalité du vivant. Mais nous avons bien vu que la question de la vie se construit autour de la question métaphysique de la finalité. Mais celle-ci n'a pas sa place dans la recherche scientifique… sauf si elle parvient à retrouver le champ de l'activité pratique, grâce à l'étude de la santé. À travers la santé, la lutte contre la maladie, et la maîtrise des processus physiologiques, la vie fait l'objet de la médecine. Faire une science de la vie, c'est maîtriser et prolonger la vie. Le but de la médecine n'est pas seulement thérapeutique, mais aussi et en premier lieu existentiel.

Conseils du prof

Cette nécessité existentielle de dominer la vie, qu'on retrouve dans la médecine, est déjà entièrement exprimée dans le *Frankenstein* de Mary Shelley. Le docteur Victor Frankenstein cherche le contrôle total du fonctionnement organique de manière à pouvoir recréer la vie. Racontant son arrivée à Ingolstadt, il explique : « *La vie et la mort ne me semblaient séparées que par des frontières théoriques, qu'il me faudrait faire tomber d'emblée [...]. Je pensai que s'il m'était possible d'accorder la vie à de la matière inanimée, je pourrais peut-être, au bout du compte [...] faire renaître la vie là où la mort avait voué le corps à la corruption* » (chapitre IV).

La médecine comme science de la vie a-t-elle un autre but ? Les techniques médicales de pointes, qui permettent déjà des greffes de cœur artificiel, s'efforcent de rejeter à chaque fois un peu plus loin la perspective de la mort.

Pour aller plus loin 1/2

Dans l'épisode pilote de la série de HBO *Penny Dreadful* (2014) on peut entendre le jeune docteur Frankenstein exprimer ce qui, pour lui, constitue l'ambition la plus élevée de la science : parvenir enfin, grâce à la médecine, à la maîtrise du processus de la vie et de la mort. Cette question, point de rencontre entre science et métaphysique, est la plus importante de toutes et la seule, à ses yeux, qui vaille qu'on lui consacre sa vie (1).

https://www.youtube.com/watch?v=xSVUn3_kQUY

Pour aller plus loin 2/2

Un des signes que l'allongement de la vie est une question qui continue de travailler la pensée occidentale, est la multiplication des expériences et de leurs compte-rendus dans les revues de vulgarisation scientifique. Ainsi, selon un article *Science et avenir* en 2014, il existerait une hormone qui « augmenterait » la durée de la vie (2).

https://www.sciencesetavenir.fr/sante/decouverte-d-une-hormone-qui-augmente-la-duree-de-vie_27835

Faut-il opposer démonstration et interprétation ?

Introduction

Si l'on oppose de prime abord les termes « démonstration » et « interprétation », c'est qu'ils renvoient tous deux à un même domaine : celui de la connaissance de la vérité. À première vue, il semble que cette opposition s'impose, en vertu de la définition de chaque méthode – et aussi de l'idée de vérité comme valeur indépassable. En effet, la démonstration affirme apporter des preuves irréfutables et donc une objectivité incontestée là où l'interprétation est ouverte au débat et ne fait jamais définitivement consensus. D'une part, la démonstration serait la voie rationnelle vers la vérité et aurait une valeur objective, *indépendamment* du sujet qui la formule. D'autre part, l'interprétation serait une voie, non pas rationnelle, mais en quelque sorte intuitive, qui ne serait valide *que* pour le sujet qui la formule. Ainsi l'idée même de démonstration apparaît de prime abord comme plus assurée et plus solide dans la recherche de la vérité.

Cependant la question semble vouloir remettre en cause cette évidence. Elle présuppose certes qu'on puisse opposer les deux ; mais si on les oppose c'est à la fois dans leur moyen et dans leur finalité : comme si chacune recherchait la *même* vérité, mais par des moyens différents. Or la vérité désigne l'adéquation parfaite entre un énoncé et un fait. Et quelle est la nature de ce qui est saisi par l'interprétation et la démonstration ? Est-ce vraiment la même chose ? Ce qui peut faire l'objet d'une démonstration, c'est un objet qui se prête assez facilement à une compréhension rationnelle. Dès que l'objet étudié devient un peu plus complexe, il peut être soumis à l'interprétation. Mais s'il y a alors deux types de vérité, une pour la démonstration, l'autre pour l'interprétation, peut-on toujours parler de *la* vérité, vérité pure, comme valeur ? Chercher le vrai et la certitude à tout prix n'est-il qu'une façon de se rapporter au monde ?

Il n'y aurait alors pas tant une opposition de méthode qu'une opposition de nature sur les objets qu'elles peuvent saisir : ce n'est pas la même réalité qui peut être soumise à la démonstration et l'interprétation. Ce ne serait donc pas le même type de vérité qui se dégagerait de l'interprétation et de la démonstration.

1 Analyse du sujet

Beaucoup de notions du programme sont enveloppées dans ce sujet. Il y a bien évidemment la *démonstration* et *l'interprétation*. Il faut dire tout de suite que si en série S, la notion d'interprétation ne figure pas explicitement, elle est malgré tout présente, puisque requise à travers les notions de *vérité*, de *religion* et « *la raison et le réel* », qui sont toutes également présentes dans le programme de S, et qui sont impliquées dans notre sujet... Là encore, nous voyons bien que les notions du programme ne sont que des portes d'entrée sur des problèmes et des enjeux classiques en philosophie. En mettant en rapport *démonstration* et *interprétation*, c'est en vérité deux types de science et leur capacité à fournir des connaissances indubitablement vraies qui sont interrogées. Ce chapitre fait donc naturellement suite au chapitre 9, « En quoi la science dit-elle le vrai ? »

2 Ce qui fait problème

Le problème est bien sûr que les deux méthodes pour formuler une vérité, celle de la démonstration et celle de l'interprétation, sont nécessaires. On appelle les « sciences exactes » les mathématiques ou la physique qui reposent sur la démonstration, et « sciences humaines » la psychologie ou la sociologie qui reposent sur l'interprétation. Tout semble dire que ces deux types de sciences n'ont rien en commun. Rien n'est moins sûr, cependant. C'est en revenant sur les évidences au fondement de toute démonstration, et la forme logique de l'interprétation, que nous verrons les liens qui unissent ces formes discursives et, à la fin, une certaine forme de réhabilitation de l'interprétation.

3 Annonce du plan

1. Seule la démonstration garantit une connaissance vraie, quand l'interprétation n'est qu'une forme de connaissance relative.
2. Toute démonstration repose sur des énoncés non démontrés qui ne sont rien d'autre que des interprétations.
3. L'interprétation s'oppose à la démonstration parce qu'elle permet de donner du sens à ce que nous connaissons.

1. Seule la démonstration garantit une connaissance vraie, quand l'interprétation n'est qu'une forme de connaissance relative

Traditionnellement, à la fin d'un raisonnement logique, on écrit « CQFD », pour dire : « Ce qu'il fallait démontrer ». Par cette formule, on veut dire qu'ayant respecté la forme logique de la démonstration, alors l'affirmation à laquelle on parvient est *nécessairement* vraie. Voilà qui est bien éloigné de l'interprétation, qui semble toujours pouvoir être remise en question. Au moyen de l'interprétation, nous tâchons de déterminer le sens *probable* de ce que nous voyons, mais nous pourrions tout à fait nous tromper sur le sens que nous assignons à ces phénomènes : Le jaloux, par exemple, fait feu de tout bois dans ses interprétations s'il soupçonne sa compagne d'infidélité : comme Othello, dans la pièce éponyme de Shakespeare, voyant dans le simple fait que son ami Cassio est en possession du mouchoir qu'il avait offert à sa femme Desdémone, une preuve de son infidélité.

Démonstration et interprétation constituent donc bien deux formes de déduction bien étrangères l'une à l'autre. La forme démonstrative est d'abord théorisée par Aristote dans les *Seconds Analytiques*. Toute démonstration se fonde sur un raisonnement qu'on appelle un syllogisme et dont la définition est la suivante : « *Discours dans lequel, certaines choses étant posées, quelque chose en résulte nécessairement, du fait même de ces seules données.* » Autrement dit, le syllogisme est un type de déduction qui obéit à des règles formelles et qui consiste à montrer comment une proposition particulière est contenue dans une proposition générale. Ainsi, dans le célèbre syllogisme : « Tous les hommes sont mortels ; or Socrate est un homme ; donc Socrate est mortel », la proposition « Socrate est mortel » est un cas particulier de la proposition générale : « tous les hommes sont mortels ». Dans un syllogisme, la prémisse est toujours générale, et la conclusion toujours particulière.

Il semble bien alors que, au sein du syllogisme, il n'y ait aucune place pour l'interprétation. Tout raisonnement démonstratif est *certain* ; toute interprétation ne serait que *probable*. En ce sens il faut opposer démonstration et interprétation comme chemin garanti et chemin probable contre l'erreur.

Le syllogisme

Dans les *Seconds Analytiques* et au livre IV de la *Métaphysique*, Aristote, la vérité en logique repose sur trois conditions. Toute science, si elle veut dire le vrai, doit respecter ces conditions.

D'abord **le principe d'identité** selon lequel une même proposition ne peut pas être à la fois vraie et fausse ; ensuite **le principe de non-contradiction** selon lequel deux propositions contradictoires ne peuvent pas être vraies ou fausses en même temps ; enfin, **le principe du tiers-exclu**, selon lequel toute proposition est ou bien vraie, ou bien fausse. Un raisonnement correct sur le plan logique doit respecter ces trois principes.

Par exemple le syllogisme : « Tout ce qui est rare est cher ; or un cheval bon marché est rare ; donc un cheval bon marché est cher », dont les prémisses semblent pourtant correctes n'est pas valide puisque la conclusion est contradictoire. Nous verrons dans la deuxième partie que, pour expliquer de tels errements, c'est la nature même de la prémisse majeure qui devra être interrogée.

Analyse et méthode

La première partie fait la part belle à la démonstration. Il va s'agir dans un premier temps de prendre une définition volontairement pauvre de l'interprétation comme simple approximation, ou opinion, puis de l'opposer au raisonnement démonstratif tel qu'il est instauré dans le syllogisme aristotélicien.

J'attire spécialement votre attention sur un point très important. Dans de tels sujets qui mettent en rapport deux notions, il y a une tentation très forte d'analyser les deux notions séparément l'une de l'autre. Par exemple : dans une première partie, la démonstration uniquement ; puis dans une deuxième partie l'interprétation uniquement ; et enfin dans une troisième partie un peu des deux... Il faut au contraire ne jamais séparer les deux notions pour ne pas morceler le sujet. Ici la question porte bien sur la *comparaison* entre la démonstration et l'interprétation.

L'interprétation peut totalement échapper à la raison, alors même qu'elle a toutes les apparences de la rationalité. C'est ce que Freud analyse dans le délire interprétatif qui définit, selon lui, la paranoïa : « *les paranoïaques présentent dans leur attitude ce fait frappant et généralement connu, qu'ils attachent la plus grande importance aux détails les plus insignifiants [...] ; ils interprètent ces détails et en tirent des conclusions d'une vaste portée.* » Formellement, le raisonnement du paranoïaque ou du jaloux est *valide* : il met en rapport des éléments du réel (par exemple la possession d'un mouchoir par quelqu'un qui ne devrait pas l'avoir). Mais il n'est pas *vrai* puisqu'il part d'un postulat faux.

L'interprétation n'est pas en mesure d'apporter autant de garantie que la démonstration sur la vérité de la connaissance qu'elle apporte. Pourtant, toute démonstration repose sur quelque chose d'indémontrable, ainsi que le reconnaissait Aristote lui-même : « *il est impossible d'acquérir la connaissance des universels autrement que par induction* », c'est-à-dire par généralisation à partir de l'observation de faits particuliers. Mais toute induction n'est-elle pas, déjà par nature, une forme d'interprétation ?

2. Toute démonstration repose sur des énoncés non démontrés qui ne sont rien d'autre que des interprétations

S'interrogeant sur la certitude de la vérité démonstrative, Pascal dans *De l'esprit géométrique* rappelle que les prémisses reposent sur l'induction. Bien sûr, même sans démonstration logique, personne ne songerait à nier que tous les hommes sont mortels ! Cette évidence fait toute la valeur de la prémisse. Mais elle demeure fragile si, analyse Pascal, deux conditions ne sont pas respectées : que tous les termes soient rigoureusement définis, et que sa validité soit elle aussi démontrée. Mais il remarque aussitôt : « *Certainement cette méthode serait belle, mais elle est absolument impossible : car il est évident que les premiers termes qu'on voudrait définir, en supposeraient de précédents pour servir à leur explication, et que de même les premières propositions qu'on voudrait prouver en supposeraient d'autres qui les précédassent ; et ainsi il est clair qu'on n'arriverait jamais aux premières.* »

Principe/conséquence

La prémisse du syllogisme joue le rôle d'un *principe*, c'est-à-dire une proposition vraie par elle-même et sans qu'on ait besoin de recourir à un raisonnement pour le démontrer. Elle est comme fondement autour duquel s'organisent les autres vérités relatives qui dépendent d'elle. C'est ainsi en vertu du principe « tous les hommes sont mortels », que nous pouvons établir cette vérité relative que Socrate est mortel. Une vérité relative est alors une *conséquence* c'est-à-dire un énoncé nécessaire par apport au principe posé. Ainsi il serait contradictoire que Socrate, étant un homme, ne fût pas mortel. On voit bien ce que signifie *rechercher la vérité* : poser des principes indubitables et en faire découler logiquement toutes les conséquences qui s'imposent.

L'action morale fonctionne sur le même modèle : le principe moral (par exemple l'interdiction du mensonge) à une portée universelle, puis chaque action qui est décidée en fonction de ce principe (je choisis ou non de mentir) en est une conséquence.

Universel/général

Il faut bien sûr mettre en lien cette partie sur l'induction avec ce que nous avons déjà dit sur le chapitre 9. Souvenez-vous : l'induction est une méthode qui permet de formuler des lois générales à partir de l'observation des faits particuliers. Aristote appelle ici *universelles* les vérités générales, puisque selon lui ce sont des vérités qui sont valides en tous temps et en tous lieux. Mais attention ! Il ne faut pas confondre par ailleurs *le général* : qui vaut pour une catégorie d'êtres sans exception ; et *l'universel* : qui vaut pour toutes les catégories d'êtres. Par exemple, parler des « hommes » peut avoir une portée universelle si on parle de toutes les catégories des êtres humains (« tous les hommes sont mortels »), ou seulement général si les hommes sont considérés comme une catégorie dans l'ensemble plus large des animaux ou du vivant.

Soit la prémisse : « la nature constitue un tout ordonné ». Elle nécessiterait d'être démontrée. Par exemple : « Tous les éléments qui composent la nature obéissent à des lois préétablies ; or tout ce qui est soumis à des lois préétablies constitue un tout ordonné, donc la nature est un tout ordonnée ». Et qu'est-ce que la nature ? Est-ce l'ensemble de ce qui existe, incluant l'homme, ou à l'inverse, tout ce qui existe indépendamment de toute action humaine ? On le voit, la prémisse n'est pas aussi *évidente* qu'elle semblait l'être d'abord. C'est l'idée même d'évidence qui est alors en jeu.

Par exemple, s'il y a des évidences indiscutables, ce sont les propositions initiales des *Éléments* d'Euclide qui fondent la géométrie : « deux choses égales à une troisième sont égales entre elles », ou « le tout est plus grand que les parties qui le composent ». Toutefois, parmi ces évidences, il y en a cinq qui sont des postulats, c'est-à-dire des énoncés qui sont proposés comme des vérités premières. Et, de fait, qui songerait à remettre en cause l'énoncé : « entre deux points on peut toujours tracer une droite », ou « tous les angles droits sont égaux entre eux » ? Cependant, le cinquième postulat énonce que « si une droite, tombant sur deux droites, fait les angles intérieurs du même côté plus petits que deux droits, ces droites, prolongées à l'infini, se rencontreront du côté où les angles sont plus petits que deux droits. » L'enjeu de ce postulat est de dire que, par un point donné, il ne peut passer qu'une droite parallèle à une autre droite.

Or au XIXe siècle certains mathématiciens vont remettre en cause ce postulat sur la base du présupposé implicite selon lequel le plan géométrique est nécessairement une surface plane. Pour Bernhard Riemann, si le plan devient une sphère, alors il n'y a jamais de parallèles pour les grands cercles qui ont le même centre que la sphère. Pour Nikolaï Lobatchevski, dans un espace courbe, par un point extérieur à une droite, il n'y a pas une droite parallèle qui passe, mais une infinité !

Les géométries non-euclidiennes, qui reposent sur la critique du cinquième postulat, montrent donc bien que les prémisses des démonstrations reposent en réalité sur des approximations issues de l'expérience, c'est-à-dire des *interprétations*.

Pour aller plus loin

Nous pouvons identifier trois grandes preuves démonstratives de l'existence de Dieu :

- **La preuve cosmologique** (également vue avec Thomas d'Aquin vue dans le chapitre 2 !) : « *Tout ce qui existe, existe en tant qu'effet d'une cause première ; or l'univers existe, donc l'univers est l'effet d'une cause première.* » Dieu serait la cause première de l'univers.
- **La preuve téléologique** : « *La nature constitue un tout ordonné ; or l'ordre n'est jamais fruit du hasard mais produit par une intention, donc la nature est produite par une intention.* » Cette intention serait celle de Dieu créateur de la nature.
- **La preuve ontologique** : « *L'idée de Dieu est celle d'un être parfait ; or la perfection implique nécessairement l'existence, donc l'idée de Dieu implique nécessairement qu'il existe.* »

Essentiel / accidentel

Pour bien comprendre la preuve ontologique, on peut s'appuyer sur l'analogie que fait Descartes avec la figure du triangle : alors qu'il peut être *accidentel* qu'il soit isocèle ou rectangle, il est *essentiel* que la somme de ses trois angles soit égale à deux angles droits, ou bien il n'est plus un triangle. Il en va de même pour un dieu parfait : l'existence est une perfection *essentielle* à l'être divin, nécessaire du fait même que je la pense… Il faudra attendre la *Critique de la raison pure* de Kant pour comprendre que l'existence n'est pas un caractère de la perfection… Voir à ce propos :

http://www.philolog.fr/essence-et-existence/

Conseils du prof

Il ne faut pas avoir peur de faire référence aux géométries non euclidiennes, même si vous n'êtes pas bons en maths ! Au besoin, demandez des précisions à votre professeur de mathématiques, qui sera ravi de vous en donner. Retenez simplement que le cinquième postulat d'Euclide peut être remis en cause en fonction de la nature de l'espace dans lequel se déroule la démonstration (courbe, sphérique, etc.).

3. L'interprétation s'oppose à la démonstration parce qu'elle permet de donner du sens à ce que nous connaissons

Non seulement la démonstration n'est jamais pure de toute interprétation, mais il s'en faut de beaucoup que toute notre connaissance repose uniquement sur elle. Dans la vie quotidienne comme dans les arts et les lettres, l'interprétation est ce qui donne du sens au monde qui nous entoure.

C'est ce que cherche à montrer Averroès dans son *Discours décisif.* Le cadi de Cordoue distingue la vérité révélée dans le Coran de la vérité démontrée par les sciences. Sur le principe, dit-il, il n'y a aucune contradiction à redouter entre ces deux formes de vérité : « *Puisque donc cette révélation est la vérité, alors nous musulmans savons de science certaine que l'examen [de ce qui est] par la démonstration n'entraînera nulle contradiction avec les enseignements apportés par le Texte révélé.* » Or, il advient parfois qu'apparaissent des contradictions apparentes entre ce dernier et les vérités dans les sciences. Dans ce cas il revient au philosophe d'interpréter le texte sacré. La Sourate 59, rappelle Averroès, dit à propos du sens à donner à certains événements historiques : « Réfléchissez bien, ô vous qui êtes doués de clairvoyance ». « *Nous disons même plus : il n'est point d'énoncé de la Révélation dont le sens obvie* [simple et évident] *soit en contradiction avec les résultats de la démonstration, sans qu'on puisse trouver, en procédant à l'examen inductif de la totalité des énoncés particuliers du texte révélé, d'autre énoncé dont le sens obvie confirme l'interprétation.* »

Le Coran ne se prononce pas, par exemple, sur la taille de l'univers ou la vitesse de révolution des astres autour de la Terre. C'est donc dans une totale liberté que les astronomes peuvent se livrer à leurs calculs. Mais quand la Sourate 20 dit au verset 5 : « *Le Miséricordieux est assis en majesté sur le Trône* », cela veut-il dire que Dieu est contenu dans un corps qui le limite et le circonscrit dans l'espace ? Cela serait contradictoire avec l'idée d'un créateur omnipotent, qui connaît tout et qui est partout. Contre les défenseurs d'une lecture littérale du Coran, Averroès affirme ainsi que c'est métaphoriquement qu'il faut entendre ces passages qui anthropomorphisent Dieu.

Analyse et méthode

Il y aurait beaucoup à dire sur l'importance de l'interprétation dans les sciences humaines. L'interprétation n'est pas *vraie* ou *fausse*, c'est-à-dire qu'elle n'a pas qu'une seule façon de correspondre à la réalité. Mais elle est plus ou moins *juste*, c'est-à-dire qu'elle donne du sens, en rapportant l'objet au sujet. Plus l'interprétation est significative pour le sujet, plus elle est juste. Par exemple il n'y a pas d'interprétation vraie ou fausse d'une partition musicale. Mais elle est juste quand elle respecte les indications formelles de la partition tout en l'*adaptant* au sujet – c'est-à-dire le musicien et les auditeurs. L'interprétation en art est à rattacher à la question du style : rendez-vous, sur ce point, au chapitre 14 !

Il y a des liens à faire ici entre l'interprétation et le langage, puisque, en poésie comme en théologie, interpréter c'est travailler le sens des mots. C'est ce qu'on appelle *l'herméneutique*, qui cherche à la fois à établir des faits incontestables et le sens qu'on peut leur accorder.

Averroès

Ibn Rushd, dit Averroès (1126-1198) fait partie des auteurs au programme souvent oubliés. Philosophe, médecin et astronome, c'est pour son rôle de *cadi*, c'est-à-dire de juge, à la cour de Séville puis de Cordoue en 1171, qu'il se fait connaître. Le jeune Ibn Rushd étudie d'abord la médecine et les mathématiques, mais se passionne bientôt pour la philosophie et découvre Aristote. Ces lectures le conduisent à penser que le bonheur est possible ici-bas, sans attendre le paradis. Car le bonheur dépend à la fois de la sagesse individuelle et de l'organisation politique de la cité (voyez les chapitres 12 sur le bonheur et 18 sur Aristote !) Averroès devient un juriste et un juge très en vue, acteur du prestige des Almohades, notamment du calife Abu Yuqub Yusuf. Mais accusé d'hérésie pour ses vues philosophiques et théologiques, il est banni de Cordoue en 1197 et meurt à Marrakech en 1198.

À quoi servent donc ces métaphores, si elles ne nous font pas comprendre directement qui est Dieu ? Elles s'adressent à la « *grande masse des humains* » qui, par leur intermédiaire, saisissent intuitivement le message divin. Mais il y a une élite, dit Averroès, à qui est réservée une compréhension plus profonde du Coran : « *il s'y trouve des versets sans équivoque, qui sont la base du Livre, et d'autres versets qui peuvent prêter à des interprétations diverses. [...] Ceux qui sont bien enracinés dans la science disent : «Nous y croyons : tout est de la part de notre Seigneur !» Mais, seuls les doués d'intelligence s'en rappellent.* »

De cette répartition naît, aux yeux du magistrat, un ordre social harmonieux. Ce serait le trahir que d'enfermer le Coran dans une vision univoque populaire. D'où ce commandement, qui s'adresse uniquement aux sages, de *l'interpréter* grâce à l'intelligence humaine la plus élevée, et de produire ainsi un accord entre la connaissance démontrée et la connaissance révélée. Il n'y a entre elles de contradiction que lorsque des esprits moins éclairés se perdent dans une tâche qui n'est pas faite pour eux. Averroès distingue dès lors différents modes de connaissance. La connaissance intuitive permet aux croyants de comprendre littéralement les textes sacrés tandis que l'interprétation permet aux savants de comprendre de quelle manière il est possible de saisir le sens de ces textes pour les faire correspondre aux vérités démontrées, qu'elles soient mathématiques ou physiques.

Conclusion

L'opposition ente démonstration et interprétation apparaît en premier lieu comme une évidence. La connaissance interprétative serait fluctuante, approximative, quand la démonstration offrirait une connaissance solide et définitive. Mais la deuxième partie de notre examen nous a permis de voir qu'en réalité la démonstration repose sur des prémisses induites de l'expérience, qui sont sujettes à l'interprétation. Bien loin de les opposer, l'analyse du syllogisme nous a montré que démonstration et interprétation sont inextricables. Averroès nous a finalement montré le rôle central de l'interprétation, qui harmonise entre elles les autres formes de connaissances. Entre vérité révélée et vérité démontrée, l'interprétation relie, met du sens, et donne sa valeur à toutes nos connaissances.

Pour aller plus loin

Répétons-le encore, la notion d'interprétation est déterminante dans de nombreux problèmes et engage d'autres notions, par exemple la vérité, la religion, l'histoire ou l'art. Nous avons, dans la troisième partie, développé le rapport entre l'interprétation et la religion, mais d'autres voies sont possibles. Il ne faut pas hésiter à faire varier les champs d'application.

Autour des notions de travail, d'histoire et d'État : prenez la première phrase du *Manifeste du parti communiste* de Marx et Engels : « *L'histoire de toute société jusqu'à nos jours est l'histoire de luttes de classes* ». Ici le concept de classe sociale est ce qui donne son sens à chaque événement, lu à travers lui. Toute société se structure en fonction d'une classe dominante, propriétaire des moyens de production (homme libre, patricien, noble, capitaliste) et d'une classe dominée qui cède à la première sa force de travail (esclave, plébéien, serf, ouvrier). Chaque événement historique doit être interprété comme une évolution du rapport de force entre ces deux classes.

L'académie de Versailles a mis sur Youtube quelques cours dont le suivant sur le concept de classe sociale :

https://www.youtube.com/watch?v=__hDRKBjLes

Autour des notions de conscience, d'inconscience et de sujet : Autre piste, celle de l'interprétation des rêves de Freud. Chaque rêve, dit Freud, nous apparaît selon un *contenu manifeste*, c'est-à-dire un ensemble de symboles et d'images dont le rôle est de rendre méconnaissable le sens originel du rêve. Freud met sur pied en 1900 des principes et une grille d'interprétation du contenu manifeste, qui permet de contourner le travail de travestissement et de parvenir enfin en *contenu latent* qui révèle ce que contient véritablement l'inconscient.

Toujours sur Youtube, une psychanalyste, Mathilde Juan, propose une vidéo pédagogique très bien faite sur l'interprétation freudienne des rêves :

https://www.youtube.com/watch?v=xvf7C3WoK_4

Le bonheur est-il un droit ?

Introduction

En France, on reconnaît plusieurs droits qui sont autant de devoirs que nous nous devons les uns aux autres : comme le droit à la liberté d'expression, à une justice équitable, le droit à l'éducation gratuite pour tous jusqu'à seize ans, le droit de vote, ou encore le droit au logement. Le droit est l'effet d'une loi, écrite ou orale, que tous s'engagent à observer. Or on entend régulièrement dire : « J'ai le droit d'être heureux », qui sonne comme une revendication indignée. Quel sens donner à cette phrase ? Tout comme la liberté de vote ou l'accès au logement, le bonheur pourrait ainsi être rigoureusement défini, et la loi pourrait alors créer des règles qui s'appliquent à tous. En un mot, si chacun respectait le droit des autres à être heureux, alors il n'y aurait plus de malheur !

Il faut pourtant voir que cette conception assimile le bonheur à un ensemble de conditions concrètes, mesurables et qui dépendent d'un contexte que je ne maîtrise pas toujours. Si j'ai un bon salaire, l'accès à l'éducation et à la santé, la liberté de m'exprimer politiquement et artistiquement, alors il me serait impossible d'être malheureux. Est-ce bien le cas ? Beaucoup qui « ont tout pour être heureux », affirment ne pas l'être ; à l'inverse beaucoup qui ne jouissent pas de tous ces droits se disent pourtant heureux. Comme si le bonheur était, au fond, un sentiment ou un état indépendant des conditions concrètes de l'existence.

C'est le problème de l'origine du bonheur qui se pose. Bonheur et malheur ne dépendent-ils que de ma simple volonté, ou autrui en est-il le premier responsable ? D'un côté, on sent bien que le bonheur dépend beaucoup des conditions favorables ou défavorables de l'existence. De l'autre, on voit la mauvaise foi qu'il y a à accuser le monde et les autres de nous rendre malheureux, comme si notre bonheur n'était pas *d'abord* notre affaire.

Afin de dissiper les confusions qui entourent l'idée même du bonheur, nous commencerons par examiner la définition de bonheur comme entreprise purement personnelle, dans le but d'atteindre un état de satisfaction ou de réalisation de soi. Mais il faudra bien ensuite décider si un tel état dépend ou non des conditions sociales ou politiques dans lesquelles nous déployons nos efforts.

1 Analyse du sujet

Là encore, tout comme notre premier chapitre, le sujet nous interroge sur le sens d'une opinion commune. Ici, celle que le bonheur puisse être un « droit ». Nous reconnaissons les notions du *bonheur*, de la *justice et du droit*. Il y a cependant un décalage entre le ton de cette expression, qui sonne comme un caprice (« Vous avez *l'obligation* de me rendre heureux, alors que vous m'empêchez de l'être ! »), et la notion de *droit* qui est lourde de sens : il y aurait *une règle commune et contraignante*, qui stipulerait que mon bonheur serait de la responsabilité de tous ceux qui m'entourent.

2 Ce qui fait problème

Cela dit, il ne faut pas se contenter de la question de savoir si le bonheur devrait être inscrit dans la loi pour formuler correctement le problème contenu dans cette question. Le raisonnement est plutôt le suivant :

a. si j'ai un droit au bonheur, cela signifie que mon bonheur dépend du comportement d'autrui ;
b. si c'est bien le cas, alors le bonheur est une affaire publique et non plus privée ;
c. or comment le bonheur pourrait-il être une affaire publique puisque, en tant qu'état ou en tant que sentiment, il désigne toujours quelque chose de très personnel ?

L'élément paradoxal qui *fait problème* dans la question, est donc la confusion entre la sphère publique et la sphère privée. Dire que le bonheur est un droit paraît séduisant : on pourrait blâmer autrui de notre malheur. Mais la conséquence n'est pas négligeable : en laissant autrui décider de notre bonheur, on s'interdit d'avoir une « sphère privée », c'est-à-dire un domaine de notre existence qui n'appartient qu'à nous.

3 Annonce du plan

1. le bonheur n'est pas une affaire de droit, mais de recherche de plénitude individuelle.
2. Tout l'effort de la loi tend à la protection individuelle, afin que chacun ait la possibilité de construire son propre bonheur.
3. il n'y a pas de droit au bonheur, mais un « idéal » de bonheur qui donne sens à nos combats quotidiens

1. Le bonheur n'est pas une affaire de droit, mais de recherche de plénitude individuelle

Dire qu'il y a un droit au bonheur, c'est dire que le bonheur est une affaire publique. Car comme nous le disions en introduction, *faire valoir un droit, c'est affirmer une règle instituée entre les hommes.* Et ce droit au bonheur signifierait qu'autrui a l'obligation de rendre possible et de collaborer à mon bonheur. D'ailleurs l'expression : « j'ai le droit d'être heureux ! » est bien une expression de dépit : nous la prononçons quand il nous semble que c'est *par la faute d'autrui et des circonstances extérieures* que nous sommes malheureux.

Pourtant, le bonheur est-il vraiment une affaire publique ? N'est-ce pas plutôt une ambition individuelle ? Il faut avoir la volonté de se recentrer sur soi, afin de se demander ce qui est nécessaire à notre bonheur, et écarter de nous les excès et les erreurs qui nous empêcheraient d'être heureux. Cette plénitude est rendue possible en se retirant loin de la foule et des faux plaisirs : c'est ce que dit l'épicurien Lucrèce dans les premiers vers du chant II de son grand poème *De la nature* :

« *Rien n'est plus doux que d'habiter les hauts lieux fortifiés solidement par le savoir des sages, temples de sérénité d'où l'on peut voir les autres errer sans trêve, en bas, cherchant le chemin de la vie [...], s'efforçant nuit et jour par un labeur intense d'atteindre à l'opulence, au faîte du pouvoir* ».

Lucrèce oppose deux attitudes face à la quête du bonheur. D'une part, il y a la majorité des hommes qui cherchent à faire « valoir leur droit » au bonheur, c'est-à-dire qui s'épuisent et se perdent à lutter les uns contre les autres pour obtenir le pouvoir et la reconnaissance qui selon eux les rendraient heureux. D'autre part, il y a le sage qui sait que le bonheur se mérite. Grâce à sa force d'âme et à l'usage de la raison, il peut rejeter les désirs vains et se recentrer sur les désirs naturels et nécessaires qui lui apporteront le bonheur sous la forme d'un plaisir sans trouble. Peu lui importe dès lors que son droit soit reconnu ou défendu ! Au contraire : il se retranche du reste des hommes, hors de la cité, étranger aux querelles et aux soucis qui les agitent. Loin de revendiquer le bonheur, il s'isole pour le construire lui-même.

Analyse et méthode

Ici, le bonheur est défini à la fois comme plénitude et sérénité. Il désigne le plaisir simple et sans trouble qui résulte de la satisfaction de tous les désirs naturels et nécessaires. Si le lien entre bonheur et plaisir est maintenu dans la deuxième partie, il sera cependant remis en cause dans la troisième partie. En réalité, ce sont les variations de la définition de bonheur qui vont nous faire avancer dans le raisonnement. Vous voyez donc qu'il était important en introduction de ne pas partir d'une définition trop précise et gravée dans le marbre !

Isolement / solitude

Il faut pouvoir distinguer *isolement* et *solitude*. Souvenons-nous du sage épicurien : il est isolé, loin des préoccupations publiques. Mais il est loin d'être seul. Lucrèce insiste beaucoup sur l'importance de partager la félicité d'une vie simple et philosophique avec des amis. L'importance des amis se trouve déjà au chapitre 9 de l'*Éthique à Nicomaque*, où Aristote écrit que c'est en vivant en communauté que les amis vertueux profitent mutuellement de la bonté qu'ils peuvent témoigner les uns envers les autres.

Mais selon Épicure, l'amitié est plus importante encore : c'est elle qui donne leur sens à tous les autres plaisirs. On lit en effet dans les *Doctrines capitales* que « *de tout ce que la sagesse procure pour la félicité de la vie entière, ce qui est de loin le plus important est la possession de l'amitié* ». Sénèque (pourtant stoïcien !) rapporte à son tour cette parole d'Épicure : « *il dit qu'il est plus important de considérer avec qui l'on mange et l'on boit, que ce que l'on mange et l'on boit, car manger de la viande sans la compagnie d'un ami, c'est une vie de lion ou de loup* » : c'est-à-dire une vie de bête. De ce point de vue, on pourrait dire que ce qui nous conduit directement à la félicité la plus élevée n'est pas le plaisir lui-même : c'est la conscience de la valeur de ce plaisir. Et cette conscience est d'autant plus intense qu'elle est partagée.

Or dire que le bonheur consiste en une victoire sur soi-même nous donne déjà une idée de sa nature : plus qu'un droit, c'est une *grâce*, un bienfait auquel le philosophe accède en récompense de sa sagesse. Pourtant, affirmer qu'il est tout à fait indépendant de la sphère publique, n'est-ce pas faire abstraction des conditions réelles de notre existence ? Si le bonheur dépend de notre capacité à nous isoler du reste de la société, encore faut-il que cela soit possible.

2. Tout l'effort de la loi tend à la protection individuelle, afin que chacun ait la possibilité de construire son propre bonheur

Pour défendre notre droit au bonheur, les lois ne devraient avoir qu'un seul but : celui de protéger la sphère privée de chaque individu pour lui permettre de construire son bonheur comme il l'entend. Cela signifie-t-il qu'il y aurait une garantie, établie par les lois, que nous pourrions être heureux ?

En 1794, Saint-Just proclame à la Convention : « *Que l'Europe apprenne que vous ne voulez plus un malheureux ni un oppresseur sur le territoire français ; que cet exemple fructifie sur la terre ; qu'il y propage l'amour des vertus et le bonheur. Le bonheur est une idée neuve en Europe !* » Il veut ainsi « révolutionner » la conception commune du bonheur, en montrant que désormais il *se décrète*. Il est l'effet d'une conduite vertueuse ; la vertu est l'effet de l'obéissance à des lois justes. Le gouvernement n'a plus qu'à faire respecter les lois révolutionnaires. Par exemple, le malheur des familles spoliées pourra être redressé en leur offrant de meilleures conditions de vies, financées par la confiscation des biens des classes privilégiées. La vertu, ou le souci de justice d'une telle loi, rendra heureux le bénéficiaire de la loi mais aussi le peuple tout entier, par l'idée supérieure de bonheur qu'il fait naître dans l'esprit de tous. En ce sens, il y aurait bien un droit à être heureux, c'est-à-dire une apparition mécanique du bonheur résultant de l'application de lois vertueuses.

C'est ce que nous pourrions également comprendre en lisant le texte très connu de John Stuart Mill, *De la liberté*. Les lois ne sont faites, si l'on suit Stuart Mill, que pour ménager à chaque individu une sphère privée dans laquelle il agira selon ce qu'il pensera être son meilleur intérêt :

Ne pas confondre !

Mill est partisan à la fois du *libéralisme*, de *l'utilitarisme*, de *l'hédonisme* et de *l'eudémonisme*... Pour autant, toutes ces doctrines sont bien différentes, il ne faut pas les confondre !

- *Libéralisme / utilitarisme* : Le libéralisme soutient que l'accomplissement de l'individu est à la fois la cause et la fin de toute organisation sociale. L'utilitarisme en revanche consiste à faire dépendre le bonheur de ce qui procure du plaisir. Par conséquent ce qui apporte *le maximum* de plaisir à *un maximum* de gens est considéré comme le plus utile pour tous. Ainsi pour Jeremy Bentham, dont Mill se revendique le continuateur, c'est la plus grande intensité de plaisir que connaît le plus grand nombre de personnes qui peut être reconnu comme utile au bonheur.
- *Hédonisme / eudémonisme* : L'hédonisme postule que le bonheur réside dans la faculté à se jouir des plaisirs et à éviter les peines autant qu'il est possible. L'eudémonisme, lui, dit simplement que le bonheur est la seule finalité de l'existence humaine, rejetant ainsi toute idée de sacrifice de soi ou de son propre bonheur au profit d'un bien plus grand (au contraire par exemple du devoir moral kantien...)

Pour aller plus loin

L'affirmation selon laquelle « le bonheur est une idée neuve en Europe », et qui consiste à dire la liberté individuelle et la justice sociale réalisées par l'ordre vertueux des lois, découle étroitement la Déclaration des droits de l'homme et du citoyen de 1789. Dans les articles 2 et 4 par exemple :

- **Art. 2.** *Le but de toute association politique est la conservation des droits naturels et imprescriptibles de l'Homme. Ces droits sont la liberté, la propriété, la sûreté, et la résistance à l'oppression. [...]*
- **Art. 4.** *La liberté consiste à pouvoir faire tout ce qui ne nuit pas à autrui : ainsi, l'exercice des droits naturels de chaque homme n'a de bornes que celles qui assurent aux autres Membres de la Société la jouissance de ces mêmes droits. Ces bornes ne peuvent être déterminées que par la Loi.*

« *Dès que la conduite d'une personne est préjudiciable aux intérêts d'autrui, la société a le droit de la juger [...]. Mais il n'y a pas lieu de débattre de cette question lorsque la conduite d'une personne ne touche que ses propres intérêts [...] : en pareil cas, on devrait avoir liberté complète, légale et sociale, de faire toutes choses, à tout risque* ». Ce que Mill dit ici, c'est que le bonheur est une affaire privée ; la loi a seulement comme rôle de protéger cette sphère. S'il y a un droit à être heureux, c'est celui de voir sa sphère privée protégée de toute incursion, par l'État lui-même ou par tout autre individu. En distinguant, de cette manière, le privé et le public, Mill instaure le droit de chaque individu à faire son bonheur comme il l'entend, en s'appuyant sur sa culture, son expérience, ses propres ambitions.

Mais ce droit est-il un droit au bonheur précisément ? Si c'était le cas, chaque individu se jugeant malheureux pourrait demander des comptes à la société. Or, en garantissant à chacun la liberté la plus totale dans sa sphère privée, la société nous rend seuls et uniques responsables de notre bonheur. Nous ne pouvons imputer notre malheur à personne sinon nous-mêmes.

C'est de cela que naît la grande importance de la distinction des plaisirs. Certains plaisirs grossiers que nous partageons avec les animaux peuvent paraître désirables à celui qui n'a pas l'idée que des plaisirs plus nobles existent. Selon Mill, « *mieux vaut être un homme malheureux qu'un porc satisfait, être Socrate mécontent plutôt qu'un imbécile heureux* ». Cette formule renverse l'idée première que nous pouvions nous faire du libéralisme millien. Le bonheur hédoniste, l'accumulation effrénée de plaisirs consuméristes, n'est pas à l'évidence le bien suprême. Mieux vaut être mécontent, c'est-à-dire conscient des manques et des peines qui troublent notre vie, car cette conscience nous révèle un idéal supérieur de bonheur : celui d'un esprit bien fait et d'une âme noble.

La réalisation du bonheur ne dépend de personne d'autre que nous, tout comme nous sommes responsables de notre malheur. Le bonheur n'est pas un droit : c'est-à-dire qu'il ne nous est pas dû. Mais cela ne nous dit-il pas ce qu'est le bonheur. S'il n'est pas un droit, alors comment le définir une fois pour toutes ?

Conseils du prof

Tant John Stuart Mill qu'Épicure sont des partisans de l'hédonisme. Mais dans les deux cas, tous les plaisirs ne sont pas bons à prendre. Rappelez-vous, Épicure expliquait que c'est grâce à la philosophie que nous pouvions identifier les plaisirs naturels et nécessaires, des plaisirs vains accompagnés de grandes peines.

Mill quant à lui explique que notre éducation et notre propre élévation intellectuelle nous donnent les moyens de préférer, non pas les plaisirs simples et grossiers – ceux-là même qu'Épicure recherchait ! – mais les plaisirs supérieurs de l'art et de la culture. C'est en cela que Mill devient *eudémoniste*, puisque le bonheur est le seul bien véritable. Mais ce bonheur n'est pas un bonheur vulgaire, atteint par accumulation de plaisirs.

C'est pourtant ce que pensait Bentham, qui se livre aussi, mais à sa manière, à un *calcul des plaisirs et des peines* : seuls des critères quantitatifs, qui permettent de mesurer la durée et l'intensité des plaisirs ainsi que leur faculté à tenir éloignées peines et souffrances, doivent être retenus.

Analyse et méthode

Il semble que, dès la fin de notre deuxième partie, nous ayons répondu à la question posée par le sujet : non, le bonheur n'est pas un droit. Qu'y a-t-il à rajouter ? Ne risque-t-on pas, en allant plus loin que cette réponse, de faire un hors-sujet ? En réalité la réponse à notre question est encore incomplète. Souvenons-nous de l'analyse du sujet en introduction : savoir si le bonheur est un droit ou pas présuppose d'avoir une idée précise de ce qu'est le bonheur. Or, du bonheur, nous n'avons encore donné qu'une définition négative : nous avons dit ce qu'il n'est pas. Mais ce qu'il est, nous n'en savons rien encore. Pour être intégralement justifiée, notre réponse devra être sous la forme : « non, le bonheur n'est pas un droit puisqu'il est *autre chose* – en l'occurrence, un *idéal* ». C'est cela qui va être l'objet de notre dernière partie.

3. Il n'y a pas de droit au bonheur, mais un « idéal » de bonheur qui donne sens à nos combats quotidiens

Nous venons de le voir : aucune loi ne saurait jamais nous assurer le sentiment de plénitude, c'est-à-dire un plaisir inaltérable que nous pourrions désigner par le mot « bonheur ». De plus, si le bonheur était un effet du plaisir, non seulement il serait prédéfini et le même pour tous, mais de plus il présupposerait que le bonheur est un état accessible. Mais l'est-il vraiment ? Il faudrait pour cela imaginer un état dans lequel, tous les désirs étant satisfaits, aucun autre désir ne viendrait plus nous troubler.

C'est ce que Rousseau décrit au cinquième livre des *Rêveries du promeneur solitaire :* le bonheur « *n'est point composé d'instants fugitifs mais un état simple et permanent, qui n'a rien de vif en lui-même, mais dont la durée accroît le charme au point d'y trouver enfin la suprême félicité [...] ; tant que cet état dure celui qui s'y trouve peut s'appeler heureux, non d'un bonheur imparfait, pauvre et relatif tel que celui qu'on trouve dans les plaisirs de la vie, mais d'un bonheur [...] qui ne laisse dans l'âme aucun vide qu'elle sente le besoin de remplir* ».

Rousseau s'efforce ici de distinguer l'état durable de la « suprême félicité », qui est le vrai bonheur, du plaisir éphémère avec lequel on le confond trop souvent. Il ne s'agit pas de « plénitude », au sens où le bonheur n'a plus rien à voir avec le plaisir et la recherche de satisfaction des désirs. De plus, si le bonheur avait été un droit, nous aurions pu dans ce cas le comprendre comme un droit à satisfaire nos désirs sans subir d'empêchement. Mais comment cet état durable, qui dépend seulement d'une certaine disposition à se détacher des plaisirs qui se succèdent les uns aux autres, pourrait-il être de la responsabilité d'autrui ou de la société ?

Le bonheur se comprend alors comme un idéal, autrement dit un horizon presque inaccessible mais qui a le mérite de fournir un guide à notre action. Y parvenir est un *privilège* bien rare, rendu possible par une certaine disposition de l'âme, et non pas un *droit* pour tous. Le bonheur comme idéal s'opposerait alors à la réalité grossière et éphémère du plaisir.

Jean-Jacques Rousseau

Un nouveau pas dans notre **référence suivie** à Rousseau. En 1761, onze ans après le *Discours sur les sciences et les arts* qui l'a fait connaître, Rousseau acquiert une immense célébrité. Son roman épistolaire, *Julie ou la nouvelle Héloïse*, rencontre un succès considérable : c'est l'un des deux grands succès de librairie de l'époque avec *Les Souffrances du jeune Werther* de Goethe paru en 1774. On s'échange comme des trésors les adresses où on peut lui écrire. Rousseau commence à se cacher. Sa fuite hors du monde ne s'arrêtera plus, jusqu'à sa mort en 1778. Cette recherche désespérée d'isolement n'est pas étrangère à cette conception du bonheur : si la société ne permet que le développement de *l'amour propre*, alors il faut en sortir, non pas pour se replier égoïstement sur soi, mais pour retrouver l'universalité de la condition humaine à travers le sentiment de son existence.

Analyse et méthode

Vous noterez que la structure en trois parties de cette dissertation est tout sauf dialectique, avec une forme « thèse-antithèse-synthèse ». Ici, la perspective choisie est claire : les trois parties répondent « non » à la question, chacune à leur manière. Premièrement en disant que le bonheur comme plénitude et plaisir demande une certaine distance vis-à-vis de la société et des droits qu'elle défend. Deuxièmement en affirmant que si la société se préoccupe du bonheur, c'est en garantissant les conditions de sa réalisation et non pas le bonheur réalisé lui-même. Troisièmement, en concluant que si le bonheur n'est pas l'effet du plaisir, mais un idéal avec une portée spirituelle, alors il ne saurait constituer un droit.

Les trois parties sont bien différentes les unes des autres, et se succèdent logiquement, en donnant à chaque fois sa chance à l'idée du bonheur comme un droit. Le correcteur, bien loin de vous reprocher de n'avoir pas fait une partie « oui », saura apprécier un devoir rigoureusement construit et qui est *engagé* dans la question qu'il traite.

Cependant, Schopenhauer a relevé que l'idée qu'un état sans désir fût un état de bonheur, est une contradiction dans les termes : « *la satisfaction engendre bien vite la satiété ; le but était illusoire ; la possession lui enlève son attrait ; le désir renaît sous une forme nouvelle, et avec lui le besoin ; sinon c'est le dégoût, le vide, l'ennui, ennemis plus rudes encore que le besoin* ».

L'intention de Schopenhauer est de battre en brèche une évidence communément admise, selon laquelle le bonheur serait un sentiment positif, résultat de la satisfaction des désirs. Ici, il n'en est rien : quand le trouble occasionné par le désir cesse, il n'y a plus rien d'autre que *l'absence* de ce désir, autrement dit un « vide », qui se fait sentir. Le plaisir ne se définit au mieux que comme l'arrêt momentané d'une douleur. Et cet arrêt conduit à un ennemi « encore plus rude » : Schopenhauer l'appelle l'*ennui.*

Le bonheur est ainsi une contradiction dans les termes : on penserait qu'il s'agit d'un état durable, alors qu'il s'agit à peine d'un soulagement momentané. L'état de contentement et de plénitude paraît bien loin ! Au lieu du bonheur tant espéré, l' « après-désir » ne laisse place qu'au vide de l'ennui, dans l'attente de l'émergence du prochain désir. Comment, dès lors, entre souffrance et ennui, une telle illusion pourrait-elle constituer un droit ? L'idéal plus ou moins accessible chez Rousseau se révèle être ici une simple illusion ; mais relevant de l'intime, en aucun cas il ne saurait constituer un droit.

Conclusion

Parler d'un droit au bonheur, c'est se mentir sur la nature même du bonheur : c'est penser qu'il consiste en une accumulation de plaisirs tout au long de la vie, que la société s'engagerait à m'apporter. L'expression « j'ai le droit d'être heureux » sonne alors comme une revendication hypocrite : si on n'y parvient pas soi-même, alors on blâme autrui et la société de notre propre incapacité à être heureux. Il faut se rendre à l'évidence : les seuls droits qui peuvent nous être garantis sont des libertés (religion, expression, mouvement) auxquelles l'aspiration au bonheur ne peut pas se réduire. Cet ensemble de libertés forme une sphère privée qui, si l'on en croit John Stuart Mill, est le lieu où nous sommes seuls responsables de notre propre bonheur.

Arthur Schopenhauer

Une célèbre anecdote résume bien la position qu'Arthur Schopenhauer (1788-1860) occupe dans l'histoire de la philosophie. En 1820, alors qu'à Berlin Hegel jouit d'une immense renommée, le jeune et ambitieux Schopenhauer, par bravade, met ses cours aux mêmes heures que ceux du grand professeur ! Sa provocation n'aura pas l'effet escompté, et les cours de Schopenhauer restent vides. C'est que l'opposition entre les deux hommes est totale. Hegel expose une philosophie triomphante, réconciliant en elle, au moyen du mouvement dialectique de l'histoire, science, religion et politique, pour accomplir le règne de la raison dans l'humanité. Schopenhauer prétend au contraire que derrière l'illusoire apparence du monde qui s'offre à moi (ma représentation), se cache en réalité un vouloir-vivre (ou volonté) aveugle qui condamne les hommes à la souffrance. Se libérer du tumulte de l'histoire, du désir et du vouloir-vivre (Schopenhauer s'inspire du *nirvanâ* bouddhiste), voilà qui ne suscite guère l'enthousiasme auprès de la jeunesse allemande ! Ironie du sort, la reconnaissance de la profondeur et de la sagacité de sa pensée n'arrivera que tardivement, quand Schopenhauer ne la désirait plus.

Analyse et méthode

Dans cette troisième partie, la définition du bonheur évolue. Jusqu'à présent il était toujours l'effet, d'une manière ou d'une autre, du plaisir. Ici, il lui devient totalement étranger. C'est seulement de ce point de vue qu'on peut rapprocher, dans une même partie, Rousseau et Schopenhauer qui s'opposent totalement sur la conception qu'ils se font du bonheur par ailleurs. Le seul point commun, c'est la dissociation totale du bonheur et du plaisir. Ensuite, pour Rousseau, le bonheur est un état de contemplation qui a une portée spirituelle ; pour le vieux misanthrope qu'était Schopenhauer, le bonheur n'est rien d'autre qu'une illusion qui nous porterait à croire qu'on pourrait sortir de l'alternative entre souffrance et ennui... alors que ce n'est pas le cas.

L'humanité peut-elle se concevoir sans religion ?

Introduction

Quand Marx écrit dans la *Critique de la philosophie du droit de Hegel :* « *la religion est l'opium du peuple* », il veut dire que l'espoir que la religion met dans le cœur de l'homme, celui d'une éternité de félicité et de sérénité après la mort, est un mensonge qui sert à endormir tout désir de rechercher le bonheur en ce monde. La disparition de toutes les religions serait, pour Marx, un signe que les hommes ont fait le deuil de la promesse d'un paradis pour se concentrer sur les conditions matérielles de leur existence ici et maintenant. Pourtant il semble bien difficile d'imaginer la disparition de la religion sous toutes ses formes. N'est-elle pas au cœur de la vie humaine ? Elle nourrit son besoin de spiritualité ; elle apporte des réponses aux grandes questions de l'existence ; elle relie, dans la croyance en une transcendance, la vie terrestre et l'aspiration à un au-delà.

Est-ce à dire que, dès que nous pensons l'humanité de manière générale, nous devons la comprendre à partir de sa dimension religieuse ? À la réflexion, se demander si l'humanité peut se concevoir sans religion revient à poser deux questions bien différentes, en fonction du sens que nous donnons au mot « humanité ». Il s'agit d'abord de savoir si l'humanité en tant qu'ensemble historique du « genre humain », parviendrait à vivre sans aucune forme de religion. Mais dans le même temps, l'idée d'humanité renvoie aussi à l'idée morale de ce qu'il y a d'humain en chaque homme : une nature humaine. Cette humanité qui est en chaque individu, est-ce seulement par la religion que nous pouvons la comprendre ?

On le voit, le problème posé par cette question n'est rien moins que celui de définir le rôle exact que la religion occupe dans la vie humaine. Se réduit-elle à un rôle strictement spirituel, renvoyant à l'espoir d'une autre vie, d'une transcendance et d'un au-delà ? Ou la religion est-elle, suivant l'étymologie du mot, ce qui relie les hommes, c'est-à-dire un ensemble de pratiques et de rites formels ? On ne pourra décider si l'existence d'une humanité purement profane est possible que si l'on comprend mieux les différentes dimensions dans lesquelles la religion façonne cette humanité.

1 Analyse du sujet

La notion explicitement en jeu dans ce sujet est la *religion*. Mais l'exploration de cette notion ne peut se faire qu'en lien avec d'autres dimensions de l'existence : *la culture, la société, la morale, la justice et le droit*. Il va principalement s'agir de faire un retour sur la vie humaine pour mieux comprendre le rôle qu'y joue la religion.

Un mot sur cette notion d'humanité. Parler de l'humanité, ce n'est pas parler des individus, mais des hommes en tant que groupes structurés et, ensuite, d'une certaine idée de ce qu'est l'homme. Ne peut-on comprendre la nature humaine qu'à travers son rapport à une certaine *transcendance* ? C'est le sens de la question posée. Il va falloir examiner si la religion n'est qu'un fait historique accessoire, ou si au contraire elle est *essentielle* à la condition humaine.

2 Ce qui fait problème

Se demander si l'humanité peut se passer de religion, c'est en réalité poser le problème de l'origine et la structure des sociétés humaines. Quelle est la véritable raison pour laquelle les hommes s'organisent en société ? Tout se passe comme si nous étions en présence de deux origines bien différentes des sociétés humaines : de reconnaître l'une ou l'autre comme premier fondement de la société engage notre compréhension de ce qui les constitue. Nous sommes alors face à une alternative : ou bien nous reconnaissons aux sociétés une origine immanente : celle de la nécessité des échanges dans une optique de survie et d'expansion sociale ; ou bien une origine transcendante qui fait de la société une assemblée tournée vers le divin.

3 Annonce du plan

1. L'humanité peut tout à fait se passer de religion si on limite le rôle de la société à celui d'un simple réseau d'échange et la religion à une question de foi ;
2. C'est la religion qui donne en premier lieu le sentiment d'appartenir à un même groupe humain ;
3. L'humanité ne peut se passer de religion, mais les individus peuvent montrer la possibilité d'une existence purement athée.

1. L'humanité peut se passer de religion si on limite le rôle de la société à celui d'un simple réseau d'échange et la religion à une question de foi

De quoi parle-t-on quand on évoque l'humanité ? Il ne s'agit pas seulement des individus eux-mêmes. L'humanité est d'abord ce qui se reconnaît confusément dans les *échanges* entre les individus ; elle se révèle quand les hommes s'assemblent pour instituer des sociétés. Selon Claude Lévi-Strauss, l'échange est au fondement de toute société et, par là, de toute humanité. Mais il ne s'agit pas d'abord à ses yeux d'échange d'objets, mais d'échange de personnes. En 1952, dans son *Anthropologie structurale*, il écrit : « *Une société est faite d'individus et de groupes qui communiquent entre eux. [...] dans toute société, la communication s'opère au moins à trois niveaux : communication des femmes, communication des biens et des services, communication des messages.* »

Lévi-Strauss voyait dans l'échange des femmes par les chefs de clans familiaux, un fondement de l'humanité, car en créant des liens de parenté entre clans, il rend possible des ensembles sociaux plus vastes que le noyau familial. Apparaît alors l'idée de l'appartenance à une espèce commune, au-delà des critères familiaux. Le premier fondement de l'humanité serait ainsi de pouvoir établir des sociétés comme autant de réseaux d'échanges, à la fois d'idées, de biens et de personnes, et à partir de là, d'instituer des civilisations et des modes de vie.

Il faut bien remarquer que, de ce point de vue, la religion n'entre pas en ligne de compte. Cela est d'autant plus notable si l'on définit la religion comme croyance individuelle à l'existence d'un dieu ou d'un au-delà. La religion se fonde sur la *foi*, c'est-à-dire un attachement profond à une vérité révélée. Avoir une religion, c'est dire « je crois », comme l'indique d'ailleurs le nom donné à la profession de foi chrétienne qui en reprend le premier mot latin : « credo ». C'est ce que Pascal exprime dans ses *Pensées* : « *voilà ce qu'est la foi : Dieu sensible au cœur, et non à la raison* ». Pour lui, il faut d'abord entendre la religion comme un lien intime de l'homme avec son créateur. Ce lien n'est pas de l'ordre de la raison, il ne sert à rien de chercher à le démontrer. Il est de l'ordre de l'évidence ressentie.

Analyse et méthode

Nous sommes ici au carrefour de deux notions au programme qui semblent très éloignées l'une de l'autre : la *société* et la *religion*. L'une des clefs de ce sujet est d'identifier deux sens très différents à l'idée de religion. Au premier sens, la religion est un ensemble de pratiques rituelles qui construit et maintient la cohésion sociale. Et dans un *second temps* seulement, la religion définit une foi individuelle, ou un rapport personnel au divin ou à la transcendance. Ici, on sépare humanité et religion en définissant l'humanité comme l'ensemble dynamique et historique des sociétés humaines, et en réduisant la religion à la foi. Bien sûr, la transition consistera à montrer que la foi ne fait pas le tout de la religion.

Blaise Pascal

Blaise Pascal (1623-1662) est mort jeune mais on peut dire qu'il a eu deux vies. La première est celle d'un jeune et brillant savant, mathématicien et physicien, qui vit luxueusement. En mathématiques, il invente une machine à calculer et remet en question le statut d'évidence démonstrative des axiomes : c'est l'intuition, et non la démonstration, qui nous fait saisir la vérité. En physique, Pascal démontre l'existence du vide grâce à la fameuse expérience du baromètre à Mercure de Torricelli, qui mesure la pression atmosphérique. Mais à 31 ans, le 23 novembre 1654, Pascal vit une nuit d'éblouissement spirituel, où il découvre le « *Dieu de Jésus-Christ* », qui n'est pas le « *dieu des philosophes et des savants.* » De cette nuit fondatrice, il garde un *Mémorial*, c'est-à-dire une profession de foi qu'il coud dans son pourpoint. Il abandonne toute activité scientifique et se rapproche des jansénistes de Port-Royal. Six ans avant sa mort, il commence à accumuler des notes préparatoires pour ce qui devait être sa grande œuvre, une *Apologie de la religion chrétienne*. Cette œuvre inachevée ne sera publiée qu'à titre posthume en 1669 sous le titre de *Pensées*.

Il faut distinguer ce qui tient de l'humanité comme groupe social, et ce qui tient de la foi intime. L'humanité se conçoit sans religion au sens où les civilisations humaines, pour prospérer, n'ont pas besoin d'espérer en un au-delà. En cherchant à décrire la démocratie libérale en 1835 dans le premier tome de son livre : *De la démocratie en Amérique*, Tocqueville ne dit pas autre chose : « *On peut prévoir que les peuples démocratiques ne croiront pas aisément aux missions divines, qu'ils se riront volontiers des nouveaux prophètes et qu'ils voudront trouver dans les limites de l'humanité, non au-delà, l'arbitre principal de leurs croyances* ». Tocqueville entend par « limites de l'humanité » la vie immanente, celle de l'existence ici-bas, sans évocation d'un au-delà. En ce sens, ce qui fonde l'humanité n'est pas la religion, mais la politique qui cherche à établir le meilleur régime pour chaque individu fasse son bonheur ici-bas, sans dépendre de promesses d'un au-delà.

Pourtant, force est de constater que les démocraties libérales n'ont pas vu l'influence des religions sur leur sol reculer. Plus généralement, au cours de l'histoire, il ne semble pas que le rôle des religions ait véritablement diminué. Cela montrerait que, malgré tout, l'espoir en un au-delà serait *essentiel* à l'humanité.

2. C'est la religion qui donne en premier lieu le sentiment d'appartenir à un même groupe humain

Nous avons vu que la foi religieuse désigne les liens intimes qu'un individu peut, dans l'intimité, tisser avec la transcendance. Mais il est tout aussi incontestable qu'une même foi est partagée par un grand nombre d'individus et occupe une place centrale dans le développement d'une société. Des religions, sur la base d'une même foi partagée, sont présentes dans toutes les sociétés, et l'histoire montre que les interdire ne permet jamais de les faire disparaître. Comment expliquer cela ? En premier lieu, au-delà des seuls échanges, on se sent appartenir à une société humaine parce qu'on partage avec tous les autres individus des aspirations et un destin communs. C'est ce que Rousseau appelle la religion civile : « *renfermée pour ainsi dire dans un seul pays, elle lui donne ses dieux propres et tutélaires, elle a ses cérémonies, ses rites, son culte extérieur prescrit par les lois.* »

Analyse et méthode : de l'humanité au sens culturel à l'humanité au sens moral

La polysémie du mot humanité, évoquée dès l'introduction, nous fait avancer notre réflexion dans cette deuxième partie. En effet, l'humanité est d'abord considérée comme l'ensemble des sociétés humaines, au sens où l'on parle de « l'humanité tout entière ». Mais l'humanité est aussi, comme nous l'indiquions en introduction, une idée morale : celle qui fait que nous voyons « de l'humanité » chez un individu. Là encore, il faut pouvoir identifier les différentes idées qui se cachent souvent sous les mots, puis les analyser et les articuler entre elles.

Analyse et méthode

Dans la première partie, nous avons répondu par la négative à la question du sujet comprise dans le sens suivant : les hommes ont-ils besoin de religion pour vivre ensemble ? Théoriquement, il devenait possible de penser des sociétés purement athées, dans lesquels aucun individu n'aurait de foi en une transcendance et un au-delà. L'autre sens, plus large, qui va désormais nous occuper est le suivant : est-ce que l'idée morale d'humanité peut encore être pensée si on lui ôte toute dimension religieuse ?

Transcendant et immanent

Il est réducteur de définir la foi comme croyance en Dieu. Certes, les religions affirment majoritairement l'existence d'un ou de plusieurs dieux. Mais d'autres, ne reconnaissent pas d'être divin à proprement parler : ainsi le bouddhisme du hîna-yâna, ou « petit véhicule », voit dans le Bouddha Gautama, non pas un dieu qui enseigne aux hommes, mais un homme d'une sagesse exceptionnelle dont l'exemple doit être suivi. Néanmoins, et même dans ce cas, la religion exprime la croyance en une transcendance, c'est-à-dire en une réalité supérieure et immatérielle. Parler de transcendance, au lieu de dieu ou même de divin, permet donc d'évoquer la religion au sens le plus large possible.

C'est à l'expression de cette appartenance commune que servent les rites religieux. La participation aux rites et pratiques religieuses collectives rend manifeste la conviction que nous partageons un même destin et, par conséquent, une même humanité. Cette humanité est *cependant très étroitement délimitée* par la reconnaissance de semblables avec lesquels nous vivons. C'est par les rites que nous réalisons que nous espérons dans un même au-delà, que nous partageons une même morale. Autrement dit, les sociétés humaines ne peuvent faire l'économie des rites religieux qui leur servent de ciment.

Car la religion n'est pas d'abord affaire de dogme, c'est-à-dire d'un contenu de croyances, mais de pratiques ritualisées. De nos jours, par exemple à Salvador de Bahia au Brésil, il n'est pas rare de voir des communautés se rendre à la messe chrétienne le dimanche matin, puis aux cérémonies animistes de Candomblé à la nuit tombée. Les dogmes de ces deux religions sont contradictoires : comment s'y retrouver ? C'est que le dogme ne compte pas ; c'est la *religiosité,* incarnation de l'attachement à une communauté et à sa tradition, qui prime. Ce n'est pas la foi qui est nécessaire à l'humanité, en ce cas : c'est le rite comme expression d'une identité commune.

D'après Bergson, « *La religion renforce et discipline. Pour cela des exercices continuellement répétés sont nécessaires, comme ceux dont l'automatisme finit par fixer dans le corps du soldat l'assurance morale dont il aura besoin au jour du danger. C'est dire qu'il n'y a pas de religion sans rites et cérémonies.* » Les rites religieux valent moins par leur sens spirituel que par leur force de cohésion sociale : c'est ce que Bergson appelle la *religion statique.* Peu importe, au fond, de croire sincèrement à un dogme : c'est l'efficacité du rite qui compte, car il symbolise pour les participants la communauté d'esprit et de corps – c'est-à-dire l'humanité – qu'ils composent ensemble.

La religion, nous le voyons, est profondément nécessaire à l'humanité – même si, au sens de religiosité, elle se réduit à une forme de cohésion sociale produite par le rite. Mais comment prendre en compte ce fait indéniable, qu'il y a bien des individus athées, et des conceptions d'humanité dégagée de toute forme de religiosité ?

Analyse et méthode

Comment articuler au sein d'une même partie deux références qui semblent assez étrangères l'une à l'autre, comme Rousseau et Bergson ? Il faut trouver un même repère et montrer comment les deux auteurs le traitent. Ici nous avons celui de rite au sein de la société civile. Bergson comme Rousseau affirment que le rite est un dénominateur commun qui permet à chaque individu *singulier* de se rapporter à un corps social *général*.

La difficulté dans cette partie est que la notion d'humanité n'a pas de portée universelle, comme c'est le plus souvent le cas. Elle se réduit à un groupe humain, culturel ou moral, auquel par l'effet de la *religiosité* nous nous sentons appartenir. Toute la question est de savoir si ce lien d'appartenance est exclusif (notre culture *contre* les autres : c'est le communautarisme) ou inclusif (notre culture *avec* les autres : c'est l'universalisme).

Pour aller plus loin

La question du statut des valeurs républicaines et laïques de la société française contemporaine mérite d'être posée. Vivre dans une société laïque, c'est considérer que la religion relève de la sphère privée et peut s'exprimer tant qu'elle ne trouble pas l'ordre public. De ce point de vue, la république française reste étrangère aux religions, mais cela ne veut pas dire qu'elle n'a aucune forme de « religiosité ». On parle en effet de *rites* républicains pour désigner les traditions politiques et culturelles importantes, comme le défilé militaire du 14 juillet ou la cérémonie d'investiture du président de la République. Quelque chose de *sacré* s'exprime dans ces rites laïcs : des idées et des valeurs qui, prenant la place qu'occupe traditionnellement la religion, incarnent la cohésion sociale. Le sociologue Marcel Gauchet en parle dans une conférence où il reprend les idées de son livre de 1985 ***Le désenchantement du monde*** :

https://www.canal-u.tv/video/universite_de_tous_les_savoirs/croyances_religieuses_et_croyances_politiques.1187

3. L'humanité ne peut se passer de religion ; seuls des individus peuvent montrer la possibilité d'une existence purement athée

Comment expliquer qu'il soit impossible de concevoir une humanité purement athée ? Nous pouvons avancer l'hypothèse que, au-delà des simples échanges, l'humanité se conçoit comme ce rapport *collectif* que les individus entretiennent avec la transcendance. Il s'ensuit qu'un tel rapport, et dépassent un tel espoir d'au-delà, dépassent de loin les formes civiles de la religion et soient constitutifs de l'humanité. Ce besoin universel de religieux, c'est ce que Rousseau nommait la religion naturelle, « *sans temple, sans autels, sans rites, bornée au culte purement spirituel du Dieu suprême et aux devoirs éternels de la morale* ».

Lorsque nous parlons d'humanité, nous ne parlons pas seulement de l'ensemble historique des êtres humains. Nous nous référons également à une idée abstraite. Nous pouvons ainsi être choqués par « le manque d'humanité » d'un comportement que nous jugeons égoïste ; à l'inverse nous pouvons louer l'abnégation de quelqu'un qui fait ainsi « preuve d'humanité ». L'humanité désigne alors le sentiment d'appartenance, non pas seulement à une même espèce ou à une même société, mais à une même *communauté morale* qui transcende, justement, les cultures et les pratiques religieuses. La religion peut alors conduire à la conception d'une humanité « en général », dépassant largement les différences culturelles.

Comment comprendre cette idée « d'humanité en général » ? Par opposition au sens restreint, elle désigne une sorte de société idéale et universelle dont le fondement est uniquement le devoir moral qui me commande d'agir en voyant en autrui, indépendamment de son groupe social et de sa religion, un « frère humain ». L'humanité prend alors une dimension universelle.

Mais ne peut-on concevoir cette idée abstraite d'humanité autrement que par la religion ? À cette question, Sartre répond par le concept d'existentialisme athée. Dans la conférence *L'Existentialisme est un humanisme,* Sartre affirme que comprendre l'homme ce n'est pas d'abord lui assigner une essence, c'est-à-dire une nature à laquelle il devrait passer sa vie à se conformer. Mais, pour l'homme, « l'existence précède l'essence » :

Particulier / général / universel

Une religion peut être particulière : elle s'adresse toujours à certains hommes (les membres d'une même nation) à l'exclusion d'autres. C'est par exemple le cas du judaïsme. Selon le dogme juif, Dieu se révèle à un peuple qui devient alors le peuple élu : « *l'Éternel ton Dieu t'a choisi pour que tu sois un peuple qui lui appartient entre tous les peuples qui sont sur la face de la terre* » (*Deutéronome*, 14, 2). Il y a, en revanche, une dimension universelle qui apparaît dans le christianisme et dans l'islam qui tous deux cherchent à s'adresser à tous les hommes sans distinction, indépendamment de leur culture ou de leur naissance. Cette ambition universaliste n'est pas pour rien dans les grandes conquêtes que ces deux religions ont menées à travers leur histoire respective.

Il y a un nouveau une proximité très forte en *général* et *universel* : l'idée d'humanité vaut *en général* pour tous les hommes vivant dans une culture particulière. C'est ainsi qu'elle produit l'idée d'universalité, c'est-à-dire d'une conception *abstraite* d'une humanité indépendamment des cultures particulières.

Pour aller plus loin : religion et ordre moral

Mais en quel sens peut-on dire que la religion nous fait agir moralement, ou par humanité ? Grand lecteur de Rousseau, Robespierre dit à la tribune de la Convention le 7 mai 1794 : « *Vous vous garderez bien de briser le lien sacré qui unit les hommes à l'auteur de leur être [...] car les motifs des devoirs et les bases de la moralité [sont] nécessairement liés à cette idée* ». Robespierre, comme la majorité des révolutionnaires, était anticlérical (il luttait contre l'autorité morale des prêtres), mais il n'était certainement pas athée : il voulait conserver l'expression publique du lien entre l'homme et la transcendance, seule garantie de la morale des citoyens. Pour avoir la volonté d'agir moralement, il faut être habité par la crainte du châtiment divin.

C'est à travers son existence et les choix qu'il pose que l'homme s'invente lui-même. Par exemple, si je choisis de vivre selon les valeurs chrétiennes, à travers mon choix j'indique implicitement qu'à mes yeux l'humanité est le fruit d'un projet divin. Si au contraire je deviens militant communiste, alors à travers mon choix je dépeins une humanité refusant toute transcendance, et prise dans des luttes historiques de domination de classe.

Dans les deux cas, je suis toujours absolument libre des choix par lesquels je conduis ma vie. Et à chaque fois, dit Sartre, « *il n'est pas un de nos actes qui, en créant l'homme que nous voulons être, ne crée en même temps une image de l'homme tel que nous estimons qu'il doit être. [...] Ainsi notre responsabilité est plus grande que nous pourrions le supposer, car elle engage l'humanité entière.* » Dans cette perspective, l'humanité n'est pas à chercher dans une idée abstraite ; elle n'est pas non plus à confronter à une espérance dans un au-delà. Elle naît dans l'immédiateté de l'existence la plus quotidienne, dans les choix que nous faisons pour nous-mêmes ici-bas.

Conclusion

Nous avons vu que se demander si l'humanité pouvait se concevoir sans religion revenait en réalité à chercher le sens du mot « humanité ». Dans un premier temps, l'humanité prise dans le sens historique de son développement culturel et social, reste indépendante de la foi intime des individus dans une transcendance ou un au-delà. Or la religion n'est pas qu'une affaire de foi mais, avant tout, un ensemble de pratiques rituelles dont la fonction est d'incarner l'appartenance à une même société. En ce sens la religion est facteur de *cohésion sociale* : elle nous fait concevoir l'humanité comme *groupe constitué* autour d'un destin commun. Mais par ses implications morales, la religion donne aussi à l'humanité une portée *universelle* : elle donne à penser que les individus sont humains avant d'appartenir à une culture donnée. Cette humanité universelle n'est pas uniquement donnée par la religion : elle est impliquée dans le moindre choix par lequel nous faisons pour nous-mêmes. Si l'humanité peut certes se concevoir sans religion, elle devient impensable si on ôte aux hommes la liberté morale de donner du sens à ses choix et à sa propre vie.

Analyse et méthode

Au terme de notre réflexion, nous voyons que le plan de ce cours est assez dialectique. Il cherche d'abord à affirmer une réponse claire et satisfaisante pour la raison : dissocier clairement religion et foi d'une part, humanité et société d'autre part. La deuxième partie ne cherche pas *une seconde thèse opposée à défendre* : mais elle discute la première thèse et montre sa faiblesse en mettant en évidence un argument passé inaperçu : l'importance des rites pour toute société civile. La troisième partie, là encore, ne part pas sur une thèse complètement différente aux deux premières. Elle *prend acte* de la nécessité de la religion démontrée dans la seconde partie, pour ensuite distinguer une position athée, personnelle et libre, qui peut s'individualiser au sein de comportements collectifs. Vous voyez qu'il s'agit, non pas de trois raisonnements distincts accolés les uns aux autres, mais bien d'un seul raisonnement en trois parties.

Conseils du prof

Il faut bien reconnaître qu'il y a aujourd'hui une forme d'appréhension à aborder les questions religieuses, en particulier au sein des institutions scolaires où, parfois, les tensions sont vives. Mais en réalité, dans un tel contexte, l'approche philosophique des questions religieuses est plus importante que jamais.

Quelles que soient vos convictions en matière de religion, pour vivre dans l'espace public vous devez être capables d'évoquer la question du religieux sans jugement de valeur, de comprendre l'importance du lien avec la transcendance qui existe chez les croyants, l'espérance dans l'au-delà, la conception morale que cette croyance implique. Nous avons déjà souligné la difficulté d'avoir une distance critique avec ses propres valeurs. C'est pourtant nécessaire si l'on veut tendre vers l'idéal universaliste et laïc de la république dans laquelle nous vivons. À cet égard la lecture des textes sacrés des grandes religions aide beaucoup : ils disent toujours quelque chose de la condition humaine.

L'art peut-il se passer de règles ?

Introduction

On entend parfois dire que l'art « contemporain » (ce qui englobe toutes les formes d'art qui sont en train de se faire au moment où nous en parlons), s'est libéré des règles et des conventions qui n'étaient que des cadres étroits bridant la production artistique. Tout se passe comme si l'art avait, au fur et à mesure de son histoire, passé différents paliers. Chacun d'eux lui aurait permis de s'affranchir de règles formelles qui le bridaient, ce qui aurait eu pour effet d'encourager les artistes à mettre le plus de spontanéité possible dans leurs œuvres. Autrement dit, plus l'artiste s'abandonnerait à son sentiment immédiat, à l'inspiration du moment, et plus l'œuvre gagnerait en intensité et en valeur artistique.

Pourtant, que faut-il entendre par « règles de l'art » ? S'agit-il seulement de contraintes injustifiées ? De codes culturels qui unifient esthétiquement les productions ? Ou encore de conventions religieuses ou morales, comme celle qui, en musique par exemple, a pendant longtemps interdit l'accord dit du « triton », qui fait un écart de trois tons entre deux notes ? Dire que l'art peut se passer de règles revient alors à dire que l'artiste n'a besoin d'aucune conduite, d'aucun principe dans la production de ses œuvres. Cela impliquerait que l'art le plus « pur » ne soit ni réfléchi ni soumis à des lois, mais se réduise au contraire à un geste totalement spontané. Pourtant, l'artiste est aussi celui qui travaille, qui s'entraîne pour posséder des techniques particulières, qui élabore patiemment une œuvre en lui donnant un cadre formel et théorique. En établissant ou en se conformant à des règles, l'artiste donnerait alors une cohérence à son œuvre, ainsi que des pistes pour en interpréter le sens.

Tout le problème serait alors de cerner la finalité de l'art, pour statuer sur la valeur à accorder à ses règles. Afin de le déterminer, nous nous efforcerons de distinguer trois définitions générales qui fixent la nature de l'art par rapport à la mission que nous lui donnons : l'art comme imitation de la nature, puis comme représentation du beau, et enfin comme expression de soi. Nous tâcherons de voir si, dans chacun de ces trois cas, l'art peut ou doit se passer de règles.

1 Analyse du sujet

Le sujet aborde la notion d'art bien sûr, mais pas seulement. Il y a aussi en creux le problème du travail et de la technique. Nous l'avons déjà dit : le latin « *ars* » traduit le grec « *technè* » qui désigne un savoir-faire ou une habileté technique. Si l'art, comme art du médecin ou art du cordonnier, est avant tout une affaire de compétence technique et d'acquisition d'un savoir-faire particulier, alors il dépend de certaines règles qui sont précisément celles de la technique. Mais si ce qui se joue dans l'art est au-delà de la seule compétence technique et de la discipline que cela implique, ce serait alors en s'affranchissant des règles qu'il prendrait tout son sens.

2 Ce qui fait problème

Tout le problème vient de ce que, avec le temps, l'art et ses règles changent de définition. D'abord compris comme pure entreprise d'imitation de la nature, il est devenu « beaux-arts » au XVIIIe siècle, c'est-à-dire recherche exclusive du beau pour lui-même. De nos jours, l'art se définit plutôt comme « expression de soi » ou réflexion sur les formes de la vie. Une définition assez courante de l'art aujourd'hui est celle d'un effort d'expression personnelle, de la manière la plus authentique possible, par opposition à la soumission à des normes ou à des comportements stéréotypés. L'art deviendrait ainsi, presque par essence, « anormal ». On va le voir, cela pose la question du rapport de l'artiste à son œuvre car c'est la personne de l'artiste lui-même qui prend de la valeur, et moins l'œuvre qui la fige pour la donner à voir. En ce sens, on ne parle plus seulement *d'œuvre*, mais de *performance*, c'est-à-dire de conquête dans l'espace public d'une expression individuelle originale.

3 Annonce du plan

1. L'art doit se soumettre aux règles de la nature pour pouvoir la représenter fidèlement.
2. L'art est une création qui doit s'affranchir des seules règles de la nature pour créer de la beauté.
3. L'artiste donne à l'œuvre sa propre règle interne : ce qu'on appelle le style.

1. L'art ne peut pas se passer de règles : il doit se soumettre à celles de la nature pour pouvoir la représenter fidèlement

Comprendre les règles de l'art demande qu'on comprenne d'abord le but que l'art se propose d'atteindre. Pour Aristote, ce but est clair. Au livre IV de la *Poétique*, il écrit : « *Dès l'enfance, les hommes ont, inscrites dans leur nature, à la fois une tendance à imiter [...], et une tendance à éprouver du plaisir aux imitations.* » C'est à travers l'imitation, c'est-à-dire la reproduction de ce qui nous est donné dans l'expérience, que se fait l'apprentissage et la connaissance du monde. « *En les regardant on apprend à connaître et on conclut ce qu'est chaque chose comme lorsqu'on dit : celui-là, c'est lui. Car si on n'a pas vu auparavant, ce n'est pas l'imitation qui procurera le plaisir, mais il viendra du fini dans l'exécution, de la couleur, ou d'une autre cause de ce genre.* » Pour Aristote, plus l'imitation de la nature est précise, et plus le plaisir qu'on en retire est grand. Par l'imitation nous identifions une représentation artificielle avec un être naturel. Même si l'on ne connaît pas ce qui est représenté, par exemple un animal qu'on n'a jamais vu auparavant, la précision avec laquelle il est dépeint renvoie à sa possible réalité. Il peut même s'agir d'un animal fantastique : une licorne ou une sirène, si elles sont représentées de manière *vraisemblable*, donnent l'illusion qu'elles pourraient tout à fait exister dans la nature.

C'est ce qu'on appelle la *mimesis*, ou production d'une image du réel à partir de la représentation que nous en avons. Il ne s'agit pas de transformer la perception, mais de la *préciser*. La précision de l'imitation donnera un effet « réaliste » en capturant l'essence du réel qui réside au sein de notre perception.

Les règles de l'art, si elles sont difficiles à appliquer, sont faciles à identifier : ce sont celles qui permettent de produire de la *vraisemblance*. Ces règles sont donc essentiellement techniques : elles consistent en une maîtrise des différents matériaux, des différents procédés, et de manière générale de tout ce qui nécessite un apprentissage pour parvenir à produire un résultat vraisemblable : il s'agit d'entretenir l'illusion que l'objet d'art est un objet de la nature.

Analyse et méthode : les « grands âges » de l'art

Pour les besoins de la démonstration, nous distinguerons trois grands âges de l'art, même s'ils ne correspondent pas nécessairement aux différentes classifications qui peuvent exister en histoire des arts. Ces grands âges correspondent chacun à une définition générale du but de l'art en fonction de laquelle seront données les grandes règles de l'art. En premier lieu, nous définissons l'art comme *mimesis*. Dans ce cas, la règle de l'art sera celle de la vraisemblance sensible. De l'identification entre artificiel et naturel naît le vif plaisir à contempler une œuvre d'art.

Pour aller plus loin 1/2

En définissant l'art comme *mimesis*, Aristote affirme qu'il a un but moral en mettant en scène la violence des passions humaines. Le cœur du spectateur serait « purgé » de ses propres passions en s'identifiant à celles qui sont représentées. C'est ce qu'il appelle la *catharsis*, c'est-à-dire l'épuration des humeurs nocives qui polluent le corps et l'esprit. Le plaisir dans l'art est le signe de l'effet thérapeutique de cette purge de l'âme. Dans sa *Politique*, Aristote écrit : « *la passion qui assaille impétueusement certaines âmes se rencontre dans toutes [...]. En effet, certains sont possédés par ce mouvement, mais nous voyons que quand ces gens ont eu recours aux mélodies qui jettent l'âme hors d'elle-même, ils sont ramenés, du fait de mélodies sacrées, à leur état normal comme s'ils avaient pris un remède ou subi une purification* ». Pour Aristote, loin de poser un problème, la représentation de la violence et de la noirceur des émotions humaines, dans la tragédie, serait plutôt une bonne chose pour l'équilibre social : voilà qui peut nourrir le débat sur la violence dépeinte dans la culture populaire aujourd'hui...

Ce débat a été mené en 2015 lors d'un colloque intitulé *La catharsis aujourd'hui* dont vous pouvez la présentation ci-dessous :

https://www.fabula.org/actualites/la-catharsis-aujourd-39-hui_67991.php

Pour la représentation de la nature elle-même, c'est le nombre d'or qui peut faire office de règle indépassable. Traditionnellement désigné par la lettre grecque « φ », le nombre d'or désigne un rapport proportionnel entre deux grandeurs. On retrouverait, dans cette proportion, une harmonie qui serait déjà présente dans la nature et que l'art, en appliquant cette règle, pourrait reproduire.

Mais le nombre d'or permet-il bien de reproduire fidèlement la nature ? Le grotesque, le laid, l'informe auxquels la nature nous confronte parfois ne sont pas pris en compte : comme si ce n'était pas tant représenter la nature *pour elle-même* qui était l'objet de l'art, mais la représentation de *la beauté de la nature*, comme si les règles de l'art étaient nécessaires pour dégager de la nature toute sa beauté. L'art ne deviendrait-il pas autre chose qu'une seule technique ? C'est ce qu'il va falloir examiner maintenant.

2. Les règles sont-elles nécessaires à l'art pour l'expression de la beauté ?

Si l'art a comme objet la recherche et l'expression du beau, ne doit-il pas alors s'affranchir de la seule *mimesis ?* S'il ne doit plus se soumettre à la nature, l'art pourrait alors se passer de règles. Peut-on, dès lors, affirmer que le beau est la seule et unique préoccupation de l'art ? En s'affranchissant de toute règle, l'artiste se reposerait uniquement sur son inspiration, c'est-à-dire une forme de spontanéité, un geste non réfléchi, instinctif, parfois appelé « viscéral » pour souligner son authenticité. Mais l'artiste, sans autre règle que l'inspiration, est-il encore un artiste maître de son art ?

Être « inspiré », c'est recevoir un souffle qui n'est pas le nôtre, c'est-à-dire être l'instrument d'une vie, d'une pensée qui n'est pas la nôtre et dont nous ne sommes que l'outil. C'est l'une des raisons pour lesquelles dans le dialogue platonicien *Ion* (du nom d'un fameux rhapsode affirmant qu'il est inspiré par les dieux et les muses) Socrate n'avait pas de mots assez durs contre les artistes : « *Ce n'est pas en fonction de la technique, mais bien en vertu de l'inspiration et de la possession que tous les poètes épiques récitent ces beaux poèmes. Et il en va de même pour tous les poètes lyriques : tous ceux qui sont pris de délire n'ont plus leur raison quand ils dansent.* »

Pour aller plus loin

Mimesis et *catharsis* vont de pair. Selon Boileau au chant III de *L'art poétique*, pour que la catharsis fonctionne, c'est la raison qui doit organiser le spectacle des passions. Cette raison s'incarne dans la règle des trois unités, de temps, de lieu et d'intrigue, appliquée dans le théâtre classique :

« *Mais nous, que la raison à ses règles engage,*
Nous voulons qu'avec art l'action se ménage ;
Qu'en un lieu, qu'en un jour, un seul fait accompli
Tienne jusqu'à la fin le théâtre rempli. »

Cette règle est justifiée parce que, pour Boileau, c'est elle qui permet de sauvegarder la vraisemblance nécessaire au spectacle des passions :

« *Jamais au spectateur n'offrez rien d'incroyable :*
Le vrai peut quelquefois n'être pas vraisemblable.
Une merveille absurde est pour moi sans appas :
L'esprit n'est point ému de ce qu'il ne croit pas. »

Les règles font l'accord entre *mimesis* et *catharsis*. Il faut *croire* à ce qu'on voit pour s'identifier aux passions qui sont exprimées.

Pour aller plus loin : *Le cercle des poètes disparus*

Dans une scène le film de Peter Weir *Le Cercle des poètes disparus* (1989), le professeur Keating, interprété par Robin Williams, demande à ses élèves d'arracher les pages d'introduction de leur manuel de littérature. Cette introduction, « *Comprendre la poésie* », explique comment la beauté d'un poème pouvait être évaluée à l'aide d'un graphique où l'on peut reporter le choix de la forme par rapport à l'intention de l'auteur.

Le professeur Keating fonde au contraire sa pédagogie sur *la spontanéité* qui fait ressortir la profonde humanité de l'individu, et donne ainsi tout son sens à l'œuvre d'art dans laquelle se retrouve cette humanité. Le long apprentissage de la technique ainsi que la connaissance de l'histoire de son art et des œuvres des grands maîtres passent au second plan. C'est la libération des règles imposées par le carcan social – ici représenté par le rigorisme de l'académie Welton – qui prime.

Si l'art se passait de règles et ne devenait que le produit d'une inspiration, alors l'artiste ne serait plus le maître de son art. Être maître de son art, c'est maîtriser la technique qui permet de réaliser une œuvre qu'on a soi-même élaborée. Sans règle, l'artiste n'est plus que le vecteur d'une expression qui n'est pas la sienne. Il serait ainsi tout à fait absurde de louer la qualité d'une œuvre d'un artiste inspiré, puisque par définition il n'en est pas à proprement parler l'auteur. Socrate dit alors, non sans ironie, que « *tant qu'un homme reste en possession de lui-même, il est parfaitement incapable de faire une œuvre poétique et de chanter des oracles* ».

Cependant, une chose est de dire que l'art a besoin de règles, autre chose que les règles *préexistent* à l'œuvre, comme des consignes à appliquer aveuglément. Il ne suffit pas de mettre en application des règles édictées par des théoriciens pour produire une œuvre belle. Selon Kant, si les règles ne préexistent pas à l'œuvre, c'est que chaque œuvre d'art, en suivant ses propres règles, réinvente notre manière de percevoir un même objet. Il ne s'agit pas d'inspiration divine, mais de capacité à exprimer le beau pour lui-même. Alors que dans le cas de l'objet artisanal ou industriel, la fonction de l'objet dicte par avance sa forme, dans l'art, la forme de l'objet ne reçoit aucune règle fonctionnelle ou utilitaire : seule l'exigence de la belle forme s'applique.

Au paragraphe 46 de la *Critique de la faculté de juger*, Kant donne une définition du génie : c'est « *le talent qui donne ses règles à l'art* ». C'est, autrement dit, une forme d'esprit qui consiste à produire une œuvre, non pas sans règles, mais en fonction d'une cohérence interne qui apparaît à l'intérieur même de l'œuvre. *La mort de Sardanapale*, peinte par Delacroix en 1827, ignore les règles de la perspective et des proportions anatomiques. Mais il y a une règle interne qui unifie le tableau : une dramatisation qui met la figure immense du roi Sardanapale, statique, au centre de scènes de fureur rendues plus intenses par le contraste des couleurs.

Il semble donc que si l'art peut se passer de règles conventionnelles établies à l'avance, elle exige néanmoins une forme de cohérence interne. N'est-ce pas ce qui s'appelle le style ?

Pour aller plus loin

Kant est de ceux qui pensent que le beau est universel ou, plus précisément : « *ce qui plaît universellement sans concept.* » Le beau ne se réduit pas à l'agréable. Quand on dit « chacun ses goûts », on ne parle pas du beau mais de l'agréable qui plaît aux sens : un parfum, une couleur, un plat préféré, etc.

Ainsi le beau ne se contente pas de parler aux sens ; mais, à travers les sens, le spectacle du beau fait jouer ensemble l'entendement (qui produit des concepts) et l'imagination (qui produit des images) sans se réduire à aucun des deux. C'est le plaisir provoqué par ce libre jeu qui est universel, c'est-à-dire qui *peut* parler à tout homme. Kant reconnaît volontiers que, *de fait*, on ne s'entend pas sur le beau. Mais, *en droit*, on peut demander l'assentiment de tous : en ce sens, le beau a une portée universelle.

Le blog de Laurence Hansen-Love a le mérite de donner une série de définitions précises qui permet de mieux s'orienter dans les textes de Kant :

http://hansenlove.over-blog.com/article-5607744.html

Analyse et méthode

Il s'agit de la deuxième partie de notre plan. Dans la première partie, nous avions défini l'art comme *mimesis*. Nous reprenons ici le sens général des Beaux-arts : l'art est *la recherche du beau pour lui-même*. Il ne s'agit plus de représenter et de rendre hommage à la nature, simplement par l'application de techniques d'imitation, mais de se servir de la nature comme support à l'expression du beau – ce qui explique que la personnalité de l'artiste commence à prendre de l'importance puisqu'il n'est pas simplement un technicien ou un artisan, mais un *créateur*. C'est ce que nous verrons dans l'explication de texte d'Alain.

Beaucoup de débats qui ont lieu encore aujourd'hui autour de l'art contemporain et des nombreuses tentatives pour briser le cadre traditionnel de l'art tournent justement autour du dépassement de la seule recherche de la beauté. Cela fait partie des enjeux à bien saisir pour affronter les problèmes de philosophie de l'art.

3. L'artiste donne à l'œuvre sa propre règle interne : ce qu'on appelle le style

Il semble malaisé de définir le style. N'est-ce pas la manière dont l'esprit de l'artiste s'incarne et se reconnaît dans une œuvre ? Devant un violon construit par Antonio Stradivari, ne dit-on pas : « c'est un stradivarius » comme si l'esprit de l'artiste, par son talent technique, se faisait connaître lui-même à travers son œuvre ? Si l'œuvre vaut à travers le style que l'artiste parvient à imposer à son sujet, alors le style devient la règle que l'artiste se fixe librement. Le style deviendrait-il la règle ultime de l'art, quand toutes les autres règles sont dépassées ?

Pour Hegel, la valeur d'une œuvre d'art tient au fait que, au-delà de la forme particulière qu'elle représente, elle dit quelque chose d'universel : « *L'œuvre d'art n'est pas simplement représentation universelle, mais incarnation déterminée de celle-ci ; mais en ce qu'elle procède de l'esprit et de l'élément spirituel de la représentation, elle se laisse nécessairement parcourir, en dépit de sa vie offerte à la vision sensible, par ce caractère de l'universel.* » Par exemple, un portrait dépeint toujours une figure particulière, comme le portrait de *L'homme au gant* de Titien, achevé en 1523, représente un modèle anonyme. Pourtant, à travers ce modèle particulier, c'est l'universel qui est exprimé, quelque chose d'intangible : celui de la jeunesse et de l'ambition, mêlé d'une ombre d'inquiétude. Ce n'est pas l'existence historique du jeune homme qui intéresse le peintre ici, comme on fait le portrait officiel d'un monarque. Mais c'est un trait de l'humanité elle-même. Le portrait constitue ainsi une incarnation de l'esprit universel dans une forme particulière.

Cette synthèse entre esprit et matière, par laquelle l'universel habite le particulier, est un premier élément par lequel nous définissons le style. Il ne s'agit plus ici de règles formelles de composition ou de proportion. Obéir à la règle de l'art, ce n'est pas simplement appliquer des codes. C'est chercher les moyens pour faire apparaître l'esprit dans le sensible : il s'agit d'une distorsion de la représentation de la nature, laquelle ne vaut plus ni pour elle-même ni pour le beau qu'elle contient, mais pour l'intention de l'artiste qui la gouverne.

Pour aller plus loin : la question du style

En 1852, dans une lettre fameuse à Louise Colet, Flaubert décrit le projet à l'origine de *Madame Bovary* : « *Ce que je voudrais faire, c'est un livre sur rien, un livre sans attache extérieure, qui se tiendrait de lui-même par la force interne de son style.* » Ce qu'il entend par là, c'est l'identification la plus forte possible entre le fond et la forme. « *Plus l'expression se rapproche de la pensée, plus le mot colle dessus et disparaît, plus c'est beau. Je crois que l'avenir de l'Art est dans ces voies* », écrit-il. Le style, selon Flaubert, apparaît quand la forme est totalement justifiée par le fond. L'art peut se passer de toutes les autres règles, si elle conserve cette règle ultime.

Conseils du prof

En lisant les copies du baccalauréat qui traitent de philosophie de l'art, on a trop souvent l'impression que toute l'histoire de l'art se résume à deux œuvres : *la Joconde* et *Guernica* ! Naturellement, ces œuvres sont d'une importance capitale dans l'histoire des arts. Mais vos arguments seront beaucoup plus convaincants si vous montrez que vous avez une culture artistique un peu plus étendue. Peinture, sculpture, architecture, musique, etc. : c'est le moment de dépasser la *culture populaire* et de se servir de la *culture classique*, pour montrer que vous avez la capacité de vous élever au-dessus de votre époque et de vos goûts personnels, vers une vision plus générale de l'art à travers son histoire.

Idéal/réel

Pour Hegel, l'art constitue un point de rencontre entre l'idéal et le réel. L'idéal, c'est l'Esprit, tel que la raison peut le saisir à travers le concept. L'histoire, et en particulier l'histoire de l'art, n'est rien d'autre que ce processus rationnel universel au cours duquel l'idéal se réalise, au sens où ce dernier apparaît dans la matière brute en lui donnant une forme.

Il y a donc une *nécessité interne* à l'œuvre, qui répond à l'exigence de l'incarnation de l'esprit dans une forme sensible particulière. En 1929 dans ses *Lettres à un jeune poète,* Rilke ne dit pas autre chose en conseillant à un jeune homme de produire un art poétique authentique : « *Ne prêtez attention qu'à ce qui s'éveille en vous et placez-le au-dessus de tout ce que vous observez autour de vous* ». Ce qui s'éveille dans l'artiste, c'est cette urgence et cette nécessité interne à s'exprimer.

De même, dans *Cyrano de Bergerac* d'Edmond Rostand, le comte De Guiche propose à Cyrano de soumettre sa tragédie *Agrippine* au cardinal de Richelieu, en précisant qu'il lui « *corrigera seulement quelques vers* ». « *Mon sang se coagule en pensant qu'on y peut changer une virgule* », répond sèchement Cyrano, qui donne ensuite sa version de la règle que l'artiste doit suivre : « *N'écrire jamais rien qui de soi ne sortît, // et modeste d'ailleurs, se dire : mon petit, // sois satisfait des fleurs, des fruits, même des feuilles, // si c'est dans ton jardin à toi que tu les cueilles* ». La qualité d'une œuvre ne dépend plus alors que de cette seule règle : l'authenticité, c'est-à-dire qu'aucun mot, aucun geste n'est gratuit. La règle de l'art n'est plus alors dans l'œuvre, mais dans l'artiste : la forme de l'œuvre s'adapte parfaitement à ce qu'il veut dire de lui-même.

Conclusion

Quelle que soit l'hypothèse que nous avons envisagée, le constat a été sans appel : l'art ne saurait se passer de règles. Mais tout le problème porte bien sur la nature de ces règles. Nous avons l'impression que l'art est dépourvu de règle, et donc de valeur, dès que celles-ci ne correspondent plus au but que nous assignons à l'art. Si l'art se définit comme *mimesis,* alors les compétences techniques d'imitation et de reproduction de la nature sont primordiales. Si l'art est défini comme recherche du beau, c'est alors au génie, c'est-à-dire la faculté de l'esprit à utiliser la nature pour un autre but qu'elle-même, qui prédomine. Mais si l'art répond avant tout à un besoin d'expression de l'artiste, alors c'est le style qui le gouverne : c'est-à-dire la manière dont, en répondant à une nécessité intérieure, l'esprit de l'artiste va s'incarner dans une matière particulière. C'est sa règle qui donne à l'art sa forme.

Particulier et universel

Si en art chaque détail est nécessaire, cela signifie que rien n'est arbitraire ou gratuit. Chaque note d'une mélodie, chaque mot d'un poème, chaque touche de couleur d'une toile se justifie, par le sens que l'artiste donne à son œuvre. Le respect de cette nécessité interne est la condition de l'inscription de l'universel au cœur du particulier.

Voilà qui peut nourrir un autre débat : on entend souvent les critiques d'art dire à propos des œuvres qu'ils plébiscitent : « Voilà une œuvre d'une étonnante modernité », ou « une œuvre très actuelle »... Mais en disant cela, il faut faire attention à ne pas juger une œuvre seulement parce qu'elle parle à une époque particulière. Ce n'est pas par sa *modernité* ou son *actualité* qu'elle a de la valeur, car on la réduirait ainsi à l'esprit d'une époque. C'est au contraire parce qu'elle est *intemporelle* ou *inactuelle* – autrement dit, en raison de son universalité. Une œuvre populaire ou à la mode peut bien vite sombrer dans l'oubli, alors que d'autres, n'ayant pas un succès immédiat, traversent les âges. C'est pour cela qu'on dit que certaines œuvres sont « classiques » : elles se détachent de leur époque et de leur culture, et parlent à l'esprit humain en général.

Analyse et méthode

Dans cette troisième partie, nous suivons ce qui nous semble être la définition générale actuelle de l'art : l'expression de soi. Nous sommes là aux antipodes de la conception de l'art qui conduisait notre première partie, comme imitation de la nature. En prenant le contrepied de la première partie, nous montrons comment la définition de l'art dépend de la conception que nous nous faisons de la place de l'homme au sein de la nature, et de faire de l'universel le fondement de la règle de l'art.

Ainsi ce n'est pas la nature elle-même qui est l'objet de l'art : mais le for intérieur de l'artiste. C'est ce que le peintre Paul Klee décrit dans sa *Théorie de l'art moderne* : « *L'art ne reproduit pas le visible [c'est-à-dire la nature] ; il rend visible* ».

Le travail rend-il libre ?

Introduction

Les livres d'histoire du XXe siècle montrent parfois cette photographie de l'entrée des camps de concentration et d'extermination nazis, où figure l'inscription « Arbeit macht frei » : « le travail rend libre ». Le sens de cette inscription, cynique et cruelle, utilisée depuis longtemps par le parti hitlérien, ne laisse pas de nous interroger. Elle renvoie à une conception du travail comme une activité digne et noble, qui nous libérerait de la soumission à autrui en nous permettant d'assumer par nous-même les exigences de sa subsistance.

Pourtant, le sens originel du mot « travail » est bien éloigné de la vision morale qu'on peut s'en faire aujourd'hui. Le travail désigne en premier lieu la transformation ou le changement d'état subi par un matériau : on parle ainsi du travail du bois par le menuisier. Mais on peut aussi « être travaillé » par une idée, par une inquiétude ; de même, une femme qui s'apprête à donner naissance est « en travail ». Malgré les applications les plus diverses qu'on peut donner au mot « travail », il recouvre à chaque fois une contrainte, une soumission inévitable à une forme de souffrance.

Apparaît dès lors une contradiction dans notre conception du travail. Il est libérateur au sens où par le travail nous échappons à la simple survie et nous nous assurons une existence digne et sereine. Mais il est tout autant une *peine*, c'est-à-dire un effort continuellement répété, source de souffrances. Comment expliquer une telle confusion ? L'hypothèse est que, sous le mot même de « travail » soient dissimulées deux réalités bien différentes l'une de l'autre. D'une part, le *labeur*, c'est-à-dire la soumission de l'homme à la nécessité d'assurer sa subsistance. D'autre part, l'*œuvre*, c'est-à-dire l'activité créatrice à travers laquelle il se réalise. Parler de travail, n'est-ce pas toujours assimiler ces deux occupations, pourtant opposées l'une à l'autre ? Quelle serait, dès lors, l'essence même du travail ? Est-ce plutôt le labeur, ou plutôt l'œuvre ? Afin de démêler cette confusion, il faudra examiner les deux cas l'un après l'autre pour savoir s'ils contiennent une dimension libératrice, puis s'il n'est pas possible de les rassembler, notamment grâce à l'organisation sociale du travail.

1 Analyse du sujet

D'abord une remarque étymologique. 99 % des dissertations sur le travail évoque le latin *tripalium*, les trois pals sur lesquels on accrochait le supplicié, comme origine latine du mot, mais sans jamais expliquer son influence sur le sens contemporain du mot. Là encore, il ne faut pas donner l'impression de sombrer dans des lieux communs qui ne sont jamais interrogés, mais montrer que vos remarques sont toujours utiles. Si vous voulez évoquer l'étymologie, c'est parce que cela sert votre propos, et non parce qu'elle constituerait une sorte de passage obligé.

Remarquons enfin que la notion de technologie, rattachée au travail dans les séries générales, n'est pas directement impliquée. Nous la retrouverons dans l'explication de texte d'Alain.

2 Ce qui fait problème

La forme du problème est équivalente à celle du chapitre suivant sur l'État. Il consiste à interroger le rapport d'une notion à la liberté, et ainsi d'explorer les différents sens de l'idée de liberté. On peut en effet considérer que cette notion est centrale dans le programme, et se trouve impliquée dans beaucoup de problèmes. Suivant le sens qu'on accorde au mot travail (labeur ou œuvre), on peut lui assigner ou non une fonction libératrice. Alors que la liberté peut s'entendre ici en deux sens : absence de contrainte ou vecteur de réalisation de soi, il va s'agir de rapprocher chacun de ces sens, et tenter de les unir dans la question de l'organisation sociale du travail. La solution va se trouver dans l'idée qu'au fond le travail est une affaire collective avant d'être individuelle.

3 Annonce du plan

Là encore, l'annonce du plan n'est pas excessivement développée : elle a d'abord une fonction rhétorique, donner une idée de ce qui va suivre sans trop en dévoiler, afin de maintenir l'intérêt du lecteur.

1. le labeur est aliénant,
2. mais en tant qu'œuvre, le travail permet la réalisation de soi,
3. malgré tout, l'organisation sociale reconduit l'aliénation du labeur à travers l'œuvre.

1. Le travail entendu comme labeur est aliénant

Travailler répond d'abord à la nécessité humaine d'assurer sa propre subsistance. L'homme n'est pas un être autosuffisant. Il doit travailler, c'est-à-dire tirer parti du milieu dans lequel il vit. Se loger, se nourrir, se vêtir, sont autant de conditions pour se conserver dans l'être. Travailler, c'est survivre, c'est-à-dire satisfaire nos besoins biologiques fondamentaux : c'est cette exigence que nous appelons *le labeur*.

Voici comment, dans la Bible, le livre de la Genèse explique la nécessité du labeur. Après qu'Adam et Ève ont mangé du fruit de l'Arbre de la connaissance, Dieu prononce contre Adam le châtiment suivant : « *C'est à force de peine que tu tireras du sol ta nourriture tous les jours de ta vie [...] c'est à la sueur de ton front que tu mangeras du pain, jusqu'à ce que tu retournes à la terre d'où tu as été pris : car tu es poussière et tu retourneras poussière.* » Puis, contre Ève, il dit : « *Je ferai qu'enceinte tu sois dans de grandes souffrances, et que tu enfantes dans la douleur.* »

Le mythe nous donne ici à comprendre les deux caractères qui rattachent le labeur à la condition humaine. D'abord son caractère pénible : il est source de souffrance en soumettant le corps à des douleurs inévitables et continuelles. C'est d'abord le cas pour les femmes enceintes, qui ressentent les douleurs de l'enfantement : comme si la venue au monde *devait* se faire par la douleur, comme pour annoncer les tourments qui accompagnent l'existence humaine. D'ailleurs, les salles d'accouchement ne s'appellent-elles pas « salles de travail » ?

La seconde caractéristique du labeur est la répétition. C'est bien « tous les jours de sa vie » qu'Adam est contraint de travailler. Autrement dit le travail est le fondement permanent de la subsistance. En ce sens, comment le labeur pourrait être libérateur de quelque manière que ce soit ? Il est conçu comme un châtiment : nous sommes condamnés au labeur si l'on veut espérer survivre. Le labeur serait alors et avant tout une aliénation, au sens où il nous soumet corps et âme : le corps endolori par l'effort physique ; l'âme étouffée par le caractère répétitif de la besogne. Le travail est alors synonyme de *peine*, c'est-à-dire de souffrance occasionnée par l'effort.

Analyse et méthode

Dans ce plan dialectique, la première partie va consister à dire que le travail entendu comme labeur est *aliénant*, c'est-à-dire qu'il soumet notre volonté la volonté de quelqu'un (un maître) ou de quelque chose d'autre : en l'occurrence, l'exigence naturelle de la conservation de soi. Cette idée de conservation va de la simple survie à la recherche du luxe, définie par l'accumulation et l'amélioration des moyens de subsistance.

Le travail comme labeur

Le labeur est un mot qui disparaît du langage courant. Il a été remplacé par celui de « travail ». Mais on parle encore d'un « travail laborieux », ou d'un « collaborateur ». D'ailleurs, on appelle bien « Parti travailliste » le *Labor Party* anglais ! Le mot « travail » a même remplacé le mot « étude ». D'un point de vue grec, on ne devrait jamais dire à un élève qu'il *travaille*. Bien au contraire : il *étudie !* C'est-à-dire qu'il est *libéré* du souci de sa subsistance... Vous voyez comment les mots peuvent avoir un sens bien différent du sens habituel !

Pour aller plus loin

Il est possible de dégager une dimension positive au labeur. Nous la trouvons par exemple dans la seconde lettre de l'apôtre Paul aux Thessaloniciens. Paul est confronté au problème des disparités économiques au sein de cette communauté chrétienne : est-il normal que certains travaillent pour les autres ? Paul rappelle à cette communauté ce qui s'était passé lorsqu'il était venu les visiter : « *Nous ne nous sommes fait donner par personne le pain que nous mangions, mais de nuit comme de jour nous étions au travail dans le labeur et la fatigue, pour n'être à la charge d'aucun de vous [...]. Et quand nous étions près de vous nous vous donnions cette règle : si quelqu'un ne veut pas travailler, qu'il ne mange pas non plus.* » (III, 8-10) Il y a, autrement dit, une forme de noblesse à ne pas dépendre d'autrui, mais à assumer par soi-même sa subsistance.

Comment serait-il possible de se libérer du labeur ? Aristote y répond notamment dans la *Politique* : certains sont par nature esclaves. L'esclave appartient à un maître du fait même « *qu'il n'a la raison en partage que parce qu'il la perçoit chez les autres, mais il ne la possède pas lui-même.* » Autrement dit, le citoyen grec est un homme libre parce qu'il dispose de la raison grâce à laquelle il s'élève vers les activités les plus nobles, comme la philosophie et la politique. Il se libère du labeur en le laissant aux esclaves qui, eux, y sont naturellement disposés.

Pourtant, si le labeur ne recouvre pas pour autant toute la réalité du travail, ne doit-on pas examiner l'idée que la peine et l'effort puissent déboucher sur un sentiment de satisfaction ou, en tout cas, un sentiment positif ? L'idée que le travail ne serait pas une aliénation, mais au contraire une tâche noble, doit également être examinée.

2. En tant qu'œuvre, le travail peut être libérateur comme vecteur de la réalisation de soi

Il semble naturel d'évaluer la qualité d'un travail par la qualité de ce qu'il produit, c'est-à-dire l'objet qui résulte de l'effort du travailleur. Dans le *Capital* Marx revient sur cette idée. Quelle est la différence entre une araignée qui tisse sa toile avec une rapidité et une efficacité déconcertantes, et un mauvais tisserand ? Le travail du mauvais tisserand a bien plus de valeur que celui de l'araignée, car c'est « *une manifestation de l'esprit humain. [...] L'œuvre exige pendant toute sa durée, outre l'effet des organes qui agissent, une attention soutenue, laquelle ne peut elle-même résulter que d'une attention constante de la volonté.* » Par l'acquisition de compétences manuelles et intellectuelles, par l'apprentissage de la patience et de la discipline, l'artisan *s'accomplit.* Il devient un homme capable de se maîtriser lui-même et de maîtriser la nature. L'œuvre produite n'est pas tant l'objet manufacturé que sa propre humanité.

Le travail libère l'artisan parce qu'à travers lui, son être s'approfondit et s'élargit : Il s'approfondit par l'acquisition d'une plus grande conscience de soi ; il s'élargit parce que l'esprit du travailleur se matérialise dans les objets qu'il produit et qui, de cette manière, deviennent une partie de lui-même.

Pour aller plus loin

Au chapitre III de *Condition de l'homme moderne*, Hannah Arendt revient sur les chapitres 3 à 7 de la *Politique* d'Aristote et la théorie de l'esclavage en voyant bien la juste indignation qu'elle peut provoquer. Mais, dit-elle, « *il faut se garder de toute illusion rétrospective.* » Elle montre que c'est pour se libérer de l'aliénation du labeur que les Grecs avaient institué l'esclavage : « *Il fallait avoir des esclaves à cause de la nature servile de toutes les occupations qui pourvoyaient au besoin de la vie [...] Travailler, c'était l'asservissement à la nécessité, et cet asservissement était inhérent aux conditions de la vie humaine* ».

Loisir, repos, oisiveté

Il ne faut pas confondre *loisir, repos* et *oisiveté* !

– *Le loisir* s'oppose à l'oisiveté car il consiste à se livrer à l'étude et aux activités à travers lesquelles nous nous réalisons intellectuellement et socialement. D'ailleurs le mot loisir reprend le sens du terme grec « skolè », qui nous a donné « scolaire » et « école ». Cela peut paraître paradoxal, mais par définition le temps scolaire est un temps de loisir, c'est-à-dire libéré de la contrainte aliénante du labeur...
– *L'oisiveté*, en revanche, est synonyme de vacances (être *vacant*, c'est être *vide*) : c'est un temps gratuit qui n'est dédié à aucune activité spécifique. Se consacrer au loisir ou à l'étude (ce qui revient au même), ce n'est donc pas être oisif !
– *Le repos*, à l'inverse, s'oppose au loisir et se rattache au labeur car il définit le temps nécessaire à la reconstitution des forces de travail.

Le travail comme œuvre

De nos jours, il y a l'idée implicite que le travail nous permettrait de nous réaliser en tant qu'individu. En travaillant, par exemple à travers une activité salariée, nous assurons notre subsistance, mais nous contribuerions également à une œuvre : celle de l'entreprise qui nous emploie. Cela est encore plus fort en anglais, où « travailler » se dit « to work », c'est-à-dire littéralement, *œuvrer* !

Or dans le *Manifeste du Parti communiste*, Marx et Engels dénoncent le marché de dupe qui fait que le travail est désormais devenu une vaste entreprise d'aliénation et ne permet plus au travailleur de se réaliser lui-même tout en produisant une œuvre qui lui appartient. C'est que le travailleur devient un *ouvrier* ou un *salarié* : c'est-à-dire qu'il ne s'appartient plus lui-même, mais appartient à ceux qui, possédant les machines sur lesquelles s'effectue le travail, lui achètent sa force de travail : « *Contraints de se vendre au jour le jour, [ils] sont une marchandise au même titre que tout autre article de commerce* ». Le simple fait de ne pas posséder l'objet produit par le travail et donc de ne pas pouvoir y incarner sa conscience, sa maîtrise de soi et du monde, est le point de départ du détournement du sens du travail, qui passe d'une activité libératrice à une forme d'oppression.

Le travail devrait rendre libre, on prétend encore que c'est le cas, mais c'est là une escroquerie révoltante aux yeux de Marx. On peut estimer, par exemple, que l'ouvrier a besoin de travailler une demi-journée pour gagner de quoi renouveler sa force de travail – c'est-à-dire se reposer et se nourrir pour pouvoir retourner travailler le lendemain. C'est ce que Marx nomme le *travail nécessaire* : « *Si une demi-journée de travail suffit pour faire vivre l'ouvrier pendant vingt-quatre heures, il ne s'ensuit pas qu'il ne puisse travailler une journée tout entière. La valeur que la force de travail possède et la valeur qu'elle peut créer, diffèrent donc de grandeur. C'est cette différence de valeur que le capitaliste avait en vue, lorsqu'il acheta la force de travail.* »

Pour le même prix, l'ouvrier ne va pas travailler six heures, mais douze heures *au minimum*. C'est sur ce *surtravail*, cette force de travail supplémentaire qu'il ne rémunère pas, que le Capital crée de la plus-value et s'enrichit. Marx et Engels remarquent que la société est désormais entièrement organisée autour de la recherche de plus-value et de la domination humaine et économique du Capital, solidifiant et garantissant le processus d'aliénation de l'ouvrier. Ne serait-il pas possible de penser un renversement de ce processus, et de parvenir, par une réorganisation sociale, de retrouver ce qui fait la dimension libératrice de l'œuvre ?

Le Capital

S'il y a un concept qui est galvaudé aujourd'hui, c'est celui de Capital. Il faut ici le repréciser à travers les enjeux philosophiques qu'il contient. D'abord, Marx insiste sur le fait que le Capital ne désigne pas des personnes – on pense ici aux « patrons » ou aux bourgeois. Mais, écrit avec un « C » majuscule !, il désigne, non une « puissance personnelle », mais un système, une « puissance sociale. » Cette puissance peut s'expliquer par la pression économique que les bourgeois, qui détiennent les moyens de production, font peser sur les travailleurs pour augmenter le surtravail et dégager de la plus-value. Il peut être ainsi mobilisé autour des notions :

- **d'histoire** (la lutte des classes qui oppose les ouvriers à la bourgeoisie profitant du Capital est le moteur de l'histoire) ; c'est la fameuse première phrase du *Manifeste du Parti communiste* : « *L'histoire de toute société jusqu'à nos jours est l'histoire de luttes de classe.* » L'opposition entre bourgeois et prolétaires ne fait que continuer l'opposition historique entre opprimés et oppresseurs.
- **de conscience** (c'est face au Capital que les ouvriers prennent conscience de leur intérêt de classe et du fait qu'ils sont, justement, des ouvriers !) : « *Avec le développement de l'industrie, le prolétariat ne fait pas que s'accroître en nombre ; il est concentré en masses plus importantes ; sa force augmente et il en prend mieux conscience. [...] Le véritable résultat de leurs luttes est moins le succès immédiat que l'union de plus en plus large des travailleurs.* »
- **d'État** (c'est par l'instauration d'un État communiste que la lutte des classes sera accomplie). En ce sens l'État a un *rôle moral* : celui de rendre le travail à celui auquel il appartient légitimement : « *Le prolétariat se servira de sa suprématie politique pour arracher peu à peu à la bourgeoisie tout capital, pour centraliser tous les instruments de production entre les mains de l'État, c'est-à-dire du prolétariat organisé en classe dominante.* »

3. Pourtant, l'organisation sociale reconduit l'aliénation du labeur en s'organisant autour de la production

Quand on évoque « le travail » en général, on ne parle pas seulement de l'activité laborieuse elle-même. Sous ce terme est aussi comprise l'organisation sociale qui rend possible cette activité. Si l'on veut que la production soit la plus efficace possible, il faut que la société permette une répartition du travail à la fois légitime et efficace.

Dès 1772, dans *De la richesse des nations,* Adam Smith affirme que la mécanisation et la division du travail ont deux avantages remarquables. Le premier est l'abrégement notable du labeur. Cela est rendu possible en assignant à chaque ouvrier la tâche la plus simple possible : « *En conséquence de la division du travail, l'attention de chaque homme est naturellement fixée tout entière sur un sujet très simple.* » Car plus la tâche est simple et répétitive, moins elle requiert d'attention, et plus elle est faite rapidement et efficacement. Le deuxième avantage est la mécanisation qui *facilite* le labeur : « *Une grande partie des machines employées dans des manufactures où le travail est le plus subdivisé ont été originellement inventées par de simples ouvriers qui appliquaient toutes leurs pensées particulières à trouver les moyens les plus courts et les plus aisés de remplir leur tâche particulière.* »

Face aux ouvriers, les « *savants et théoriciens ne font rien et observent tout* », car ils ont la puissance intellectuelle suffisante pour avoir une vue synthétique de l'organisation du travail, et sont ainsi légitimes pour mettre en œuvre la division du travail. La dépendance devient donc étroite entre chaque travailleur, et cette dépendance constitue le fondement du lien social. C'est ce que Durkheim n'a pas manqué de voir dans *De la division du travail social :* « *Chacun dépend d'autant plus étroitement de l'autre que le travail est plus divisé [...], l'unité de l'organisme est d'autant plus grande que cette individualisation des parties marquée. En raison de cette analogie, nous proposons d'appeler organique la solidarité due à la division du travail.* » Le travail comme organisation crée une *unité sociale organique,* où chacun a besoin du travail des autres.

Analyse et méthode

La troisième partie consiste à dépasser l'alternative labeur/œuvre qui risquerait autrement de s'avérer stérile. Car une fois que ces deux aspects ont été analysés, que pouvons-nous en faire ? Il faut trouver ou bien un dénominateur commun ou bien un moyen de les dépasser. Nous choisissons la seconde option en identifiant dans le travail une dimension politique et sociale. Ce n'est pas le travail qui, par essence, serait ou non libérateur : c'est la façon dont la société l'organise. Il devient très intéressant de mettre en rapport l'analyse libérale et l'analyse marxiste de la division et la mécanisation du travail dans nos sociétés industrialisées.

Conseils du prof

Il ne faut pas hésiter à vous engager personnellement dans votre dissertation. Si vous avez des convictions politiques (sociales, libérales, anarchistes, conservatrices, peu importe...), alors mettez-les au service de votre réflexion et ne croyez pas que votre correcteur jugera plus sévèrement votre devoir s'il n'a pas les mêmes convictions que vous. Une conviction politique est comme une conviction religieuse ou philosophique : elle fait vivre votre pensée. *En revanche, attention !* Cela ne signifie pas que vous puissiez vous contenter d'asséner des opinions politiques ou partisanes sans qu'elles soient au service d'une authentique réflexion. Se contenter de dire « Marx a raison, vive la lutte des classes ! » ou « le communisme est l'une des pires tragédies de l'humanité », voilà qui dévaloriserait cruellement votre pensée, et c'est cela que le correcteur pourrait vous reprocher. Comment faire, alors ? Utiliser vos convictions comme des outils *au service d'un problème philosophique*. Vous serez bien plus convaincants en montrant combien elles sont efficaces pour argumenter, au lieu de les imposer.

Pourtant, dans la distinction entre ouvriers laborieux et savants intellectuels, ne retrouvons-nous pas l'organisation grecque antique entre hommes libres doués de raison d'une part, et d'autre part esclaves privés de raison, naturellement dépendants de leurs maîtres ? Dans cette société organique, la domination d'une catégorie sur une autre est reproduite et reconduit l'aliénation.

De surcroît, dit Marx, chaque ouvrier réduit à une tâche très simple ne maîtrise pas la chaîne entière de production ; il devient un ouvrier parcellaire, décérébré, qu'il définit de la manière suivante : « *L'individu lui-même est divisé, transformé en un mécanisme automatique d'un travail partiel, réalisant ainsi la fable stupide où l'on voit un homme représenter un simple fragment de son propre corps.* » En effet, si l'œuvre est libératrice, c'est bien parce qu'elle rend l'homme maître de lui et du monde qui l'entoure. Or le travail parcellaire dû à l'organisation du travail rend impossible l'acquisition de cette maîtrise. Pour éviter cette destruction de l'individu, c'est toute l'organisation du travail qui doit être repensée ; et si le travail peut être libérateur, cela ne serait possible que par l'organisation et la structure *organique* de la société qui l'abrite.

Conclusion

Le travail rend-il libre, ou faut-il se libérer du travail ? Ces deux questions témoignent bien de l'ambivalence de cette notion. Le travail étant indéfectiblement lié à la condition humaine, ce qu'on en fait – ou ce qu'il est possible d'en faire – contribue à définir ce que nous sommes. Soumis au labeur, nous sommes condamnés à assurer une subsistance qui ne renvoie à rien d'autre qu'elle-même : le labeur aliène notre existence. Toutefois si nous avons le loisir de nous consacrer à une œuvre, nous gagnons à la fois la maîtrise de nous-mêmes, celle de la nature, et du même coup nous prenons vivement conscience de la valeur de notre existence : voilà la dimension libératrice du travail. Sa fonction libératrice est de surcroît doublée dès lors que cette conscience permet de saisir combien elle dépend de l'organisation économique de la société. Ainsi l'examen philosophique du travail implique une dimension politique : faire qu'au-delà de la simple exigence de subsister, tout travail devienne une œuvre.

Technique et division du travail

La notion de technique n'intervient dans ce chapitre qu'à travers la mécanisation et la division du travail. La mécanisation facilite le travail au sens où, en suppléant aux faiblesses physiques ou intellectuelles des individus, elle prolonge la puissance humaine de produire. En ce sens, elle favorise le progrès humain en augmentant la domination humaine sur la nature. Mais elle suppose aussi une coopération des travailleurs, et cette coopération s'exprime par la division du travail. La division abrège le travail : une heure de travail pour dix ouvriers associés est plus productive que si chacun travaillait une heure séparément.

En ce sens, la technique est libératrice quand elle permet, comme le disait Arendt à propos de l'esclavage chez Aristote, « d'éliminer le travail des conditions de la vie ». De son côté, Marx affirme que si la technique est la propriété d'une minorité de « savants et théoriciens », alors elle devient inévitablement instrument social de domination d'une minorité sur une majorité.

Pour aller plus loin

Le film de Charlie Chaplin de 1936, *Les Temps modernes*, semble être une référence cinématographique incontournable de la notion de travail. Et en effet, la scène au cours de laquelle Charlot reste prisonnier du geste qui consiste à visser des écrous illustre la déshumanisation dans la division du travail pensée par Adam Smith :

https://www.youtube.com/watch?v=annT8EKq9ws

Beaucoup d'autres extraits peuvent être mobilisés. Par exemple un extrait d'un très beau documentaire de 2013 réalisé par David Gelb, *Jiro Dreams of Sushi*. Renommé dans le monde entier, Jiro Ono explique qu'il s'accomplit dans la recherche de perfection dans son art. Le film souligne l'idée que l'individu se réalise dans le travail, la caméra passe du regard, au bras, à la main qui coupe, puis qui dépose le petit sushi filmé à la fois comme prolongation du regard et objet infiniment précieux :

https://www.youtube.com/watch?v=VU17Zyode3w

Obéir à l'État, est-ce renoncer à sa liberté ?

Introduction

Dès le moment où nous parlons de liberté, nous ne sommes jamais loin d'une dangereuse confusion. Parle-t-on de la liberté d'agir comme on le désire, ou de la liberté de se délivrer de l'esclavage de nos désirs ? Et quelle que soit la manière dont on l'entende, la question de savoir si obéir à l'État revient à y renoncer présuppose qu'elle est déjà donnée, et qu'obéir, dans tous les cas, signifie la sacrifier.

Pourtant, cette liberté déjà donnée est tout sauf évidente. Sans État qui fixe des lois régulant les comportements individuels, ne tomberions-nous pas dans l'état de nature, c'est-à-dire le règne des passions où le plus fort impose son désir ? L'État interviendrait alors comme une institution dont la mission serait de mettre fin à l'état de Nature en assurant la paix civile. Grâce à lui, les individus pourraient compter sur une force publique pour assurer la paix civile. Il se comprendrait donc comme un pouvoir supra-individuel capable de faire passer la société d'un agrégat d'individus où la seule organisation est celle des rapports de force, à une communauté, c'est-à-dire un groupe autour d'un bien commun. Ce bien commun, c'est d'abord cet ensemble de lois qui s'impose à tous.

Toutefois, dans le but de maintenir un ordre social, l'État se donne les moyens de contraindre les individus à lui obéir, d'agir selon sa volonté, notamment par l'usage de la force. Or s'il nous force à lui obéir, comment peut-il dans le même temps garantir notre liberté ? Il semble incompréhensible de penser que l'État puisse tout à la fois protéger ma liberté d'agir et me forcer à y renoncer en m'imposant ses lois. Tout le problème est donc de savoir si l'État est un instrument politique de libération ou d'asservissement.

Nous allons voir que tout dépend de la nature de l'État envisagé, de sa légitimité à nous demander de lui obéir, mais aussi de l'étendue de la mission qui lui est confiée. Mais, en obéissant à l'État, si nous perdons notre liberté « naturelle » d'agir comme nous le désirons, ne gagnons-nous pas dans le même temps une autre liberté : une liberté civile, qui garantit que nos biens et nos personnes seront protégés par la force publique ? L'enjeu est donc de savoir quelle liberté est perdue et quelle liberté est gagnée.

1 Analyse du sujet

L'État protège la liberté individuelle autant qu'il la menace : c'est à ce paradoxe que l'analyse du sujet doit nous permettre de parvenir. Pour le mettre en évidence, on peut évoquer l'*état de nature* (déjà évoqué lors du chapitre 3 sur *autrui*), qui est un concept qu'on retrouve notamment chez Hobbes, Locke et Rousseau, trois penseurs du pacte social. L'état de nature renvoie à une société sans loi ni structure autres que celles qui se font spontanément parmi les hommes. Dans le *Leviathan*, lu de très près par Locke et Rousseau (qui vont s'y opposer chacun à leur manière comme on va le voir), Hobbes présente comme une urgence absolue de sortir de l'état de nature en mettant en place une autorité civile qui ne dépende pas de la volonté d'un individu particulier imposant son désir aux autres, mais d'une organisation politique. Il y aurait, naturellement, des hommes nés pour commander et d'autres nés pour servir : c'est à cette conception que s'opposera Rousseau, pour qui l'expression « droit du plus fort » est une contradiction dans les termes. Ce n'est pas par un *droit* que le fort m'impose sa volonté, mais par une contrainte physique ou morale.

2 Formulation du problème

Formuler le problème posé par le sujet consiste à mettre en évidence le rôle paradoxal de l'État. Les défenseurs d'un État fort le présentent comme un rempart contre la barbarie humaine. Les détracteurs de l'État en font un instrument d'asservissement des individus à un pouvoir qui n'est jamais vraiment légitime. Il faut savoir naviguer entre ces différentes conceptions et pouvoir les analyser en mettant en avant les raisons qui les poussent à définir l'État de telle ou telle manière. Le développement va consister à interroger plusieurs conceptions différentes de l'État.

3 Annonce du plan

1. Avec Hobbes : Quelle légitimité l'État détient-il ?
2. Avec Locke : Quel type d'État pour quelle liberté ?
3. Avec Rousseau : Peut-on rester totalement libre tout en obéissant à l'État ?

1. Quelle légitimité l'État détient-il ?

Comment le recours à un pacte social permet-il d'instaurer un État légitime et de justifier son recours à la force en vue du bien commun ? Si l'histoire regorge de régimes arbitraires, reposant simplement sur la loi du plus fort, il existe, depuis le XVIIe siècle au moins, l'idée que des hommes peuvent s'entendre entre eux *librement* pour instaurer un État et mettre fin à l'état de nature. C'est ce qu'on appelle le contractualisme, qui postule qu'un État légitime est le produit d'une convention, c'est-à-dire d'un accord passé entre tous les citoyens.

Tout au long du processus qui institue un tel pacte, les citoyens ne sont pas des esclaves soumis à l'autorité d'un maître qu'ils n'ont pas choisi. Au contraire, ils se mettent d'accord pour que chacun reconnaisse l'autorité et la légitimité d'une autorité souveraine. Il n'y a donc pas de vaincu, comme dans le cas d'une prise de pouvoir violente (invasion ou conquête), puisque chacun obéit de la même manière au souverain. C'est ce que nous pouvons retenir de la formule du pacte social que nous trouvons au chapitre XVII du *Leviathan* de Hobbes : « *J'abandonne mon droit de me gouverner à cet homme ou à cette assemblée d'hommes, à la condition que tu lui abandonnes ton droit et autorises toutes ses actions de la même manière* ». Chacun se soumettant « *de la même manière* » à l'autorité d'une même personne morale, tous concourent à l'instauration d'un État souverain légitime. Tous choisissent de lui garantir leur obéissance et de renoncer à leur liberté à son profit.

La fondation d'un État sur un pacte social relève donc d'une démarche rationnelle, et donne lieu à l'institution d'un *droit civil* : on entend par là un ensemble de lois auquel tout le monde fait le choix de se soumettre. Autrement dit, obéir à un État, c'est bien renoncer à une liberté d'action totale, mais pour en gagner une autre. Pour bien comprendre à quelle liberté nous renonçons et quelle liberté nous gagnons, nous pouvons nous appuyer sur cette formule de Hobbes dans un autre ouvrage, *Du Citoyen*. La première partie est bien connue, mais la seconde est presque toujours oubliée : « *Ces deux formules sont vraies : l'homme est un loup pour l'homme, et l'homme est un dieu pour l'homme* ». Comment expliquer cette phrase ?

Analyse et méthode

C'est la première question à se poser pour répondre à notre problème. Être *légitime*, c'est avoir le droit avec soi. L'État a-t-il le droit de nous demander de lui obéir ? La réponse à cette question va conditionner notre réponse finale. On rentre ainsi dans l'hypothèse présupposée par le sujet, que nous avions mentionné dans l'introduction : nous aurions une liberté première et naturelle, à laquelle nous renoncerions pour nous soumettre à un État et obéir à ses lois.

Pour aller plus loin

Les penseurs que l'on appelle « contractualistes » ont tenté, chacun à leur manière, d'incarner dans une formule l'engagement de chaque citoyen au sein du pacte social. Celle de Hobbes mérite d'être analysée : tous les citoyens deviennent égaux devant la loi du fait qu'ils abandonnent à l'État leur liberté naturelle. Locke et Rousseau, pour décrire leur propre conception du pacte social, ne pourront pas faire l'impasse sur celle de leur prédécesseur. Ils devront se positionner par rapport à lui, et en proposer une formulation tout aussi précise.

Conseils du prof

Vous vous souvenez de la formule de Hobbes : « l'homme est un loup pour l'homme » ? Elle n'a de sens que si elle est complète et comprend la seconde partie : « l'homme est un dieu pour l'homme », qui renvoie au bonheur ici-bas épicurien (voir le ch.1). Cela donne déjà une idée de la conception politique de Hobbes : il ne s'agit pas de préparer son bonheur dans l'au-delà (c'est le projet politique d'une chrétienté), mais dans cette vie. De cette manière, vous montrez à votre lecteur que vous ne vous contentez pas de répéter des expressions trop connues et qui, de ce fait, ont perdu leur sens, mais que vous les avez proprement étudiées et comprises.

Par ailleurs nous faisons ici pour la première fois la distinction entre liberté naturelle et liberté civile. Nous y reviendrons par la suite, car cette distinction est l'argument principal de la solution que nous allons apporter à notre problème.

Sans État, l'homme jouit d'une « *liberté entière mais infructueuse, parce que, comme elle donne le privilège de faire tout ce que bon nous semble, aussi laisse-t-elle aux autres la puissance de nous faire tout ce qui leur plaît* ». L'homme est un loup pour l'homme parce que rien ne le contraint à respecter sa parole et à faire preuve de justice. Chacun cherche à assurer sa survie par la domination de tous les autres ; aucune *division du travail* n'est possible puisque celle-ci suppose la confiance mutuelle. La liberté civile permet à l'inverse « *la jouissance de son droit particulier* » c'est-à-dire l'assurance de la protection de sa vie et de ses biens. L'homme devient alors *un dieu pour l'homme* car le droit civil ainsi instauré met fin à la guerre de tous contre tous, et la justice civile instaure la confiance nécessaire à la coopération, qui conduit à la prospérité économique et morale, et donc au bonheur.

Avec Hobbes, la réponse à la question de la soumission à l'État est sans appel : en obéissant en tout à l'État souverain, nous gagnons une autre forme de liberté, la liberté civile, synonyme de paix et de prospérité. Mais n'y a-t-il pas une disproportion entre l'obéissance totale requise de la part de chaque citoyen, et la liberté civile strictement encadrée ? L'État n'a-t-il pas trop de pouvoir si les citoyens ne sont plus que des sujets soumis à un pouvoir souverain ?

2. La paix civile est-elle possible avec un État réduit voire inexistant ?

N'est-il pas possible de penser un État avec un pouvoir limité, qui laisse aux citoyens une plus grande part de liberté et demande moins d'obéissance ? Dans son *Second Traité sur le gouvernement civil*, Locke accorde à l'État un pouvoir limité et proportionnel à sa mission : prolonger le droit naturel des individus à défendre leurs biens et leur personne, et exercer en leur nom le droit de punir. L'État de Locke est *libéral* : il ne demande pas à l'individu de renoncer à sa liberté naturelle : « *Les hommes quitteraient-ils la liberté de l'état de nature pour se soumettre à un gouvernement où leur vie et leurs biens ne seraient point en sûreté ? On ne saurait supposer qu'ils aient l'intention ni même le droit de donner à un homme ou à plusieurs un pouvoir absolu et arbitraire sur leurs personnes et sur leurs biens* ».

Pour aller plus loin

Il peut sembler paradoxal que Hobbes parte d'un pacte social pour légitimer le pouvoir discrétionnaire d'un monarque absolu. Il ne faut cependant pas perdre de vue que son problème est de légitimer un pouvoir fort, de manière à écarter le moindre risque de trouble social. Malgré tout, cette paix civile se fait au prix des libertés individuelles. C'est ce que beaucoup d'auteurs, à commencer par Locke et Rousseau, reprocheront à Hobbes.

L'émission radiophonique de François Châtelet : « Une histoire de la raison », compare les doctrines et la conception de l'état de nature que se font Hobbes et le philosophe John Locke, que nous étudierons dans la deuxième partie comme penseur de l'État libéral. En voici un extrait :

http://www.ina.fr/audio/00759160/thomas-hobbes-et-john-locke-audio.html

Analyse et méthode

Ce paragraphe de transition fait le lien entre la première et la deuxième partie. Nous avons vu comment le pacte social légitime l'obéissance à l'État. Mais si cette obéissance ne doit pas être totale, alors quelle extension lui accorder ? Dans quel cadre doit-elle s'appliquer ? N'y a-t-il pas une certaine part de liberté naturelle que nous devrions conserver ? C'est le délicat équilibre entre liberté naturelle (le désir) et liberté civile (le droit) qu'il nous faut trouver.

Légal / légitime

Le pouvoir du souverain peut être *légal* sans pour autant être *légitime*. Il est *légal* tant qu'il respecte la forme du droit positif, c'est-à-dire des lois civiles particulières adoptées par un corps législatif. Mais être légitime, c'est autre chose : non pas respecter un droit positif, mais c'est être juste par rapport à un droit naturel, c'est-à-dire un droit qui ne dépende pas d'une juridiction particulière mais de valeurs morales universelles (nous rejoignons ici le chapitre 5 sur la morale).

Du point de vue de Locke, le souverain hobbesien peut bien être légal s'il est issu d'un pacte social ; mais il ne saurait être légitime puisqu'il bafoue le droit naturel des individus.

Dès lors, quand l'État demande qu'on lui obéisse et qu'on se soumette à lui, il devient le grand adversaire. C'est le cas pour les *libertariens*, qui affirment la nécessité d'un *État minimal*. Son rôle se limite à la protection physique des individus ; il se tient strictement hors de toute question sociale, économique et morale. Par exemple aux États-Unis, le groupe d'inspiration libertarienne *T.E.A. Party* (« *Taxed Enough Already* »), affirme que l'État n'est pas légitime à réguler le marché du libre-échange, et encore moins à lever des impôts, car l'argent gagné, fruit du travail de chacun, lui appartient en propre : personne ne peut venir en saisir autoritairement une partie. Assurer la sécurité des biens et des personnes doit être la seule mission de l'État ; au-delà son rôle n'est plus légitime.

Le refus libertaire d'obéir à des lois arbitraires, partage avec le refus libertarien de payer des taxes indues, une idée commune : celle de contester à l'État la faculté de créer un *ordre juste*. Cela signifie qu'il est *toujours* injuste de priver quelqu'un de sa liberté à décider par lui-même comment conduire sa vie. Pour le libertaire, si obéir à l'État n'est rien d'autre que renoncer à sa liberté de vivre comme on l'entend, alors la seule solution pour éviter ce sacrifice insupportable est tout simplement de se passer d'État ! En 1840, Proudhon, dans son ouvrage *Qu'est-ce que la propriété ?*, a cette formule célèbre : « *L'anarchie, c'est l'ordre sans le pouvoir, une forme de gouvernement sans maître ni souverain* ». Sans État, les individus doivent pouvoir s'organiser en petits comités autogérés, où chaque citoyen décide des lois à la fois collectivement et pour lui-même, sans aucune soumission à un État centralisateur exigeant son obéissance. De cette absence de domination surgira une conscience du bien collectif sans sacrifice de la liberté individuelle.

L'ordre social ne peut être *juste*, s'il se réduit à la volonté d'un État tout-puissant qui se substitue à la liberté individuelle et qui, parce qu'il est *le maître*, décide à quoi les individus auront droit. La soumission à l'autorité suprême de l'État demeure, et le paradoxe n'est toujours pas résolu entre ces deux idées apparemment incompatibles, la sauvegarde de la liberté et l'obéissance à l'État.

Analyse et méthode

L'idée d'*ordre juste* continue à faire débat en politique. Elle est centrale dans cette partie, puisque c'est elle qui va rendre légitime ou pas la renonciation à notre liberté. Mais sa définition est bien délicate ! Tout dépend l'usage que l'État fait du pouvoir qu'il reçoit de l'obéissance des citoyens. S'il utilise son pouvoir dans l'intérêt de ceux qui le lui ont donné et qui lui obéissent, et non pas pour les asservir, alors l'ordre qu'il impose peut être dit « juste ». D'où l'argument qui suit, celui d'État-providence.

Conseils du prof

Il est vivement conseillé de prendre des exemples politiques, pour éviter que le sujet reste trop abstrait. Par exemple, pour un mouvement aussi controversé que le *TEA Party*, il faut être capable de rappeler ses principales revendications, même si ce n'est pas le lieu de les condamner ou d'en faire la promotion : philosophiquement parlant, cela n'apporterait rien à votre réflexion.

Encore une fois, il est tout à fait possible que vos propres opinions politiques transparaissent malgré vous dans votre réflexion. Mais, de même que sur la morale ou sur la religion, n'allez surtout pas croire que votre correcteur vous noterait en fonction d'accords ou de désaccords supposés ! Mais il remarquerait l'affaiblissement de votre argumentation si celle-ci se transformait tout d'un coup en vibrant plaidoyer politique.

Libertaire / anarchiste

Ici, nous n'avons pas distingué le sens du mot « libertaire » et celui du mot « anarchiste » : ces distinctions sont complexes et évoluent beaucoup au fil de l'histoire. Nous pouvons simplement retenir que l'anarchisme est une idée générale qui rassemble plusieurs courants libertaires (dont celui du russe Bakounine ou celui du français Proudhon) qui réclament tous l'abolition de l'État, mais proposent chacun des solutions différentes, articulant autogestion, autodétermination et fédéralisme.

3. Peut-on rester totalement libre tout en obéissant à l'État ?

Obéir à l'État sans renoncer à sa liberté, n'est-ce pas contradictoire ? C'est cette contradiction que Rousseau cherche à résoudre dans son *Contrat social.* Chez Hobbes le pacte social instituait un maître incontestable, imposant sa volonté et garantissant ainsi la paix civile. Mais l'idée même d'avoir un maître est odieuse à Rousseau. Pour lui, obéir à l'État doit revenir obéir à un autre soi-même, qui veut la même chose que nous. Selon la formule célèbre du *Contrat social* : « *chacun se donnant à tous ne se donne à personne, et comme il n'y a pas un associé sur lequel on n'acquière le même droit qu'on lui cède sur soi, on gagne l'équivalent de tout ce qu'on perd, et plus de force pour conserver ce qu'on a.* »

Que signifie cette phrase ? Il faut que, dans la société, il y ait une *égalité parfaite* de droits, y compris pour le souverain. Car dire que la loi s'applique à tous, ou qu'elle est la même pour tous, ce n'est pas la même chose. Un régime aristocratique, par exemple, ne prévoit pas les mêmes droits pour chaque individu. Si la loi donne à certains des droits particuliers, l'égalité est rompue. Mais dès que chacun jouit exactement des mêmes droits et des mêmes devoirs que tous les autres, alors personne ne peut imposer sa volonté à autrui et exiger de lui obéissance. La mission de l'État est quant à elle sauvegardée : la force commune permet d'assurer la sécurité de chacun et de ses biens, sur un pied d'égalité.

Nous retrouvons ici la distinction, qui se révèle décisive, entre liberté naturelle et liberté civile. Rousseau est *contractualiste* parce qu'il pense, comme Hobbes et comme Locke, l'abandon volontaire d'une forme de liberté naturelle (totale chez Hobbes, partielle chez Locke) au profit d'une liberté civile. L'originalité de Rousseau est que la liberté civile est incomparablement plus précieuse que la liberté naturelle. Alors que la seconde nous maintient dans l'animalité, la première nous donne la faculté de nous déterminer à travers des lois qui ne sont pas seulement celles de notre intérêt ou de notre désir immédiat, mais des lois qui se justifient par la raison. Obéir à l'État, c'est obéir à la raison : il n'est donc jamais question de renoncer à sa liberté, mais bien de la *gagner.*

Dernière occurrence de notre **référence suivie**. Vous voyez qu'elle nous a beaucoup servi ! Nous mesurons ici toute la portée de la pensée de Rousseau, à partir du constat initial de l'amour de soi. À partir de ce sentiment naturel et aveugle, le cours de l'histoire fait que l'homme développe sa raison. Or ce développement peut conduire à deux sociétés différentes. En premier lieu une société inégalitaire, injuste et corruptrice. C'est celle où la raison a perverti l'amour de soi pour le muer en amour propre, et qui nous fait préférer notre propre personne au dépend d'autrui. C'est la seconde partie du 2e *Discours*.

Mais il y a un deuxième type de société possible, où la raison *fortifie* la pitié et l'amour de soi : non pas comme à l'état de nature par une identification spontanée à autrui, mais par un mouvement de l'esprit qui me fait comprendre que je fais partie du même corps social que lui, et que nous partageons un même *intérêt général*. Par exemple, si mon intérêt particulier, en tant qu'individu, est de ne pas payer d'impôts, mon intérêt *en tant que citoyen* est de contribuer avec tous les autres à la bonne santé du corps social. La raison m'amène à dépasser mon être individuel et physique, ma conscience s'élargit à tout le corps social : l'identification avec autrui n'est plus une projection imaginaire, mais une *réalité*.

État de nature selon Rousseau

Amour de soi et pitié
L'homme isolé, est « stupide et borné », « nul et bête »,
prisonnier de son sentiment.
(1re partie du 2e *Discours*)

↓

Apparition de la vie en société et de la raison…

↓	↓
…OU BIEN…	…OU BIEN…
↓	↓
Qui pervertit l'amour de soi en amour propre et crée les inégalités sociales (2e partie du 2e *Discours*)	Qui aide à la formation intellectuelle et morale des individus (*Émile ou de l'éducation*)
↓	↓
Corruption des mœurs, de la nature humaine et malheur (*Discours sur les sciences et les arts*)	Perfectionnement humain grâce à la conscience d'une appartenance commune → élévation morale et bonheur (*Du Contrat social*)

Obéir aux lois de la raison, c'est obéir à quelque chose de supérieur en nous, c'est se hisser, à partir de l'« animal stupide et borné » de l'état de nature, à la condition d'homme libre : c'est, en un mot, se perfectionner. Les lois de l'État, dictées par la raison, donnent ainsi à l'action humaine une valeur et une dignité supplémentaires.

Une idée répandue est qu'on renoncerait à notre liberté dès le moment où nous consentirions à l'égalité civile, à ne pas avoir plus que les autres. Être contraint à avoir le même statut, ne pas pouvoir espérer avoir plus de biens, de droits ou de privilèges que les autres, voilà qui ne semble pas répondre aux nombreuses ambitions humaines. Nous retrouvons ici le présupposé identifié dès le début de notre introduction : celle que la liberté serait déjà donnée, et qu'il nous appartiendrait de la conserver ou de la transférer à l'État. C'est le contraire pour Rousseau : notre liberté est *civile*, produite par notre obéissance à l'État, c'est-à-dire à nous même, mais de manière indirecte. Obéir à l'État, c'est répondre à la voix de la raison en inventant une liberté civile qui rend possible le progrès humain.

Conclusion

Obéir à l'État nous demande de renoncer à une certaine liberté, mais pour en gagner une autre. En effet, nous avons vu que l'État n'est pas seulement un pouvoir de domination. Il l'est, certes, dès que le pouvoir qu'il exerce sur les individus leur impose un maître qu'ils n'ont ni voulu ni choisi. Mais renoncer à une *certaine forme* de liberté ne veut pas nécessairement dire se soumettre totalement à un maître. Car l'État peut également constituer un pouvoir de libération. Dès qu'il garantit l'égalité de tous devant la loi, il n'y a plus de maître. Lui obéir, ce n'est plus alors renoncer à sa liberté – mais ça n'est pas non plus la conserver, comme si elle préexistait à notre vie sociale. Obéir à l'État, ce n'est rien d'autre qu'*inventer* une nouvelle forme de liberté, une liberté civile qui n'existe pas à l'état de nature, qui permet l'organisation et l'enrichissement collectif. Obéir à l'État, c'est gagner la plus importante des libertés, comme le disait Rousseau : la « *seule rend l'homme vraiment maître de lui ; car l'impulsion du seul appétit est esclavage, et l'obéissance à la loi qu'on s'est prescrite est liberté.* »

Analyse et méthode

Ce passage célèbre est tiré du 6e chapitre du livre I du *Contrat Social*. Comme toujours, il ne faut surtout pas se contenter de citer le passage, mais montrer qu'on cherche à l'expliquer soigneusement *dans la perspective du sujet*. Il faut montrer comment l'idée de Rousseau nous aide à résoudre notre problème. Nous sommes là au cœur de l'exercice de la dissertation : ou comment appliquer sa culture générale et philosophique à la résolution d'un problème précis.

Le plus difficile, lorsqu'il s'agit de développer l'analyse d'une citation aussi importante, est de ne pas sombrer dans la tentation d'expliquer la citation pour elle-même et de faire de la récitation de cours. Pour ne pas tomber dans ce piège, il faut tâcher d'expliquer la citation en reprenant les termes même de la question posée par le sujet.

Pour aller plus loin

La seule manière pour la liberté civile d'être juste, c'est de se fonder sur une égalité civile réelle entre les individus. Au début du 20e siècle, c'est ce que pensait le philosophe Alain dans ses *Éléments d'éthique politique* : « *Qu'est-ce que le droit ? C'est l'égalité. [...] Et les lois justes sont celles qui s'ingénient à faire que les hommes, les femmes, les enfants, les malades, les ignorants soient tous égaux. Ceux qui disent, contre le droit, que l'inégalité est dans la nature des choses, disent donc des pauvretés* ».

L'égalité imposée à tous par le droit n'est pas l'adversaire des libertés individuelles, mais ce qui les rend possibles. L'obéissance à l'État, si elle permet l'égalité des droits entre des individus dont les inégalités naturelles sont criantes, demande certes qu'on lui sacrifie notre liberté naturelle : mais c'est pour en gagner une plus grande, une liberté civile qui, comme le disait Rousseau, nous fait véritablement devenir des hommes.

Un sujet semblable a été traité en 2008 dans l'émission *Les Nouveaux chemins de la connaissance :*

http://blog.franceculture.fr/raphael-enthoven/un-homme-libre-peut-il-obeir-1

Explications de texte

Alain, *Propos sur l'art*

Explication de texte : Alain, séries technologiques.

Il reste à dire maintenant en quoi l'artiste diffère de l'artisan. Toutes les fois que l'idée précède et règle l'exécution, c'est industrie (1). Et encore est-il vrai que l'œuvre souvent, même dans l'industrie, redresse l'idée en ce sens que l'artisan trouve mieux qu'il n'avait pensé dès qu'il essaye ; en cela il est artiste, mais par éclairs. Toujours est-il que la représentation d'une idée dans une chose, je dis même d'une idée bien définie comme le dessin d'une maison, est une œuvre mécanique seulement, en ce sens qu'une machine bien réglée d'abord ferait l'œuvre à mille exemplaires. Pensons maintenant au travail du peintre de portrait ; il est clair qu'il ne peut avoir le projet de toutes les couleurs qu'il emploiera à l'œuvre qu'il commence ; l'idée lui vient à mesure qu'il fait ; il serait même plus rigoureux de dire que l'idée lui vient ensuite, comme au spectateur, et qu'il est spectateur aussi de son œuvre en train de naître. Et c'est là le propre de l'artiste. Il faut que le génie ait la grâce de nature, et s'étonne lui-même. Un beau vers n'est pas d'abord en projet, et ensuite fait ; mais il se montre beau au poète ; et la belle statue se montre belle au sculpteur, à mesure qu'il la fait ; et le portrait naît sous le pinceau.

ALAIN

(1) industrie : ici, habileté technique.

Questions

1° Formulez la thèse de ce texte et montrez comment elle est établie.

2° En vous appuyant sur les exemples du texte ou d'autres que vous choisirez, expliquez :

a. «l'œuvre souvent, même dans l'industrie, redresse l'idée» ;

b. «la représentation d'une idée dans une chose [...] est une œuvre mécanique seulement» ;

c. «l'idée lui vient à mesure qu'il fait».

3° Est-ce l'œuvre qui révèle à l'artiste ce qu'il fait ?

Les enjeux du texte

Le philosophe Alain (1868-1951) ne s'appelait pas réellement Alain, mais Émile Chartier. C'est une des figures de la philosophie française du début du 20e siècle. Il représente en quelque sorte l'esprit républicain, athée, parfois anticlérical, de cette époque. Engagé volontaire pendant la Première Guerre Mondiale, il s'est intéressé à tous les grands domaines de la philosophie, métaphysique, philosophie politique, morale, et philosophie des arts.

Notre extrait est tiré du chapitre VII du *Système des Beaux-Arts*, publié en 1920. Alain y défend l'idée que l'œuvre n'est pas d'abord pensée ou imaginée par l'artiste. Au contraire, celui-ci ne maîtrise ce qu'il fait que jusqu'à un certain point, et l'œuvre ne correspond jamais exactement à ce qu'il avait imaginé avant de l'avoir produite. Alain s'attaque ici au classicisme, une théorie artistique du XVIIe et du XVIIIe siècle. La figure de proue du classicisme français est Boileau (évoqué au chapitre 14). Mais Alain pense sans doute également à un autre auteur, Charles Batteux, auteur en 1746 d'un traité, *les Beaux-Arts réduits à un même principe*.

On a l'impression que le titre même du livre Alain est déjà une réponse à celui de Batteux, qui écrivait en effet que le rôle de l'artiste n'est rien sinon d'imiter la nature comme elle est : « *La nature a dans ses trésors tous les traits dont les plus belles imitations peuvent être composées : ce sont comme des études dans les tablettes d'un peintre. L'artiste qui est essentiellement observateur, les reconnaît, les tire de la foule, les assemble. Il en compose un tout dont il conçoit une idée vive qui le remplit.* »

La nature est *l'unique modèle* de l'art. C'est en l'observant que l'artiste se « remplit » d'une idée qui l'inspire et le conduit à concevoir son œuvre. Il y a donc bien une idée de l'œuvre qui préexiste à sa production. Sa beauté est conditionnée à la perfection de cette idée et à la compétence technique de l'artiste pour la mettre en œuvre.

1° Formulez la thèse de ce texte et montrez comment elle est établie

L'artiste jouit d'un statut bien particulier. Les œuvres qu'il produit ne se réduisent pas à leur valeur matérielle, ou à leur utilité. En soi, une coupe n'a de valeur que dans la mesure où elle sert à boire. En ce sens elle n'est pas une véritable œuvre d'art, mais un simple objet qu'un artisan peut reproduire. En revanche, un artiste peut voir dans la coupe autre chose que son usage. Il va la façonner et la décorer, lui donner une forme singulière en se libérant du souci de sa seule utilité. Il va en faire un objet unique.

Pourtant, qu'est-ce qui distingue en réalité l'artisan de l'artiste ? Ainsi que leur nom l'indique, ce sont tous les deux les maîtres d'un « art ». Or l'art, à l'origine, définit un seul type d'activité : la maîtrise d'un savoir-faire, d'une habileté technique. Le peintre en bâtiment et l'artiste-peintre ne sont pas différents au sens où ils savent mieux qu'un autre *comment* peindre.

Il devient difficile d'expliquer ce qui apparaissait pourtant comme une évidence, à savoir cette différence de nature entre l'activité artisanale et l'activité artistique. Puisqu'il s'agit d' « art » dans les deux cas, ne devrait-on pas remettre en cause cette évidence et se résoudre au fait que l'artiste n'est qu'une sorte d'artisan, et que son activité n'est rien d'autre au fond qu'une stricte habileté technique ? Dans l'extrait proposé, Alain va montrer que, au contraire, la technique est une fin en soi pour l'artisan alors qu'elle n'est qu'un moyen pour l'artiste. Le premier *possède* par avance la représentation précise de ce qu'il va produire ; l'artiste quant à lui travaille sans savoir à l'avance quel sera le résultat final. Autrement dit, contrairement à l'artisan, il ne possède pas l'idée du résultat final de sa production avant de l'avoir achevée. En ce sens, son art lui échappe.

Afin de montrer la singularité de l'artiste, Alain va d'abord décrire le travail de l'artisan en montrant que son excellence réside dans la maîtrise de la technique qui lui permet de reproduire à l'identique autant d'objets qu'il le souhaite. Puis il va l'opposer au travail de l'artiste qui ne reproduit rien mais, au contraire, voit son œuvre lui échapper et devancer, pour ainsi dire l'idée qu'il s'en fera.

Analyse et méthode : la première question

La première question est toujours la même. Elle correspond à l'introduction d'une explication de texte. La première partie de la question, « Formulez la thèse du texte », ne consiste pas seulement à redire ce que dit le texte. Une thèse est une réponse : elle n'a de sens qu'au regard de la question qu'elle présuppose. Ainsi, formuler ou dégager la thèse d'un texte, c'est :

1. expliquer le problème, puis
2. décrire la thèse du texte.

Ici, par exemple, Alain dit que l'artiste est différent de l'artisan. S'il prend la peine de le dire, c'est bien que certains prétendent le contraire, à savoir qu'il n'y a pas de différence entre l'artiste et l'artisan.

L'art et la technique

Le texte recouvre exactement un couple de notion, *l'art et la technique*. Si on s'en tient à l'étymologie, l'art et la technique sont une seule et même chose : la maîtrise d'un savoir-faire particulier (voir, là encore, le chapitre 14.) De même qu'un cordonnier sait fabriquer des chaussures et qu'un médecin sait établir un diagnostic, un peintre sait produire des images de la nature : tous trois maîtrisent des techniques complexes. Mais en distinguant l'artiste et l'artisan, Alain affirme que l'art ne se réduit pas à la simple application d'une technique ou reproduction d'un modèle.

Conseils du prof

Lors de la lecture du texte, c'est d'abord la thèse qui apparaît : ce que le texte dit explicitement. Puis, au brouillon, on cherche à formuler le problème : quelle serait *la position contraire* à celle du texte ? Si Alain distingue l'artiste et l'artisan, alors cela ne voudrait-il pas dire que certains les assimilent ? Voilà le type de raisonnement qu'il faut avoir au brouillon.

Mais comment s'y prend-on pour déduire le problème à partir de la thèse ? C'est d'abord et avant tout à l'aide du cours qu'on peut y parvenir. En effet, il en va de la dissertation comme de l'explication de texte. La première question à se poser est de savoir quelles sont les notions engagées.

2° En vous appuyant sur les exemples du texte ou d'autres que vous choisirez, expliquez :

a. « l'œuvre souvent, même dans l'industrie, redresse l'idée »

Le début du texte a consisté pour Alain à définir le travail de l'artisan. L'artisanat est une *industrie.* Il ne faut pas entendre ce mot autrement qu'au sens qu'il a aujourd'hui : la capacité à produire des objets identiques, à partir d'un modèle. Ce modèle, c'est « *l'idée qui précède l'exécution* ». Et, en effet, comment ne pas accepter l'idée que l'artisan sait ce qu'il veut produire avant de commencer à produire ? Par exemple, un couturier est un artisan qui fabriquera une série de chemises, à partir du même tissu, en se basant sur un seul patron. Celui-ci incarne son idée, et la technique, sa capacité à reproduire exactement un même objet.

Le couturier, après avoir conçu théoriquement son vêtement, va alors le *produire,* c'est-à-dire le fabriquer selon l'idée initiale. C'est à ce moment qu'il peut se rendre compte que le patron comportait des défauts, et que le vêtement serait bien mieux taillé s'il en modifiait une mesure, ou s'il changeait la coupe du vêtement à un certain endroit.

Ainsi, dire que l'œuvre redresse l'idée, c'est dire que la production peut corriger l'idée initiale : faire n'est plus seulement copier et imiter, mais acquiert une dimension d'inattendu et de spontanéité. Ce serait dans cette dimension que se logerait l'art de l'artiste.

b. « la représentation d'une idée dans une chose [...] est une œuvre mécanique seulement »

Pourtant, cette faculté de corriger la conception par la production, ne définit pas la nature du travail artisanal. Une fois qu'il a amélioré son patron, le couturier ne fait plus que reproduire à l'identique le premier vêtement. Il ne fait que *suivre* l'idée incarnée dans le patron, au sens il sait à l'avance ce que l'objet fini va être et peut prévoir toutes les phases de la production.

Or suivre une idée, c'est la reproduire, et cela n'est rien d'autre qu'un geste automatique. « *Une machine bien réglée d'abord ferait l'œuvre à mille exemplaires* », dit Alain pour expliciter son idée : le produit artisanal, en ce sens, perd toute valeur singulière, parce que chaque objet a la même valeur que tous les autres.

Analyse et méthode : la deuxième question

La deuxième question vous demandera invariablement d'expliquer quelques phrases du texte. Là encore, c'est exactement le même exercice que l'explication de texte des séries générales : citer une phrase ou un bout de phrase et rendre compte de son sens.

Concrètement, que signifie « expliquer » ? Cela ne veut pas dire commenter et dire autre chose que le texte. Cela ne veut pas dire non plus reformuler et répéter le texte autrement. Cela veut dire : décrire la raison pour laquelle l'auteur l'a écrit et quel a été le souci qui a motivé sa rédaction. Autrement dit, rapporter le particulier au général : comment une phrase particulière participe-t-elle au sens global du texte ?

Conseils du prof

Pour expliquer une phrase du texte, vous ne devez pas l'isoler mais, au contraire, décrire les rapports qu'elle entretient avec le reste du texte. Il s'agit de répondre à la question : de quelle manière la phrase participe à la construction de la thèse ? Il ne faut pas non plus oublier la première partie de la question, qui demande de s'appuyer sur des exemples. Ici nous choisissons l'exemple de la couture, qui peut à la fois être un artisanat et un art.

Pensez aussi, même si vous distinguez les questions, à créer un lien entre elles. Ce ne sont pas des questions indépendantes les unes des autres, mais elles servent seulement à guider la réflexion. Pour cette raison, il est fortement déconseillé d'y répondre dans le désordre, parce qu'elles suivent linéairement le plan et le raisonnement du texte.

Pour aller plus loin

Souvenez-vous, nous avions évoqué au chapitre 14 l'idée de Hegel selon laquelle l'art consiste à « spiritualiser » la matière en donnant à un matériau la forme d'une idée. C'est exactement cette idée qui se retrouve critiquée par Alain. Bien loin d'y reconnaître l'œuvre de l'Esprit, il ne voit dans l'artisanat qu'un processus automatique et sans réelle conscience.

c. « l'idée lui vient à mesure qu'il fait »

Par opposition à l'artisan qui ne fait que reproduire la forme donnée par un modèle, l'artiste, quant à lui, ne sait pas vraiment ce qu'il fait. Il part, non pas d'une *conception* de ce que sera l'œuvre, comme nous l'avons vu pour l'artisan, mais d'une *intention* : il sait ce qu'il a à dire, mais à l'inverse de l'artisan, il ne dispose pas de règle qui trace à l'avance le chemin de la production. C'est après qu'il a mis dans son œuvre ce qu'il voulait y mettre qu'il peut voir la forme que l'œuvre a prise.

On connaît par exemple ce mouvement du peintre qui, à chaque instant, presque à chaque coup de pinceau, s'éloigne de quelques pas de sa toile pour embrasser l'ensemble d'un seul regard. C'est là un geste purement artistique : il ne sait pas exactement en quoi chaque tache de couleur modifiera la toile. C'est après avoir vu l'ensemble qu'il jugera si la forme correspond bien à l'intention, puis la modifiera au besoin. L'art a cette dimension singulière et spontanée qui ne peut être reproduite : chaque œuvre est unique et irremplaçable.

3° Est-ce l'œuvre qui révèle à l'artiste ce qu'il fait ?

Introduction

Dans *Le Chef-d'œuvre inconnu* de Balzac, le peintre Frenhofer révèle à ses deux confrères Porbus et Poussin, le portrait « vivant » d'une femme qu'il a réussi à peindre, expliquant chaque détail de la physionomie. Ceux-ci ne voient qu'un amas de couleurs et de traits. Devant leur incrédulité, Frenhofer découvre avec épouvante qu'il n'y a aucune figure sur sa toile. En croyant peindre une femme, il a en réalité peint tout autre chose : un pur mouvement abstrait. Comment expliquer qu'il ne découvre son œuvre qu'une fois celle-ci achevée et vue par d'autres spectateurs ? C'est tout le problème de l'écart entre l'intention de l'artiste et la forme achevée de l'œuvre qui se pose alors. L'artiste *maîtrise*-t-il parfaitement son œuvre, comme matérialisation d'un projet conscient, ou produit-il quelque chose qui lui échappe et qu'il ne peut comprendre qu'après l'avoir réalisé ? Nous verrons d'abord comment l'œuvre échappe au contrôle de l'artiste qui ne la maîtrise jamais tout à fait, puis comment c'est par son travail laborieux que l'artiste peut être l'*auteur* de son œuvre, à défaut d'en être le *maître*.

1 Analyse et méthode : la « mini-dissertation »

La troisième question donne lieu à bien des incompréhensions. Il ne s'agit pas d'une discussion sur le texte ou d'une continuation de l'explication développée dans les deux premières questions. On suppose au contraire que l'explication du texte a stimulé votre réflexion, de manière à ce que vous puissiez avoir, non pas une simple opinion, mais un avis éclairé et argumenté.

L'intitulé de la troisième question fait souvent référence au problème du texte (ce qui peut être d'une grande aide pour la première question...) et vous demande, tout comme l'auteur du texte, de construire une thèse. En ce sens il s'agit d'une *véritable dissertation*. L'exigence de problématisation et d'articulation de plusieurs arguments entre eux, afin de présenter une réflexion cohérente et convaincante, est donc essentielle. Bien sûr, il ne va pas nécessairement s'agir de mobiliser un grand nombre de références philosophiques, et le développement de chaque argument ne sera pas aussi approfondi que pour une dissertation en quatre heures. Mais il faudra soigner tout spécialement l'articulation de chaque argument.

Gardez bien à l'esprit que ce que nous présentons ici n'est qu'un modèle résumé, et qu'une dissertation, aussi « mini » soit-elle, doit être la plus détaillée possible !

2 Ce qui fait problème

Le problème est celui qui, dans notre texte d'Alain, était resté sans réponse. En effet, ou bien l'artiste ne sait pas ce qu'il fait : dans ce cas, comment comprendre que l'œuvre puisse avoir un sens ? Ou bien l'artiste sait ce qu'il fait : ce qui veut dire que, malgré tout, il a bien une idée précise préexistant à l'œuvre et en fait un simple produit technique reproductible.

3 Annonce du plan

1. L'œuvre révèle à l'artiste ce qu'il fait parce qu'il n'a pas de plan préétabli : il est « inspiré » ;
2. mais l'artiste compose un œuvre en fonction d'un plan patiemment élaboré ;
3. même si, en définitive, l'œuvre finale ne correspond jamais au plan préétabli.

A. *L'œuvre révèle à l'artiste ce qu'il fait parce qu'il n'a pas de plan préétabli : il est « inspiré »*

Dans *Le portrait de Dorian Gray* d'Oscar Wilde (1890), le peintre Basil Hallward reconnaît devant son ami Lord Henry Wotton que le portrait du jeune Dorian est sans conteste son chef d'œuvre. Pourtant, alors qu'il lui apporterait enfin la célébrité qu'il recherche, Hallward refuse que la toile soit exposée au public : « *J'y ai mis trop de moi-même* », confie-t-il. À ses yeux, l'amour qu'il porte à son modèle, un amour passionné et désespéré, se voit de manière trop flagrante. Il éclaterait malgré lui aux yeux de tous. Tout semble indiquer alors que sur le moment le peintre ne réalisait pas vraiment ce qu'il était en train de faire. Alors qu'il croyait seulement exécuter un portrait, c'est lui-même que, *sans le savoir*, il peignait à travers la figure d'un autre. Son amour pour son modèle est son *inspiration*. L'inspiration s'oppose à la réflexion et l'application méthodique de règles pour parvenir à un résultat. Face à son œuvre achevée, l'artiste devient alors un spectateur comme les autres. Le rôle du critique, justement, est de voir ce qui, dans l'œuvre, échappe à l'artiste.

Pourtant, si l'œuvre achevée peut révéler à l'artiste une dimension de son œuvre qu'il ne soupçonnait pas, cela ne signifie-t-il pas pour autant qu'il n'en possédait aucun plan initial ?

B. *L'artiste compose une œuvre en fonction d'un projet ou du besoin d'expression qui lui correspond le mieux*

Quand un peintre fait des esquisses, ou quand un compositeur joue d'abord au piano la mélodie avant de l'écrire sur sa portée, ils font un *brouillon* : ils comparent un projet initial avec ce qu'ils peuvent réaliser. Si nous disons que l'artiste est un créateur, par opposition au producteur qui travaille à partir d'un modèle établi, cela ne veut-il pas dire que, par sa volonté, il parvient à donner une forme *hors de lui* au projet qu'il porte *en lui* ? Ainsi, Beethoven, en raison de sa surdité, ne pouvait pas écouter l'œuvre qu'il avait écrite. Il fallait donc bien qu'il ait composé son œuvre mentalement, pour la coucher sur le papier, sans pouvoir faire l'épreuve du résultat musical. Se représenter mentalement une mélodie, cela n'a rien à voir avec le fait de pouvoir l'entendre effectivement.

Analyse et méthode

Bien sûr, il est préférable que chaque partie contienne des références philosophiques issues de votre cours. Mais souvenez-vous également que votre correcteur (qui est avant tout votre *lecteur !*) sera également sensible à ce que vous utilisiez votre culture générale, littéraire et artistique, pour construire vos arguments. Dans le cas de l'art, c'est sur point que nous allons mettre l'accent.

Identique / singulier

Le fait même que l'artiste ne contrôle pas totalement son œuvre explique le fait qu'une œuvre est toujours *singulière*. En effet, une œuvre particulière peut être mécaniquement reproduite, chacune étant *identique* aux autres. Mais une œuvre d'art est *singulière*. Cela signifie que toute reproduction n'aura jamais la même valeur que l'original.

Pour aller plus loin

Le Chef-d'œuvre inconnu est une nouvelle publiée par Balzac en 1831. Au-delà de l'histoire et des personnages, c'est surtout par sa compréhension des enjeux de philosophie de l'art liés à la peinture qu'elle est connue. Le peintre expérimenté et le jeune apprenti Nicolas Poussin ne cachent pas leur admiration pour le travail criant de vie et de vérité du maître Frenhofer. Ce dernier leur révèle que, dans un portrait de femme qu'il a peint, il est parvenu à recréer le mouvement même de la vie et du souffle. Les deux peintres se rendent dans l'atelier du maître, mais découvrent une toile barbouillée avec des traits et des tâches de peintures. Seul, sur le côté de la toile apparaît un pied de femme, « mais un pied vivant ! » Tout se passe comme si Balzac avait pu pressentir comment l'art abstrait, en refusant de représenter des figures naturelles, parvenait à exprimer la dynamique même du vivant.

Vous pouvez télécharger gratuitement la version audio de cette nouvelle : parfois écouter un texte vaut mieux que de le lire !

http://www.litteratureaudio.com/livre-audio-gratuit-mp3/balzac-honore-de-le-chef-doeuvre-inconnu.html

C. L'œuvre finale ne correspond jamais au plan préétabli

L'artiste n'est au fond jamais propriétaire de son œuvre, qui lui échappe toujours. Ainsi Beethoven s'agaçait qu'on puisse tant admirer sa sonate *Au clair de lune*, alors qu'à ses yeux d'autres sonates étaient bien meilleures ! Il semblerait que c'est l'œuvre qui révèle à l'artiste ce qu'il fait, par l'intermédiaire du destinataire de l'œuvre, lecteur, auditeur ou spectateur, qui lui renvoie un regard bien différent de celui qu'il avait sur sa propre ambition. On peut ainsi penser au roman de Bram Stoker, *Dracula*, publié en 1897. Stoker affirmait qu'à travers la figure du vampire il voulait peindre un personnage immoral et repoussant, dépourvu de toute ambiguïté. Or, à peine l'œuvre publiée, il a découvert que son œuvre n'était pas à l'image de ce qu'il avait voulu faire : il avait créé l'un des personnages les plus équivoques de la littérature, à la fois terrible et fascinant.

En ce sens, ce n'est pas tant *l'œuvre elle-même* qui révèle à l'artiste ce qu'il fait : mais c'est la réception de l'œuvre. Tout comme Gustave Eiffel, érigeant sa tour pour l'Exposition universelle de 1889, n'avait pas imaginé qu'elle deviendrait le symbole de la ville de Paris. Ainsi l'œuvre d'art n'appartient pas complètement à son auteur. Elle revient, dès lors qu'elle est achevée, au public qui va ou non lui accorder une valeur, une signification et une portée qui souvent échappe à son concepteur.

Conclusion

L'artiste est *l'auteur* de son œuvre mais il n'en est pas le *maître*. Cela signifie que sa technique lui permet seulement de formaliser des intentions. Le poète sait manipuler le sens et la sonorité des mots comme le peintre sait associer ou mélanger des couleurs. Mais cette technique, qu'on ne maîtrise qu'après de longs et pénibles efforts, n'est que le moyen d'exprimer formellement quelque chose d'obscur tant qu'il reste à l'état de projet. C'est donc une fois achevée que l'œuvre parvient à dire ce que l'artiste ne sentait que confusément. Mais elle ne le fait pas par elle-même. C'est bien plutôt au public que revient cette fonction : c'est son interprétation de l'œuvre qui révèle à l'artiste ce que, parfois malgré lui, il a fait.

Conseils du prof

Pour répondre soigneusement à cette troisième question, il faut avoir du temps ! Chacun organise naturellement son temps selon ce qui lui semble le plus pertinent. Mon conseil, cependant, est de lui réserver la moitié du temps, c'est-à-dire deux heures. Cela n'est pas de trop pour construire un véritable raisonnement. Toute la réflexion initiale a déjà été initiée par l'explication de texte, qui a permis d'appréhender le problème. Reste donc à mettre sur pied des arguments qui permettront d'articuler un véritable raisonnement.

J'attire votre attention sur le fait que beaucoup de devoirs au baccalauréat prennent cette troisième question pour une simple discussion d'opinion, ce qui est à éviter absolument !

Auteur / public / interprète

L'œuvre d'art se fait dans la relation entre trois personnes : l'auteur, le public et l'interprète. Ces trois personnes sont bien séparées dans le cas d'une œuvre musicale ou théâtrale : l'auteur écrit la partition, l'interprète la joue et le public la reçoit. On peut ainsi interpréter une partition en lui attribuant notre humeur du moment. Il arrive parfois que deux de ces personnes soient un seul et même individu. Le visiteur d'une exposition de peinture est à la fois public et interprète : c'est lui qui décide du sens de ce qu'il voit sans l'intermédiaire d'un interprète extérieur qui lui révélerait déjà le sens ou la portée de l'œuvre. Le public, en décidant si l'interprétation est plus ou moins *juste*, crée ainsi une relation dont l'œuvre est médiatrice. Peut-être est-ce cela qui définit sa nature profonde ?

Pour aller plus loin

C'est un lieu commun de croire que le personnage qui a inspiré Dracula est le roi de Valachie du XVe siècle Vlad Tepes. Il n'en est rien ! Le modèle principal de Stoker n'est autre que son patron, le directeur du Lyceum Theater Sir Henry Irving, insupportable et mégalomaniaque. C'est pour dépeindre à quel point ce genre d'homme pouvait être toxique pour son entourage que Stoker a eu l'idée de Dracula.

Aristote, *Éthique à Nicomaque*

Explication de texte

Expliquez le texte suivant. La connaissance de la doctrine de l'auteur n'est pas requise. Il faut et il suffit que l'explication rendre compte, par la compréhension précise du texte, du problème dont il est question.

Nombreux sont les accidents de la fortune, ainsi que leur diversité en grandeur et en petitesse. S'agit-il de succès minimes aussi bien que de revers légers, il est clair qu'ils ne pèsent pas d'un grand poids dans la vie. Au contraire, si on a affaire à des événements dont la gravité et le nombre sont considérables, alors, dans le cas où ils sont favorables ils rendront la vie plus heureuse (car en eux-mêmes ils contribuent naturellement à embellir l'existence, et, de plus, leur utilisation peut être noble et généreuse) et dans le cas où ils produisent des résultats inverses, ils rétrécissent et corrompent le bonheur, car, en même temps qu'ils apportent des chagrins avec eux, ils mettent obstacle à de multiples activités. / Néanmoins, même au sein de ces contrariétés transparaît la noblesse de l'âme, quand on supporte avec résignation de nombreuses et sévères infortunes, non certes par insensibilité, mais par noblesse et grandeur d'âme. Et si ce sont nos activités qui constituent le facteur déterminant de notre vie, ainsi que nous l'avons dit, nul homme heureux ne saurait devenir misérable, puisque jamais il n'accomplira des actions odieuses et viles. / En effet, selon notre doctrine, l'homme véritablement bon et sensé supporte toutes les vicissitudes du sort avec sérénité et tire parti des circonstances pour agir toujours avec le plus de noblesse possible, pareil en cela à un bon général qui utilise à la guerre les forces dont il dispose de la façon la plus efficace, ou à un bon cordonnier qui, du cuir qu'on lui a confié, fait les meilleures chaussures possibles, et ainsi de suite pour tous les autres corps de métier.

ARISTOTE, *Éthique à Nicomaque*

Les enjeux du texte

Dans le *Gorgias*, Platon affirme que c'est en se soumettant à la justice que le bonheur est possible :

> *« POLOS. Que dis-tu ? Si un homme est pris alors qu'il enfreint la justice et qu'il est en train de comploter contre le tyran, que, une fois pris on le torture, on le mutile, on lui brûle les yeux, qu'il est livré à quantité d'autres supplices, terribles et multiples, et qu'il y voit livrés sous ses yeux ses propres enfants et sa femme, que pour finir il est mis en croix, enduit de poix et brûlé vif, cet homme-là sera plus heureux que si, après avoir réussi à s'échapper, il avait accédé à la tyrannie et régné en maître sur la cité en passant son existence à faire ce qu'il veut, envié et proclamé heureux par ses concitoyens et les étrangers ? C'est ça que tu dis «impossible à réfuter» ?*
>
> *[...]*
>
> *SOCRATE. Ils ne seront jamais plus heureux l'un que l'autre, ni celui qui s'est emparé de la tyrannie en enfreignant la justice, ni celui qui expie ses fautes par le châtiment ; tous les deux étant malheureux, il ne pourra pas y en avoir un plus heureux que l'autre. Mais le plus malheureux des deux, c'est celui qui a échappé au châtiment et qui est devenu tyran. Qu'est-ce qu'il y a, Polos ? Tu ris ? »*

Polos rit parce que la thèse de Socrate est bien opposée au sens commun ! Pour le philosophe, notre bonheur est tout à fait étranger au côté plaisant ou désagréable des événements. Si le plus dur des châtiments peut nous aider à expier une faute ou à retrouver la voie de la vertu, alors, il nous éloigne du malheur. De même, un châtiment cruel et illégitime, comme d'être torturé par un tyran, ne flétrit pas notre bonheur, car au moins aurions-nous conscience de souffrir pour la vérité... Aristote (qu'on appelle aussi le Stagirite) va bien sûr prendre le contrepied du *Gorgias* de son vieux maître Platon en montrant qu'on ne saurait faire son bonheur *contre* les événements, et que c'est notre *habileté* à tirer parti d'eux qui va conditionner notre vertu et notre bonheur.

Introduction

Les événements qui se produisent autour de nous, en nous affectant en bien ou en mal, auraient tendance à nous faire croire que notre bonheur ne dépendrait que d'eux. Qu'il se produise des événements qui nous soient favorables : alors ceux-ci nous rendraient heureux, nous permettant de vivre dans le bien. Mais nous jugeons que des événements sont néfastes s'ils nous plongent dans la peine et l'affliction et nous *rendent* malheureux. Est-ce vraiment le cas ? Notre bonheur dépend-il vraiment des événements, des circonstances extérieures à nous ? Quel est leur rôle exact dans la construction de notre bonheur ?

Aristote remet ici en cause l'évidence selon laquelle notre bonheur fluctuerait en fonction des circonstances, favorables ou défavorables, que nous connaîtrions. Ce sont nos actes, ce que nous faisons et comment nous le faisons, qui en constituent plutôt le facteur déterminant. Autrement dit, pour Aristote, les circonstances influent sur notre bonheur dans l'exacte mesure où elles nous permettent d'agir comme nous le voulons, en fonction du bien, dans le but d'assurer notre bonheur.

Dans le texte que nous allons expliquer, Aristote expose cette thèse en l'ordonnant en trois moments successifs. Un premier moment (ligne 1 à 11) consiste à rappeler le rôle des circonstances, qu'Aristote nomme « la fortune », dans notre bonheur. Ce n'est pas un rôle direct : elles pèsent seulement sur notre capacité à agir. Un deuxième moment (ligne 11 à 18) vient pourtant fortement nuancer cette influence : Aristote affirme que le « facteur déterminant » de la solidité de notre bonheur, bien loin de résider dans la fortune, est notre grandeur d'âme, qui guide notre puissance d'agir vers le bien. Enfin, le troisième moment (ligne 18 à 25) précise que tout le talent de l'homme sage consiste à ne pas faire fluctuer sa manière d'agir avec la fortune mais, au contraire, à savoir l'utiliser le plus habilement possible. C'est bien cette constance et cette habileté qu'Aristote appelle « la noblesse de l'âme », et qui découvre au lecteur la condition du bonheur. Le bonheur surgirait de la rencontre entre la sagesse, qui consiste à tirer parti des événements, et de la vertu, qui nous commande d'agir toujours en fonction du bien.

1 Thème

De quoi parle-t-on ici, avant même de savoir quelle est la position défendue par l'auteur ? Nous parlons de *l'origine* et du *fondement* de notre bonheur : de quoi est-ce qu'il dépend, et quel est son point de départ. On vient de voir que ce thème naît de l'opposition entre le fondateur de l'Académie et son ancien disciple, fondateur celui du Lycée. Il sera fondamental dans la morale stoïcienne (cf. le tout premier chapitre !) qui s'inspire fortement du platonisme en la matière. Voyez par exemple la dernière phrase du *Manuel* d'Épictète qui reprend une formule de *L'Apologie de Socrate* où Socrate désigne ses deux accusateurs : « *Anytos et Mélitos peuvent me tuer, mais non pas me nuire* » : tout ce qu'ils peuvent lui faire ne pourra jamais l'atteindre dans sa liberté de penser et de juger.

2 Problème

Le problème d'Aristote est le suivant : on ne peut pas, comme le faisait Platon, dire que pauvre et malade je peux être tout aussi heureux que si je suis riche et bien portant... Les événements influent sur notre bonheur. Pour autant, il ne faut pas tomber de Charybde en Scylla et dire que tout notre bonheur ne dépendrait *que* des événements, car nous serions ainsi réduits à n'être qu'un fétu de paille balloté par les circonstances, incapables d'être maîtres de nous-mêmes.

3 Thèse

Il faut donc trouver un *juste milieu* qui nous permettrait de mettre en évidence la *véritable part* des événements d'un côté, et notre propre responsabilité de l'autre. À ses yeux, si les circonstances ont bien une influence sur notre bonheur, ce ne sont toutefois pas elles qui, seules, le fabriqueraient totalement. Car la première cause de notre bonheur ne dépend de nul autre que de nous-mêmes : c'est notre *noblesse d'âme* et notre *puissance d'agir* qui déterminent notre faculté d'être heureux.

4 Structure du texte

1. L'influence de la fortune sur le bonheur est indirecte mais importante.
2. Le bonheur dépend avant tout de notre puissance d'agir.
3. Le bonheur est rendu possible à la fois par la sagesse et la vertu

1. L'influence de la fortune sur le bonheur

Notre bonheur fluctue-t-il des circonstances extérieures, c'est-à-dire de la fortune ? C'est là, dès le début de notre extrait, la première évidence contre laquelle Aristote s'élève pour montrer qu'il dépend d'abord de nous d'être heureux. Il commence par reconnaître que « *nombreux sont les accidents de la fortune* », ces événements qui nous affectent et mettent en question notre bien-être. Mais pourquoi Aristote commence-t-il par insister sur ce grand nombre d'accidents ? C'est que tous les événements ne nous affectent pas de la même manière. Il y a d'abord les « *succès minimes* » et les « *revers légers* ». Il importe moins que ces événements soient des succès ou des revers, ce qui compte ici est leur degré d'influence. Car dans tous les cas « *ils ne pèsent pas d'un grand poids dans la vie* ». Aristote ne classifie donc pas les événements selon qu'ils nous rendraient directement heureux ou malheureux ou selon qu'ils seraient positifs ou négatifs, mais selon leur « poids ».

Toutefois, et de manière surprenante, Aristote change sa classification et distingue ensuite dans les événements importants ceux qui sont positifs et ceux qui sont négatifs, alors qu'il les confondait quand ils étaient peu importants. Pourquoi changer maintenant le critère de classification ? Les événements importants, « *dans le cas où ils sont favorables ils rendront la vie plus heureuse* ». Aristote est-il en train de dire ici que notre bonheur dépend des événements extérieurs, c'est-à-dire exactement l'inverse de la thèse que nous avions identifiée ?

Les événements positifs « *contribuent naturellement à embellir l'existence* ». Rappelons-nous que le bonheur est défini à *minima* comme le bien grâce auquel nous nous accomplissons. Ce bien, nous pouvons le produire nous-mêmes par nos actes, mais nous pouvons aussi le recevoir de l'extérieur comme un don. Dans ce cas, c'est à un embellissement de notre existence que nous assistons, pour ainsi dire indépendant de notre volonté. Il ne s'agit pas de le recevoir passivement, bien au contraire, mais d'en faire une « *utilisation noble et généreuse* », qui *améliore et élargit mon champ d'action.*

Analyse et méthode

Comment éviter la paraphrase en tâchant d'expliquer que l'embellissement de la vie se fait par l'« *utilisation noble et généreuse* » de notre bonne fortune ?

Il faut d'abord l'aborder à travers une définition négative : la bonne fortune ne favorise pas notre bonheur en nous donnant directement à expérimenter le bien. Mais elle l'accroît surtout en *élargissant et en améliorant notre champ d'action.*

Il faut ensuite mettre en rapport les mots du texte : *élargissement* va avec *générosité* ; et *amélioration* va avec *noblesse.* L'adjectif « généreux » implique en effet un élargissement de notre champ d'action. Si je rencontre par hasard un ami perdu de vue depuis longtemps, cette circonstance favorable me permettra de faire appel à mon sens de l'amitié, à renouer une relation riche et pleine d'agrément. L'adjectif « noble » implique quant à lui une amélioration de mon champ d'action : par exemple, une promotion ou une augmentation de salaire me permettront de verser un peu plus d'argent à des associations caritatives, et ainsi de me « sentir » plus heureux de pouvoir agir selon le bien.

On définit rigoureusement les mots en les rapprochant et en les distinguant les uns des autres. On évite ainsi la paraphrase.

Origine / fondements

La fortune ou l'infortune sont à *l'origine* de notre bonheur, mais n'en constituent pas le *fondement. L'origine* désigne ici la matière première, ou le point de départ de notre propre puissance d'agir. Si j'arrive à agir avec intelligence et habileté – avec « prudence », comme on va le voir par la suite – alors je peux construire mon propre bonheur. C'est donc ma *puissance d'agir raisonnée* qui est le *fondement* de mon bonheur, c'est-à-dire qui est le *principe* de son existence et qui va déterminer sa forme et sa nature. Dire que mon bonheur est soumis à la fortune, c'est dire que celle-ci en est le fondement. Cela revient par conséquent à m'en retirer *la maîtrise* : ce qu'Aristote ne peut pas accepter.

Qu'en est-il des événements défavorables ? Selon Aristote, « *ils rétrécissent et corrompent le bonheur, car en même temps qu'ils apportent des chagrins avec eux, ils mettent obstacles à de multiples activités* ». Si le chagrin réduit mon bonheur, c'est qu'il me place dans des situations où mon champ d'action est limité. Aristote reconnaît donc une influence manifeste de la fortune. Cependant cette influence n'est ni unique ni immédiate. La fortune *ne fait pas* notre bonheur, elle en pose seulement les conditions extérieures. Comment prétendre être heureux si je vis au milieu d'une guerre et que j'ai constamment peur pour ma vie ?

Par conséquent, on aurait tort de croire que notre capacité d'agir et de construire notre propre bonheur ne dépendrait *que* des circonstances extérieures. En effet, croire cela revient à abandonner à la fortune tout pouvoir sur notre bonheur. Au contraire, Aristote dit bien que celui-ci dépend plutôt du champ d'action qui peut être le nôtre. Ce champ d'action ne saurait donc être le produit des seuls événements et des conjonctures. Dès lors, tout le problème d'Aristote va être de montrer comment notre capacité d'agir dépend *bien plus* de nous-mêmes que des circonstances contingentes dans lesquelles nous agissons.

2. Le bonheur dépend avant tout de notre puissance d'agir

Si la fortune influe sur notre bonheur, elle ne le *fonde* pas véritablement. Sur quoi construisons-nous donc notre bonheur ? « *Au sein de ces contrariétés transparaît la noblesse de l'âme* ». La noblesse d'âme nous permet d'être heureux, « *quand on supporte avec résignation de nombreuses et sévères infortunes* ». Comment comprendre cette définition ? Il s'agit d'abord de se trouver confronté aux « *nombreuses et sévères infortunes* » : Aristote reprend ici l'idée des circonstances défavorables qu'il avait développée précédemment et qui, nous nous en souvenons, produisaient un rétrécissement et une corruption de notre bonheur. Ce rétrécissement et cette corruption, il s'agit pour le Stagirite de les « *supporter avec résignation* », c'est-à-dire de ne pas s'efforcer de les changer mais de les accueillir comme elles se présentent, avec lucidité.

Conseils du prof

L'explication doit être à la fois « micro » et « macro » : c'est-à-dire que vous devez tout à la fois vous attacher à la définition et à la distinction des mots mêmes (par exemple noblesse et générosité), et toujours remettre ce travail dans la perspective du projet global de l'auteur. C'est ce que nous faisons ici en rattachant constamment les idées d'activités, de bonheur et de fortune avec la question de leurs rapports de dépendance mutuelle : lequel dépend duquel ?

Pour aller plus loin

L'idée aristotélicienne de prudence (en grec : « phronésis »), également appelée « sagesse pratique », est un apport important de la morale aristotélicienne. En réalité, cette idée renvoie à celle de l'*expérience*, non pas au sens épistémologique (voir le chapitre 9) mais au sens quotidien, quand par exemple nous disons de quelqu'un qui a beaucoup vécu qu'il a « beaucoup d'expérience ». Nous voulons dire par là qu'il a développé une connaissance de la façon dont les événements du monde se déploient, par l'observation des répétitions et la compréhension des causes qui sont à l'œuvre. C'est là une façon de penser typiquement aristotélicienne. Loin de tout grand discours moralisateur ou donneur de leçons, il préfère se concentrer sur l'observation minutieuse des relations entre les événements du monde et les actions humaines.

Dans le cadre de cette explication, on peut en retenir deux choses. La première est qu'Aristote a le souci de ne pas donner une définition générale abstraite du bonheur, et de ne jamais perdre de vue que le bonheur dépend d'abord et avant tout de notre capacité à « rebondir », comme on dit aujourd'hui, sur les événements.

Voyez à ce propos l'excellente page de Simone Banon sur ce propos :

http://www.philolog.fr/aristote-vertu-et-plaisir/

Ainsi que la petite « capsule » de Raphaël Enthoven (tous les autres épisodes de cette petite série sont également très bien faits) :

https://www.youtube.com/watch?v=9nbscrKvDMs

On pourrait objecter à ce moment que l'idée d'accepter les infortunes, bien loin de rendre possible pour nous un bonheur solide et durable, reviendrait au contraire à se résoudre au malheur. Ce serait là, cependant, faire un contresens en ne lisant pas la phrase jusqu'au bout, puisque Aristote précise que cette résignation ne se fait pas « *par insensibilité, mais par noblesse et grandeur d'âme* ». Quelle différence faire entre insensibilité et noblesse ? Celui qui se résigne par indifférence se déclare vaincu et déjà malheureux puisqu'il cesse de lutter, alors que celui qui se résigne par noblesse prend conscience que son bonheur dépend d'abord de ses actions, et se prépare à agir.

Aristote oppose ainsi la vilenie à la grandeur d'âme comme deux principes contraires d'activité. Il faut cependant se demander ce que signifie, en réalité, une action *noble*. En effet, si l'on peut déjà affirmer que c'est une action *bonne*, on ne voit pas encore pourquoi elle nous permettrait d'être plus heureux que celui qui se résout à être misérable. C'est la question à laquelle Aristote doit répondre maintenant : Qu'apportent au juste la noblesse et la grandeur d'âme dans l'élaboration de notre bonheur ?

3. Le bonheur est rendu possible à la fois par la sagesse et la vertu

Si la fortune désigne précisément la variation perpétuelle et inattendue des événements qui s'imposent à nous, il faudrait lui opposer un principe d'action, c'est-à-dire un type d'activité qui lui, au contraire, ne varie pas : c'est ce que doit montrer Aristote dans le troisième et dernier moment de son raisonnement, afin de convaincre que le bonheur dépend bien plus de nous et de notre activité que de la fortune. Pour ce faire, Aristote commence par définir l'homme noble selon deux grandes qualités. En effet, par opposition au misérable, l'homme noble est « *véritablement bon et sensé* ».

Si l'homme noble est *bon*, c'est qu'il agit selon des critères moraux. Ainsi, l'homme heureux est un homme bon puisque le bonheur consiste à pouvoir agir avec vertu *autant que les circonstances le lui permettent*. L'homme ruiné pourra difficilement se montrer généreux, et l'homme gravement malade se préoccupera avant toute autre chose de sa santé.

Comment faire pour éviter les contresens sur l'idée d'Aristote qu'il faut accepter son infortune ? En effet, il est possible de se méprendre et d'identifier au contraire l'idée de l'acceptation du malheur, ce qui n'est pas tout à fait la même chose.

Car ce qui détermine principalement notre bonheur, ce sont nos activités : c'est-à-dire le type d'actions que nous parvenons à maintenir face aux infortunes. La noblesse d'âme nous permettra alors de maintenir un type d'action qui ne fait pas le sacrifice de la morale, mais qui permet au contraire de préserver notre qualité de vie avec les autres au milieu des tourments. Le misérable quant à lui est doublement malheureux. D'abord parce qu'il subit l'infortune ; mais surtout, ce qui est pire, parce qu'il sacrifie sa morale sur l'autel de l'infortune. Il n'est plus maître de son activité : l'infortune est devenue le seul guide de son action.

Pour rendre plus concrète cette grandeur d'âme, Aristote lui oppose la figure du « *misérable* », qui laisse son activité se rétrécir face aux infortunes. Il se définit comme celui qui commet « *des actions odieuses et viles* » : par exemple qui, se trouvant ruiné et démuni, au lieu de continuer à vivre honnêtement et courageusement du peu qui lui reste, extorque de l'argent à ses proches ou se compromet dans des trafics.

Pour aller plus loin

Une émission de France culture intitulée *Le Gai Savoir* (reprenant le titre d'une des œuvres les plus connues de Nietzsche) est entièrement consacrée à la prudence chez Aristote. Ce concept, absent de notre texte, exprime l'intelligence pratique de celui qui sait tirer parti des circonstances pour agir vertueusement, et ainsi devenir sage et construire son bonheur.

Le format de cette émission permet d'approfondir davantage la notion que la durée de l'émission, plus courte, *Les chemins de la philosophie*.

https://podcloud.fr/podcast/le-gai-savoir/episode/sur-la-prudence-aristote

Cette qualité explique directement la seconde, à savoir celle du bon sens. Car si l'homme heureux est « *sensé* », c'est qu'il sait trouver les moyens pour agir vertueusement même quand les circonstances l'accablent et le poussent à l'immoralité. Même démuni, l'homme noble n'est pas tenté par des actions immorales, délictueuses voire criminelles pour espérer retrouver un bonheur perdu. Il sait que ce serait là le moyen le plus sûr de s'en éloigner encore davantage. Il ne peut y avoir de bonheur vrai dans l'immoralité. C'est d'ailleurs ce que dit Aristote dans la suite de la phrase : « *L'homme véritablement bon et sensé [...] supporte toutes les vicissitudes du sort avec sérénité* ». Cette idée des vicissitudes du sort, des aléas hasardeux qui font surgir face à nous des événements plus ou moins favorables ou défavorables, cristallise fermement l'opinion commune selon laquelle notre bonheur dépend du « sort ». Mais le sage sait « déjouer » les coups du sort pour préserver sa capacité à agir pour être heureux.

Conclusion

Quel serait le secret du bonheur selon Aristote ? Il tiendrait tout entier dans la formule suivante : *faire, contre mauvaise fortune, bon cœur.* C'est-à-dire user de noblesse et de générosité pour contrebalancer les événements néfastes qui peuvent nous affecter. Ne jamais tomber dans la bassesse. C'est pour cette raison qu'Aristote insiste sur le fait que l'homme noble est tout sauf passif. Il est, à l'inverse, suffisamment expérimenté et habile pour agir *en fonction* des événements. Face à un événement dramatique, l'assurance et la finesse de l'homme noble lui permettront de savoir comment agir, quand quelqu'un d'indifférent ou moins sûr de sa capacité à être heureux se verra assujetti aux circonstances et à l'exigence de « s'en sortir ». Cette expression du langage commun est d'ailleurs tout à fait intéressante puisqu'elle dit bien qu'il faut pouvoir se sortir d'une situation difficile, et s'échapper de tel ou tel événement vécu comme d'un piège afin de conserver quelque espoir d'être heureux. L'idée d'Aristote est que, au contraire, l'action habile, morale et inspirée, de la part d'un homme qui sait que sa capacité à agir est l'arme la plus efficace pour être heureux, se fait non pas *contre*, mais *grâce* aux circonstances mêmes les plus défavorables.

Il y a implicitement une objection selon laquelle c'est un destin qui, en soumettant les hommes à des événements plus ou moins favorables, déciderait en quelque sorte de leur bonheur. Mais Aristote, dans ce texte, ne se prononce pas sur le fond de cette objection. Il ne dit pas s'il faut vraiment tenir pour réel quelque chose qu'on pourrait définir comme une destinée, c'est-à-dire une série d'événements prévue à l'avance, qui toucherait chaque homme durant son existence. Pour le sage, cela importe peu. Dans tous les cas, l'attitude qui caractérise l'homme noble est la *sérénité*.

L'idée de sérénité s'oppose directement à celle d'*indifférence*, tout en lui ressemblant en apparence. Dans les deux cas, en effet, les événements n'ont pas de prise sur nous ; mais dans le second cas, c'est par manque d'intérêt face à des événements qui nous touchent mais sur lesquels nous n'avons aucune influence. Dans le premier cas, au contraire, nous sommes touchés par eux et ils mobilisent toute notre attention *car nous comprenons qu'ils ne déterminent pas directement notre bonheur.* La différence est alors que nous savons leur montrer un visage tranquille car nous savons comment réagir face à eux.

Conseil du prof

S'il est important de bien soigner sa conclusion, la vérité oblige à dire que pour l'explication de texte ce n'est pas le moment le plus décisif de tout votre devoir. Théoriquement, la conclusion sert à situer l'extrait par rapport à ce qui suit dans l'ouvrage original : mais puisqu'en terminale il n'est pas demandé de connaître l'œuvre, la conclusion doit rappeler les enjeux du texte *après* avoir synthétisé les différents arguments que vous venez d'analyser. Si vous avez quelques connaissances d'histoire des idées, c'est le moment de montrer comment l'auteur du texte a pu influencer des auteurs postérieurs...

Spinoza, *Éthique*

Explication de texte

Expliquez le texte suivant. La connaissance de la doctrine de l'auteur n'est pas requise. Il faut et il suffit que l'explication rendre compte, par la compréhension précise du texte, du problème dont il est question.

Certes, j'accorderai volontiers que les choses humaines en iraient bien mieux, s'il était également au pouvoir de l'homme et de se taire et de parler ; mais l'expérience est là pour nous enseigner, malheureusement trop bien, qu'il n'y a rien que l'homme gouverne moins que sa langue, et que la chose dont il est le moins capable, c'est de modérer ses appétits ; d'où il arrive que la plupart se persuadent que nous ne sommes libres qu'à l'égard des choses que nous désirons faiblement, par la raison que l'appétit qui nous porte vers ces choses peut aisément être comprimé par le souvenir d'un autre objet que notre mémoire nous rappelle fréquemment ; et ils croient au contraire que nous ne sommes point libres à l'égard des choses que nous désirons avec force et que le souvenir d'un autre objet ne peut nous faire cesser d'aimer. / Mais il est indubitable que rien n'empêcherait ces personnes de croire que nos actions sont toujours libres, si elles ne savaient pas par expérience qu'il nous arrive souvent de faire telle action dont nous nous repentons ensuite, et souvent aussi, quand nous sommes agités par des passions contraires, de voir le meilleur et de faire le pire. C'est ainsi que l'enfant s'imagine qu'il désire librement le lait qui le nourrit ; s'il s'irrite, il se croit libre de chercher la vengeance ; s'il a peur, libre de s'enfuir. C'est encore ainsi que l'homme ivre est persuadé qu'il prononce en pleine liberté d'esprit ces mêmes paroles qu'il voudrait bien retirer ensuite, quand il est redevenu lui-même ; que l'homme en délire, le bavard, l'enfant et autres personnes de cette espèce sont convaincues qu'elles parlent d'après une libre décision de leur âme, tandis qu'il est certain qu'elles ne peuvent contenir l'élan de leur parole. / Ainsi donc, l'expérience et la raison sont d'accord pour établir que les hommes ne se croient libres qu'à cause qu'ils ont conscience de leurs actions et ne l'ont pas des causes qui les déterminent, et que les décisions de l'âme ne sont rien d'autre chose que ses appétits [...].

SPINOZA, *Éthique*

Situation du texte

L'*Éthique* est une œuvre posthume puisque Spinoza (1632-1677), mort à 44 ans, n'a jamais eu l'opportunité de la publier. En 1656 en effet, il est banni de la communauté juive d'Amsterdam. Il est possible que son argument selon lequel Dieu n'est pas une personne, telle que le présente la Thora, mais la substance de la nature elle-même, n'y soit pas étranger... Ses travaux, ayant pour effet la remise en cause des autorités religieuses, isolent de plus en plus Spinoza qui doit gagner sa vie comme tailleur de lentilles optiques.

La forme même du livre est bien singulière : c'est une « éthique démontrée selon l'ordre des géomètres ». Elle suit le modèle des *Éléments* d'Euclide : chaque partie commence par l'énoncé de définitions puis d'axiomes servant de prémisses pour les démonstrations qui suivent. Spinoza entend ainsi donner à ses arguments la force indiscutable des vérités démontrées (voir le chapitre 11).

Il y a cinq parties à *l'Éthique*. La première a comme principal objet de définir Dieu comme substance de la nature ; la deuxième porte sur « la nature et l'origine de l'esprit », mais se consacre à l'examen de la nature du corps, ce qui est déjà révélateur de la conception spinoziste de « l'union » de l'esprit et du corps. Le corps est le mode étendu de la substance divine, et l'esprit est le mode intellectuel de cette même substance. La troisième partie traite des sentiments du corps, connus plus ou moins confusément par l'esprit. Ces sentiments définissent ce qui affecte le corps, c'est-à-dire ce qui augmente ou qui diminue sa puissance d'agir. Car l'homme se comprend aussi comme *« effort pour persévérer dans l'être »*. Cet effort détermine toutes ses actions, et la façon dont il juge les choses qui peuvent lui être favorables ou défavorables.

Or pour Spinoza, il n'y a pas de différence entre la volonté et l'effort pour persévérer dans l'être : d'où la critique du libre arbitre à laquelle notre texte s'emploie.

Introduction

S'il y a bien une faculté à laquelle beaucoup d'hommes se sentent attachés, c'est celle de pouvoir librement décider ce qu'ils veulent faire pour eux-mêmes. Rien ne leur semble si odieux ou si insupportable que la privation de cette liberté de la volonté qui leur permet de dire : « voilà mon choix souverain ». Tant pour les décisions les plus anodines que pour les plus importantes, c'est par notre volonté que nous agissons, que nous marchons, que nous parlons. Cette liberté de la volonté, c'est ce qu'on appelle le libre-arbitre.

Pourtant, parler de libre-arbitre n'a aucun sens si la condition nécessaire pour le faire est de concevoir la volonté comme une faculté de l'âme totalement indépendante du corps. Comment parviendrait-elle à déterminer le corps, si elle lui est par nature étrangère ? Pour Spinoza, cela est absurde. Malgré tout, si on supprime l'idée de volonté souveraine et d'une âme distincte du corps, alors il devient impossible de concevoir ce que tout le monde sent confusément : qu'il est l'auteur de ses propres décisions. Quand je parle, n'est-ce pas moi qui décide de parler ? Quoi d'autre qu'une volonté libre peut expliquer que je choisisse de dire certaines choses ou d'en taire d'autres ?

La thèse de Spinoza est que, n'en déplaise à l'orgueil humain, il faut en finir avec l'idée de libre arbitre. Cette volonté que l'on pense nécessaire à nos décisions ne fait que masquer la réalité de l'immense pouvoir du corps. Si l'on croit décider de marcher, de désirer ou de parler, par un simple effet d'une volonté libre, celle-ci ne repose en réalité que sur une illusion. Le corps peut, de lui-même, se déterminer à agir. Et celui qui refuse de le reconnaître se fourvoie dans l'illusion du libre arbitre.

Pour démontrer cette thèse, l'extrait de l'*Éthique* que nous allons étudier développe trois arguments. Le premier (lignes 1 à 13) expose l'idée commune qui consiste à dire que, moins le corps a d'influence, et plus le libre-arbitre peut produire sans entrave des décisions. Le deuxième (lignes 13 à 27) oppose au libre-arbitre autonome l'immense pouvoir du corps, qui se détermine par lui-même. Le troisième (lignes 27 à 30) livre enfin l'origine de l'illusion du libre-arbitre selon Spinoza : l'ignorance des causes qui déterminent l'action.

1 Thème

C'est de la liberté humaine dont il est question. En fonction des vicissitudes de l'existence, elle nous apparaît tantôt comme une évidence, tantôt comme une triste illusion. Elle est au cœur de toute la philosophie morale, car ces conséquences sont décisives sur la façon de comprendre les actions humaines.

2 Problème

Dans la quatrième des *Méditations métaphysiques*, Descartes dit que le libre arbitre de la volonté est rendu possible parce que l'âme, dont il est l'expression, est autonome par rapport au corps. L'âme est une substance immatérielle, spirituelle, par opposition au corps qui n'est que matière : « *L'idée que j'ai de l'esprit humain, en tant qu'il est une chose qui pense, et non étendue en longueur, largeur et profondeur, et qui ne participe à rien de ce qui appartient au corps, est incomparablement plus distincte que l'idée d'aucune chose corporelle.* » Établir cette distinction est une condition nécessaire pour fonder le libre arbitre. On comprend dès lors pourquoi, dans son projet de nier l'existence du libre arbitre, Spinoza revient sur cette distinction et montre que la volonté n'est en rien étrangère aux désirs du corps. L'âme n'est pas un être d'une nature distincte du corps, mais elle est l'idée du corps, c'est-à-dire la manière dont un corps se connaît et connaît ce qui l'affecte.

3 Thèse

La thèse de Spinoza est qu'il est impossible d'imaginer l'existence d'une âme ou d'une volonté totalement étrangère au corps et à ses affects. Ce n'est pas la volonté « libre » qui meut le corps. Il se meut de lui-même. Aussi parler de libre-arbitre, d'une volonté souveraine, n'a-t-il aucun sens.

4 Annonce du plan

1. Notre volonté serait libre tant qu'elle résisterait à l'influence des désirs produits par le corps ;
2. mais nos comportements quotidiens montrent que cette volonté distincte du corps n'est pas à l'origine de nos actions.
3. C'est parce que nous ne savons pas de quoi notre corps est capable que nous pensons agir librement.

1. Notre volonté serait libre tant qu'elle résisterait à l'influence des désirs produits par le corps

La première phrase de notre texte consiste à renverser une évidence. Tout irait pour le mieux si l'homme pouvait librement décider de se taire ou se parler : « *l'expérience est là pour nous enseigner, malheureusement trop bien, qu'il n'y a rien que l'homme gouverne moins que sa langue.* » Gouverner sa langue, cela signifie décider souverainement de ce que nous voulons dire. Or n'est-il pas évident que nous ne pourrions rien dire volontairement si nous n'étions maîtres de notre faculté de parler ? Autrement dit, le simple fait de pouvoir décider de parler prouverait de manière éclatante l'existence du libre arbitre.

Voilà l'évidence que Spinoza remet en cause. Cette faculté de parler à laquelle nous tenons tant rendrait indiscutable l'existence du libre arbitre et d'une volonté étrangère aux désirs. Spinoza note toutefois avec malice que « *la chose dont [l'homme] est le moins capable, c'est de modérer ses appétits* », c'est-à-dire ses désirs, qui possèdent son corps et le poussent à agir. La faim, bien entendu, est une forme d'appétit, c'est-à-dire un effort pour combler un manque dans le but de nous conserver. Il serait tout à fait absurde d'avancer que nous décidons librement d'avoir faim ou de se sentir rassasié ! Si la faim est un mouvement du corps que nous subissons, la parole n'est pas différente. Elle n'est pas l'expression d'une volonté étrangère aux désirs, mais bien plutôt un *désir de parler.*

Pourtant, Spinoza n'ignore pas l'objection selon laquelle nous pouvons réguler nos appétits et, par exemple, refuser de parler ou de nous alimenter alors même que nous avons faim. Mais ce refus est-il, là encore, fruit d'une volonté libre ? Ce n'est pas ce que nous lisons : « *la plupart se persuadent que nous ne sommes libres qu'à l'égard des choses que nous désirons faiblement, par la raison que l'appétit qui nous porte vers ces choses peut aisément être comprimé par le souvenir d'un autre objet que notre mémoire nous rappelle fréquemment.* » Quand nous refusons de nous nourrir, c'est que nous sommes déterminés par un autre appétit. Une grève de la faim, par exemple, peut répondre à des motivations politiques qui mettent en jeu notre vie.

Analyse et méthode

Il y a, dans ce texte, une mise en place progressive des arguments de Spinoza, de manière à emporter par étapes la conviction du lecteur. Spinoza ne dit pas d'entrée de jeu que tout libre arbitre est nécessairement une illusion, mais commence simplement par en montrer les limites : tout le monde sent bien, que parfois, le corps nous impose ses conditions et nous contraint à nous soumettre à ses exigences. Autrement dit, plus l'appétit est pressant, plus nous identifions notre corps comme la cause déterminante de nos actions : par exemple une faim ou une soif lancinante. Mais si l'on admet avec Spinoza ces restrictions « innocentes », alors le principe d'un libre-arbitre souverain tombe de lui-même, car l'argument selon lequel le libre-arbitre dépend du degré d'intensité des appétits n'est plus cohérent avec l'idée que la volonté dépende de l'âme, comme faculté radicalement autonome par rapport au corps.

Pour aller plus loin

Le désir est une notion centrale de la doctrine de Spinoza. Pourtant, et c'est le point décisif, le désir ne s'oppose pas à la volonté, comme mouvement du corps face aux décisions de la volonté. Désir et volonté renvoient à une même réalité, celle de « l'effort pour persévérer dans l'être » évoquée plus haut. « *Entre l'appétit de l'homme et le désir, je ne fais aucune différence [...], mais j'ai pris soin de le définir de façon à y comprendre à la fois tous les efforts* (conatus) *de la nature humaine que nous nommons appétit, volonté, désir ou impulsion. J'aurais pu dire en effet que le désir est l'essence même de l'homme.* » (Définition des sentiments, I, *explication*). Impulsion du corps ou désir, appétit ou volonté : ce ne sont que différents *attributs* ou expressions d'une même réalité : celle de l'effort pour persévérer dans l'être, qui définit l'essence de l'homme. Le rôle du philosophe n'est donc pas de les opposer, mais au contraire de montrer en quoi ils renvoient à la même réalité.

L'autonomie du libre arbitre dépend-elle de la force des appétits qui proviennent du corps ? Une volonté forte pourrait-elle s'opposer à de maigres appétits ? Pour Spinoza, ce n'était là que le premier argument qui va lui permettre, dans une seconde partie, d'achever de ruiner le libre arbitre.

2. Nos comportements quotidiens montrent que cette volonté distincte du corps n'est pas l'auteur des mouvements qui nous traversent

Qu'est-ce qui nous empêche, poursuit Spinoza, de croire que nous sommes tout le temps libres ? C'est le *repentir : « Il nous arrive souvent de faire telle action dont nous nous repentons ensuite.* » Cela ne signifie pas seulement vouloir revenir sur le passé et se dire « j'aurai dû agir autrement », mais réaliser que nous ne voulions pas vraiment le motif de notre action. Par exemple, si j'ai laissé accuser quelqu'un d'un crime dont je suis en réalité coupable, je peux me repentir en allant me dénoncer. Ce faisant, je réalise que je ne *voulais* pas vraiment ce que je croyais vouloir, c'est-à-dire me satisfaire de mon impunité. Je découvre qu'une cause, en moi, me pousse à agir dont j'ignorais l'existence : la culpabilité à l'idée de laisser condamner un innocent.

Toutes nos actions semblent ainsi répondre à des causes déterminées : « *L'enfant s'imagine qu'il désire librement le lait qui le nourrit ; s'il s'irrite, il se croit libre de chercher la vengeance ; s'il a peur, libre de s'enfuir.* » Tout comme le petit enfant qui, submergé par son désir, s'écrie : « voilà ce que je veux ! », nous croyons choisir librement ce que nous faisons. Mais à proprement parler, l'enfant ne *veut* rien d'une volonté libre indépendante du corps. Il est au contraire entièrement soumis à un désir qui s'impose à lui : l'envie, la peur ou l'irritation et qui le font souffrir, *sans le savoir.*

Mais au-delà du petit enfant, l'analogie qui, espère Spinoza, parlera davantage à son lecteur est celui de l'homme ivre : « *l'homme ivre est persuadé qu'il prononce en pleine liberté d'esprit ces mêmes paroles qu'il voudrait bien retirer ensuite, quand il est redevenu lui-même.* » Des amis tentent-ils d'empêcher l'homme libre de prononcer des paroles embarrassantes qu'il regrettera par la suite ? Celui-ci leur rétorque : « mais je veux parler ! », alors que c'est l'alcool qui parle à travers lui.

Un peu avant notre extrait, pour montrer le pouvoir du corps, Spinoza avait pris l'exemple du somnambule : « *L'expérience leur fait bien voir que beaucoup d'opérations s'accomplissent par les seules lois de la nature, qu'ils auraient jugées impossibles sans la direction de l'âme, comme les actions que font les somnambules en dormant et dont ils sont tout étonnés quand ils se réveillent.* » Il y a une gradation : le somnambule, puis l'homme ivre, renversent les idées reçues sur des facultés physiques puis mentales qui ne pourraient dépendre que du libre arbitre.

Pour aller plus loin

La question du repentir mériterait d'être vraiment approfondie. D'abord, il faut distinguer le *regret* du *remords*. Le regret est une peine due à quelque chose qui ne s'est pas réalisé mais dont nous ne sommes pas responsables, qui n'implique pas de faute morale. On peut ainsi regretter d'avoir manqué un rendez-vous. Le remords, au contraire, est la conscience d'avoir mal agi. Le *repentir* est un remords accompagné du désir de s'amender ou réparer les torts commis.

Dans ses *Leçons clermontoises*, Bergson reprend l'idée du regret, mais dans un sens inverse à celui de Spinoza : « *Comment s'expliquerait le regret d'une action accomplie ? Regrette-t-on ce qui ne pouvait pas être autrement qu'il n'a été ? Ne nous disons-nous pas quelquefois : «Si j'avais su, j'aurais agi autrement ; j'ai eu tort.» On ne s'attaque ainsi rétrospectivement qu'à des actes contingents ou qui paraissent l'être. Le remords ne s'expliquerait pas plus que le regret si nous n'étions pas libres ; car comment éprouver de la douleur pour une action accomplie et qui ne pouvait pas ne pas s'accomplir ?* »

Alors que pour Spinoza, le regret montre que l'action n'était pas le fruit d'une volonté éclairée, c'est tout l'inverse pour Bergson. Si à notre conscience se présente l'idée que nous aurions pu agir autrement, c'est parce que nous avions, avant d'effectuer l'action, un choix libre, c'est-à-dire un libre-arbitre.

Tout se passe comme si l'hypothèse du libre-arbitre était constamment balayée par des déterminations corporelles dont nous n'aurions pas conscience. Chacune de nos décisions serait ainsi, non pas délibérée indépendamment des affections du corps mais, au contraire, déterminée par elles. Spinoza va donc devoir tirer toutes les conséquences de son argument en montrant que nos actions ne sont que des effets produits par des causes.

3. C'est parce que nous ne savons pas de quoi notre corps est capable que nous croyons agir librement

Les exemples de l'enfant apeuré et de l'homme ivre ont permis à Spinoza de remettre l'expérience commune de son côté. La raison, quant à elle, montre que la volonté n'est pas indépendante des affections du corps. Spinoza synthétise les acquis de ces deux exemples à l'issue du texte : « *l'expérience et la raison sont d'accord pour établir que les hommes ne se croient libres qu'à cause qu'ils ont conscience de leurs actions et ne l'ont pas des causes qui les déterminent.* » Il ne reste à ses yeux plus aucun argument, ni empirique, ni théorique, qui permettrait de défendre la réalité du libre-arbitre. Mais, en ce cas, comment expliquer que cette folle illusion soit partagée de manière si écrasante par les hommes ? La réponse de Spinoza tient en un mot : l'ignorance.

Dire en effet que nous avons conscience de nos actions, c'est dire que nous savons ce que nous faisons au moment où nous le faisons, comme celui qui parle sait qu'il est en train de parler. Or Spinoza vient de montrer qu'agir ne pouvait pas être le fruit d'une décision volontaire et spontanée. Ce n'est que l'effet d'une cause antérieure qui vient le déterminer. De même que l'alcool pousse l'homme ivre à parler, l'orgueil pousse le jeune homme à se vanter devant ses amis de ses performances sportives, et la peur du châtiment conduit le criminel à laisser un innocent être condamné à sa place. La liste est longue des actions humaines déterminées par des appétits, et que nous croyons résulter de décisions libres et souveraines. Mais l'homme ivre n'est pas plus libre de parler que le jeune homme orgueilleux, conduit par son besoin de se faire bien voir, est libre de se vanter. Tous deux ne répondent qu'à des appétits qui déterminent, sans qu'ils le sachent, leur comportement.

Pour aller plus loin : l'exemple de la pierre

Les discussions sur le libre arbitre remontent bien avant Descartes et Spinoza, et un exemple se retrouve tout au long de ce débat : celui d'une simple pierre qu'on lance.

1. **Voilà ce qu'en disait Thomas d'Aquin dans la *Somme théologique* (I, 83)** : *« Certains êtres agissent sans discernement comme la pierre qui tombe [...]. D'autres, comme les animaux, agissent par un discernement, mais qui n'est pas libre. En voyant le loup, la brebis juge bon de fuir [...] car ce discernement est l'expression d'un instinct naturel. Mais l'homme agit par jugement, car c'est par le pouvoir de connaître qu'il estime devoir fuir ou poursuivre une chose. Et comme un tel jugement n'est pas l'effet d'un instinct naturel, mais un acte qui procède de la raison, l'homme agit par un jugement libre. »*
2. **Dans la fameuse lettre 58 à Schuller**, Spinoza avait déjà développé les exemples de l'enfant capricieux ou de l'homme ivre, mais en les faisant précéder de l'exemple de la pierre qu'on lance. *« Concevez maintenant, si vous voulez bien, que la pierre, tandis qu'elle continue de se mouvoir, pense et sache qu'elle fait effort, autant qu'elle peut, pour se mouvoir. Cette pierre assurément, puisqu'elle a conscience de son effort seulement et qu'elle n'est en aucune façon indifférente, croira qu'elle est très libre et qu'elle ne persévère dans son mouvement que parce qu'elle le veut. Telle est cette liberté humaine que tous se vantent de posséder et qui consiste en cela seul que les hommes ont conscience de leurs appétits et ignorent les causes qui les déterminent. »*

Pour Spinoza, tout homme qui prétend jouir d'un libre arbitre n'est pas différent de cette pierre : c'est l'absence de connaissance des causes qui le déterminent (l'alcool, la peur, etc.) qui leur donne l'illusion qu'il n'y en a pas. Ceux-ci, disent Spinoza, sont comme les somnambules : « *ils rêvent les yeux ouverts* ».

Mais si les hommes prenaient conscience des causes qui les font agir, ils pourraient reconnaître que leurs actions ne sont pas autre chose que des *effets*, c'est-à-dire la *continuation régulée* d'événements antérieurs. Autrement dit, si les hommes dépassaient leur ignorance et prenaient conscience de la causalité qui conduit leurs actions, alors ils se méfieraient davantage de l'alcool, des effets de l'orgueil ou des appétits démesurés qu'ils sont capables de développer. Il faut ainsi pouvoir renverser la phrase et comprendre que, pour Spinoza, si les hommes prenaient conscience des causes qui déterminent leurs actions, alors *ils ne se croiraient plus libres* mais seraient, paradoxalement, *libérés* de l'illusion du libre-arbitre. C'est donc, en un sens, à cette prise de conscience que Spinoza appelle : l'effort de connaissance « libératrice » de ce réseau de déterminations qui nous traversent.

Conclusion

Ignorants des causes qui nous déterminent, nous devenons leur proie. C'est en substance ce que Spinoza montre ici en dénonçant la force de l'illusion du libre-arbitre. Le but du texte était d'anéantir tout argument qui permettrait de continuer à maintenir cette profonde erreur. Le premier d'entre eux était de dire que la volonté peut, par sa nature, s'exercer en totale indépendance par rapport au corps. C'est ce que Spinoza a commencé par rejeter en invalidant l'idée selon laquelle l'autonomie de la volonté serait dépendante du degré d'intensité des désirs, et que face à des désirs trop intenses, la volonté serait neutralisée. Dans un deuxième moment, il montre que certaines actions humaines, qui sont à l'évidence déterminées par des appétits, se présentent spontanément à l'esprit comme des décisions libres. Voilà qui, à ses yeux, achève de montrer que le libre-arbitre n'est rien d'autre qu'un sentiment confus qui n'a pas d'autre origine que la méconnaissance de la relation de causalité entre l'action (par exemple la parole) et sa véritable cause (par exemple l'ivresse). Ce à quoi, au fond, Spinoza nous invite, c'est à la connaissance de notre condition humaine, de l'influence des appétits, et de la puissance de la raison qui pourrait être, au-delà du libre arbitre, une forme de liberté plus élevée encore.

Dire que nous ignorons les causes qui nous meuvent peut nous faire penser à la notion d'inconscient. Après tout, n'est-ce pas dire la même chose que la fameuse formule vue dans le chapitre 2 : « *Le moi n'est pas maître dans sa propre demeure* », que de dire que ce n'est pas par libre-arbitre que je décide de parler ?

Faire de tels rapprochements est d'abord un bon signe : c'est cela, *penser* à partir d'une véritable culture philosophique. Et il est vrai que Freud comme Spinoza récusent tout libre-arbitre. Dans les dernières lignes de l'*Éthique*, Spinoza dit même que « *l'ignorant vit presque inconscient de lui-même* »... mais attention ! Ce serait faire un dangereux contresens que de dire qu'il y a de l'inconscient freudien chez Spinoza, pour qui le *sage* est justement celui qui devient conscient de lui-même, de sa puissance d'agir et des causes extérieures qui peuvent l'affecter.

Expliquer un texte par un auteur postérieur est anachronique et ouvre la porte aux contresens. Mieux vaut, comme le rappelle la consigne, se concentrer sur « la compréhension précise du texte ».

Pour aller plus loin

Spinoza, on l'a compris, nie le libre-arbitre, mais pas toute forme de liberté ! C'est cela qui est difficile à comprendre. L'homme conquiert sa liberté par la connaissance de lui-même et des causes qui le déterminent. Savoir que certaines passions nous polluent et réduisent notre puissance d'agir ; avoir la force d'âme de les tenir à distance et agir en pleine conscience de la nécessité de notre condition humaine, c'est ce que Spinoza appelle la *béatitude* : « *les choses qui nous arrivent et sont contraires à ce que demande la raison de notre utilité, nous les supporterons d'une âme égale si nous prenons conscience que nous avons rempli notre fonction.* »

Pour en savoir plus, l'émission de radio incontournable :

https://www.franceculture.fr/emissions/les-nouveaux-chemins-de-la-connaissance/l-ethique-de-spinoza-24-partie-ii-de-l-esprit

Marx, *Introduction à la Critique de l'économie politique*

Explication de texte

Expliquez le texte suivant. La connaissance de la doctrine de l'auteur n'est pas requise. Il faut et il suffit que l'explication rende compte, par la compréhension précise du texte, du problème dont il est question.

Plus on remonte dans le cours de l'histoire, plus l'individu, et par suite l'individu producteur lui aussi, apparaît dans un état de dépendance, membre d'un ensemble plus grand : cet état se manifeste tout d'abord de façon tout à fait naturelle dans la famille, et dans la famille élargie jusqu'à former la tribu ; puis dans les différentes formes de la communauté, issue de l'opposition et de la fusion des tribus. Ce n'est qu'au XVIIIe siècle, dans la « société civile-bourgeoise », que les différentes formes de l'interdépendance sociale se présentent à l'individu comme un simple moyen de réaliser ses buts particuliers, comme une nécessité extérieure. Mais l'époque qui engendre ce point de vue, celui de l'individu singularisé, est précisément celle où les rapports sociaux (et de ce point de vue universels) ont atteint le plus grand développement qu'ils aient connu. L'homme est, au sens le plus littéral, un zoôn politikon (1), non seulement un animal sociable, mais un animal qui ne peut se constituer comme individu singulier que dans la société. La production réalisée en dehors de la société par cet individu singulier et singularisé – fait exceptionnel qui peut bien arriver à un civilisé transporté par hasard dans un lieu désert et qui possède déjà en puissance les forces propres à la société – est chose aussi absurde que le serait le développement du langage sans la présence d'individus vivant et parlant ensemble.

MARX, *Introduction à la Critique de l'économie politique*

(1) *zoôn politikon :* « animal politique » en grec ancien

Situation du texte

La grande œuvre que Marx projetait d'écrire dès les années 1840 devait s'intituler *Critique de l'économie politique*. Ce qu'on appelle les *Manuscrits de 1844* en sont la première ébauche. Cette œuvre devait poser les bases philosophiques et politiques de la grande révolution que Marx et Engels travaillaient à rendre possible.

En 1857, en exil à Londres, Marx et sa famille vivent dans la misère. Pour survivre, Marx écrit le jour des articles pour plusieurs journaux. La nuit, il rédige l'introduction et le plan de cet ambitieux projet. Il cherche à montrer les incohérences du système capitaliste, et en premier lieu la vision erronée de l'homme qui lui sert de fondement. Car depuis Locke au moins, l'homme libéral est un homme qui, naturellement, serait doué de facultés sociales, de conscience morale, et de la faculté de travailler : *« Lorsque Dieu a donné en commun la terre au genre humain, il a commandé en même temps à l'homme de travailler [...]. Le créateur et la raison lui ordonnent de labourer la terre, de la semer [...] pour l'avantage, la conservation et les commodités de la vie. [...] Supposons qu'un homme ou une famille, dans l'état où l'on était au commencement, lorsque les enfants d'Adam et de Noé peuplaient la terre, soit allé en Amérique, toute vide et destituée d'habitants, nous trouverons que les possessions que cet homme ou cette famille aura pu acquérir ou cultiver, conformément à la mesure que nous avons établie, ne seront pas d'une fort grande étendue. »*

Pour Marx, penser l'homme de cette manière idéalisée revient à mettre la charrue avant les bœufs. Ce n'est pas parce qu'ils ont conscience d'eux et du monde que les hommes travaillent et fondent des sociétés. Mais c'est *d'abord* parce qu'ils fondent des sociétés et qu'ils deviennent producteurs qu'ils développent *en conséquence* une conscience d'eux-mêmes et du monde.

Introduction

Que ce soit chez Hésiode, avec le mythe de l'âge d'or où l'existence humaine se déroule dans l'insouciance, ou que ce soit dans la Genèse, où l'on peut lire comment Adam et Ève jouissaient de tous les biens de la nature sans accomplir le moindre travail, les mythes évoquent l'idée que les hommes ont une nature qui les définit avant même leur naissance et l'épreuve des *conditions concrètes* de leur existence : le pays, l'époque historique, le milieu social, et toutes les déterminations qui caractérisent une personne singulière.

Mais de tels récits nous révèlent-ils la véritable nature de l'homme, ou au contraire nous la dissimulent-ils pour nous faire imaginer un homme abstrait, indépendant de sa vie concrète ? L'homme est-il homme avant de vivre ? C'est la question philosophique qui, pour Marx, détermine toute étude économique ou sociale sérieuse. À ses yeux, il faut en finir avec une vision idéalisée de l'homme qui serait en possession de toutes ses facultés avant même de les avoir développées. Ce qu'il dénonce, c'est l'incohérence de la conception d'un homme qui serait « civilisé » avant même d'habiter une civilisation ! Car comprendre ce qu'est un homme, ce n'est pas commencer par « *écarter tous les faits* », selon la formule fameuse de Rousseau au début du *Discours sur l'origine de l'inégalité*. C'est au contraire ne rien présupposer qui ne soit déduit d'une analyse historique et économique des conditions de la vie. La thèse de Marx est que l'homme n'est pas d'abord un individu singulier conscient de lui-même. Mais, en tant qu'animal politique, il est le produit de son histoire, de sa culture, de ses relations avec autrui.

Afin de prouver sa thèse dans l'extrait qui nous est présenté, Marx va d'abord montrer comment ce qu'il appelle « *l'individu singulier* » n'est pas une donnée mais au contraire le résultat d'un processus historique (l. 1 à 6). Il va ensuite (l. 7 à 16) indiquer l'origine, selon lui, de cette méprise qui en montrant que, justement elle n'est pas étrangère à l'époque qui lui a donné naissance : celle de la révolution industrielle et de l'avènement du libéralisme. Enfin (l. 16 à 21), par l'exemple du langage, il va achever de discréditer l'idée selon laquelle l'homme développerait ses facultés sociales ailleurs qu'en société.

1 Thème

Le thème du texte est celui du « propre de l'homme » : qu'est-ce qui fait qu'un homme est un homme ? Le présupposé moderne semble mettre la conscience individuelle au cœur de la nature humaine, comme point de départ de toutes les autres dimensions de la vie humaine (la culture, l'histoire, la morale, etc.) qui seraient conditionnées par cette conscience première.

2 Problème

Cette conception moderne pose en réalité une difficulté redoutable qui est celle des conditions d'apparition de cette conscience. La seule explication possible pour rendre compte de la présence de ces facultés *avant même* la vie en société est que de telles facultés auraient été attribuées aux hommes par quelque créateur divin. Mais Marx, profondément athée, ne peut à l'évidence accepter une telle explication. Tout le problème est donc de trouver la véritable origine de la conscience individuelle qui singularise les hommes en société.

3 Thèse

La thèse de Marx va consister à renverser l'opinion libérale et montrer que la conscience individuelle, ou singulière, n'est pas la cause de la vie en société, mais son effet. L'homme n'est pas naturellement doué de facultés sociales développées, mais il les *produit* en vivant et en travaillant en société. De même, la conscience individuelle n'est jamais qu'un dérivé de la vie et du travail en société. Les notions abordées dans le texte sont donc l*e travail*, bien sûr, mais aussi *la conscience, la culture, la société et les échanges.*

4 Structure du texte

1. L'individu n'existe qu'en tant que membre d'une société humaine
2. C'est la société moderne qui a véhiculé le mythe d'un homme singulier, conscient de lui-même, indépendamment de toute vie sociale et de tout travail.
3. Tout comme le langage, la conscience est une faculté sociale qui ne peut apparaître et se déterminer qu'à travers les conditions matérielles de la vie.

1. L'individu n'existe qu'en tant que membre d'une société humaine

Comprendre le propre de l'homme, ce qui fonde la condition humaine, consisterait à isoler une nature humaine abstraite des développements historiques qui recouvrent et dissimulent cette nature. C'est exactement ce qu'ont fait les philosophes comme Locke ou Rousseau, qui cherchent à décrire un hypothétique état de nature « pré-historique ». Mais pour Marx ce n'est qu'en étudiant les développements de l'histoire qu'on pourra voir, à travers eux, ce qui constitue l'humanité : « *plus on remonte dans le cours de l'histoire, plus l'individu, et par suite l'individu producteur, apparaît dans un état de dépendance* ».

Cela va à rebours de l'opinion commune. Si l'on en croit les théoriciens du pacte social, les hommes sont d'abord, par nature, *indépendants*. Sans État ou pouvoir supra-individuel pour les gouverner, les hommes se gouvernent eux-mêmes. En l'absence de lois instituées par un tel pouvoir, ils décident par eux-mêmes ce qu'ils veulent faire. Cette liberté individuelle primordiale est nécessaire pour comprendre l'apparition des sociétés civiles fondées sur le consentement des citoyens. Pourtant Marx parle de dépendance, comme si les hommes n'avaient jamais réellement joui de cette liberté fondamentale. Autrement dit, si la nature de l'homme n'apparaît qu'à travers les évolutions historiques, alors il faut admettre que cette liberté individuelle d'un homme déjà maître de lui est un phantasme.

Marx fait ensuite la distinction entre « *l'individu et par suite l'individu producteur* ». C'est l'idée de succession qui est ici importante. L'individu *n'est pas* naturellement producteur, mais il le *deviendrait* suivant un processus particulier qui est celui du travail. L'homme devient, au long de son histoire, *producteur*, capable de *créer de la valeur par le moyen de son travail.* Cette évolution se fait toujours dans le cadre d'une dépendance sociale : « *dans la famille et dans la famille élargie jusqu'à former la tribu ; puis dans les différentes formes de communauté.* » Pourquoi Marx prend-il le soin de faire cette gradation entre la famille, la tribu et la communauté ?

Conseils du prof

C'est votre connaissance du chapitre 14 et de ce que nous disions sur l'état de nature qui peut vous aider à comprendre l'enjeu de ce texte. L'état de nature, notamment chez Locke, donne à l'individu la faculté *innée* de travailler et de s'approprier les fruits de son travail.

Singulier / particulier / général

C'est la singularité de l'individu comme *sujet* que Marx remet ici en cause. Cette singularité, c'est-à-dire le caractère unique de chaque individu qui ne se retrouve pas chez les autres, n'est pas une *cause*, mais un *effet* de la vie sociale. Ce qui signifie que le sujet est un individu *général*, membre de l'humanité, puis *particulier*, membre d'une classe sociale (à l'exclusion des autres classes). L'apparition de la conscience va *enfin* le singulariser.

Pour aller plus loin

Sur le rôle de la famille, il faut là encore comprendre comment Marx prend le contrepied de la conception libérale. Locke écrit dans le *Second traité du gouvernement civil* : « *Adam et Ève, et après eux, tous les pères et toutes les mères ont été obligés, par la loi de la nature, de conserver, nourrir et élever leurs enfants, non comme leur propre ouvrage, mais comme l'ouvrage du créateur.* » Auparavant, l'autorité morale et politique était concentrée dans les mains du père ; le monarque se réclamait de cette autorité paternelle instituée par Dieu. Locke remet en cause la *légitimité* de ce *principe* monarchique. Pour lui l'autorité du père n'est pas absolue. Elle doit être partagée à égalité avec la mère, tout en ne durant que le temps de l'éducation et de l'enfance, afin de laisser l'homme libre de se gouverner lui-même par la raison dès qu'il en a la possibilité.

Marx identifie pourtant immédiatement le caractère « révolutionnaire » de cette conception libérale, c'est-à-dire la manière dont, historiquement, elle renverse la société féodale. Mais il y voit encore l'illusion selon laquelle la famille reste le cœur naturel de toute société civile, qui n'en serait que l'extension.

Afin de le comprendre, il faut revenir sur la valeur de la famille. La cellule familiale n'est-elle pas le fondement de la société ? D'un point de vue moral, la famille est une forme de société naturelle, alors que les tribus naissent d'évolutions sociales ou historiques, et les communautés de l'association conventionnelle de plusieurs individus. Il y a donc bien, de ce point de vue, une *différence de nature* entre ces trois formes de sociétés. Mais l'énumération de Marx balaye cette différence pour ne plus mettre entre elles qu'une *différence de degré*. Une tribu n'est rien d'autre qu'une « *famille élargie* », et les communautés sont des sociétés civiles qui naissent des recompositions tribales. C'est, là encore, une manière de révoquer toute forme de fondement naturel ou anhistorique de la société humaine. Cependant, si l'étude de l'histoire nous présente un homme dont la nature semble se réduire à l'emprise des liens sociaux, d'où vient alors le mythe de l'individu à la fois seul et indépendant ?

2. C'est la société moderne qui a véhiculé le mythe d'un homme singulier, conscient de lui-même, indépendamment de toute vie sociale et de tout travail

Afin de dénoncer le mythe de la primauté de l'individu sur l'organisation sociale, Marx doit en montrer l'origine et mettre en évidence les présupposés qu'il renferme. Il commence par le dater : « *Ce n'est qu'au XVIIIe siècle, dans la "société civile-bourgeoise", que les différentes formes de l'interdépendance sociale se présentent à l'individu comme un simple moyen de réaliser ses buts particuliers, comme une nécessité extérieure.* »

Comment ne pas penser, pour expliquer cette phrase, au partage du travail et à la division des tâches qui structurent les sociétés industrialisées ? Chacun devient plus efficace en se spécialisant sur une tâche particulière tout en profitant de ce que tous produisent, et en pensant d'abord à son intérêt individuel. Or, si la société n'est qu'une forme d'organisation collective au service des intérêts individuels, elle n'est plus alors qu'un moyen parmi d'autres. Cela signifie qu'elle n'est pas constitutive de la nature humaine, mais n'est qu'un artifice qui permet d'augmenter ce que l'individu pourrait faire par lui-même, quoique moins efficacement.

La société et les échanges

Vous pouvez expliquer ce que Marx appelle la société « civile-bourgeoise » du XVIIIe siècle à partir de votre culture philosophique et historique. Car là encore, Marx prend le contrepied de la conception libérale héritée de Locke, pour qui les échanges sont dictés par la loi de la nature, de manière à ce que chacun puisse assurer sa propre subsistance. Mais quand il parle des formes d'« *interdépendance sociale* », il a d'abord en tête la division du travail décrite en 1776 par Adam Smith au début des *Recherches sur la nature et les causes de la richesse des nations* : « *Chaque individu acquiert beaucoup plus d'expérience et d'aptitude dans la branche particulière qu'il a adoptée : il y a au total plus de travail accompli, et la somme des connaissances en est considérablement augmentée. Cette grande multiplication dans les produits de tous les différents arts et métiers, résultant de* la division du travail, *est ce qui, dans une société bien gouvernée, donne lieu à cette opulence générale qui se répand jusque dans les dernières classes du peuple.* » Pour Adam Smith, c'est bien l'intérêt individuel qui est au cœur de la société.

Conseils du prof

Vous avez ici un bel exemple de la dimension « piégée » de l'exercice qui dit que la connaissance de la doctrine de l'auteur n'est pas requise. Certes, si vous possédez bien les notions d'histoire et de conscience, vous pouvez expliquer le texte de manière tout à fait correcte. Mais si en outre vous savez comment Marx s'oppose au libéralisme philosophique (Locke) et économique (Adam Smith), alors les objectifs du texte vous apparaîtront bien plus clairement (cf. ch. 8). Si vous choisissez le texte, la première question à vous poser est celle de votre connaissance de la notion, mais aussi de votre connaissance de l'auteur et des problèmes de son temps. Si elle n'est pas « requise », elle constitue malgré tout un net avantage !

La logique serait donc que l'individu doit *d'abord* exister, connaître ses intérêts, pour *ensuite* organiser la société en fonction d'eux. « *Mais l'époque qui engendre ce point de vue, celui de l'individu singularisé, est précisément celle où les rapports sociaux (et de ce point de vue universel) ont atteint le plus grand développement qu'ils aient connu.* »

Qu'est-ce que Marx entend par « *individu singularisé* » ? C'est un individu qui possède une conscience de lui. Mais présupposer l'existence de cette conscience avant la vie sociale, c'est confondre l'effet et la cause. Au contraire, dit Marx, « *l'homme est, au sens le plus littéral, un* zoôn politikon, *non seulement un animal sociable, mais un animal qui ne peut se constituer comme individu singulier que dans la société.* » C'est *parce que* nous vivons avec d'autres que nous nous distinguons d'eux, autrement dit que nous nous singularisons : être un individu présuppose l'établissement d'une société.

Mais il ne suffit pas à Marx d'affirmer cette idée pour qu'elle soit pleinement convaincante : il lui reste encore à montrer l'absurdité de la thèse inverse selon laquelle nous sommes des individus avant de vivre en société, ce qui va faire dans la dernière partie du texte.

3. Tout comme le langage, la conscience est une faculté sociale qui ne peut apparaître et se déterminer qu'à travers les conditions matérielles de la vie

Pourquoi est-il absurde de croire qu'un individu conscient de sa singularité a une existence naturelle et qu'il n'est pas le produit d'une histoire ? Marx renvoie encore l'homme à son statut de *producteur* en parlant de « *la production réalisée en dehors de la société par cet individu singulier et singularisé* ». Il est d'abord étonnant de dissocier ainsi le fait d'être *singulier* et *singularisé*. Pourquoi Marx fait-il une telle distinction ? C'est qu'être *singulier* est le résultat d'un processus de *singularisation* : on n'est singulier qu'après s'être singularisé par rapport à autrui au sein de la société, par son travail. C'est en cela que l'homme est d'abord un *producteur*. Il ne s'agit pas seulement de vivre en société : encore faut-il y *travailler*. L'individu ne devient un homme singulier, révélant sa valeur, qu'à travers sa production, c'est-à-dire le fruit de son travail.

Analyse et méthode

Il faut savoir d'où vient la définition de l'homme comme « animal politique ». La formule grecque que retient Marx est bien évidemment un indice de son origine antique. C'est chez Aristote, au livre I de la *Politique* qu'on trouve la formule suivante : « *Mais que l'homme soit un animal politique à un plus haut degré qu'une abeille quelconque ou tout autre animal vivant à l'état grégaire, cela est évident. La nature, en effet, selon nous, ne fait rien en vain ; et l'homme seul de tous les animaux, possède la parole. Or, tandis que la voix ne sert qu'à indiquer la joie et la peine, et appartient aux animaux également [...], le discours sert à exprimer l'utile et le nuisible, et, par suite aussi, le juste et l'injuste ; car c'est le caractère propre à l'homme par rapport aux autres animaux, d'être le seul à avoir le sentiment du bien et du mal, du juste et de l'injuste, et des autres notions morales, et c'est la communauté de ces sentiments qui engendre famille et cité.* »

En lisant ce paragraphe, on trouve également l'origine de la comparaison avec le langage qui vient juste après dans le texte de Marx... Il faut répéter que chaque auteur, en écrivant un texte, n'écrit jamais seul : il pense toujours avec et contre d'autres auteurs qui jouent le rôle de stimulants philosophiques. C'est la même chose pour vous, quand vous rédigez une explication de texte ou une dissertation : c'est votre culture qui vous amène à faire des rapprochements et à mobiliser des idées que vous n'auriez jamais eues sans elle !

Conseils du prof

Par la déduction, nous retrouvons l'analyse marxienne (et non pas « marxiste » pour distinguer la pensée philosophique de l'auteur de la doctrine politique des mouvements communistes) selon laquelle le travail, qui permet à l'homme de se réaliser, n'est possible qu'au sein d'une société. Reportez-vous sur ce point au chapitre 16. Même sans connaître la doctrine de l'auteur, il est possible de la retrouver et d'éviter les contresens.

Mais ce n'est pas tout de montrer la cohérence de sa thèse ; Marx doit encore dire en quoi la thèse adverse n'est pas défendable. Pour cela il écrit que cette production qui singularise l'individu serait « *chose aussi absurde que le serait le développement du langage sans la présence d'individus vivant et parlant ensemble.* » Si la société est faite d'échanges, alors qu'est-ce que le langage, sinon comme le besoin de communiquer avec autrui, d'échanger et de « faire société » ? La société n'est pas autre chose que la *cause* du langage. Un individu isolé, qui n'aurait jamais eu de vie sociale, n'aurait par conséquent jamais eu ni le besoin ni la possibilité de développer un langage.

Il est ainsi indiscutable que le langage ne peut naître que des échanges sociaux. Marx va ensuite transposer le cas du langage au problème qui l'occupe dans ce texte : qu'en est-il de la *production*, qui singularise les individus et en fait pleinement des hommes ? Elle est, tout comme le langage, non pas une donnée naturelle ou innée chez l'homme, mais plutôt l'objet d'un « *développement* », c'est-à-dire là encore d'un processus historique concret. Un tel développement historique, du travail comme du langage, fait de l'individu un homme « *civilisé* », selon le mot de Marx : c'est-à-dire un être de *culture*.

Conclusion

Chez les théoriciens du pacte social, comme Locke par exemple, les individus possèdent déjà à l'état de nature, totalement développées, les qualités qui font d'eux des êtres sociaux accomplis. Ils seraient des hommes conscients d'eux-mêmes, capables de produire de la valeur, et cela avant même de former des sociétés. Mais dans ce texte Marx explique que cet état de nature illusoire, qui sort l'homme de son histoire, rend la réalité humaine impossible à comprendre. À ses yeux le libéralisme repose sur un contresens qui inverse la cause et l'effet. C'est au contraire la civilisation qui, en rendant possible le travail, transforme les individus en des êtres producteurs, singuliers. Le problème de Marx dans ce texte était de montrer comment l'homme est fondamentalement un être historique. Il se développe en tant qu'homme, en tant qu'*être producteur*, par le jeu des échanges avec autrui qui lui permettent de devenir un individu *singulier* et un homme.

Penser grâce au travail des notions

Nous sommes ici au carrefour de plusieurs notions : le *travail*, le *langage*, la *culture*, la *société* et les *échanges*... Le problème qui réunit toutes ces notions est celui de savoir comment la vie en société, les interactions avec autrui et l'impact que celles-ci ont sur notre conscience, font de nous des hommes. Quels sont les effets pour nous, quelles influences sur notre connaissance de nous et du monde, quelles actions cela nous conduit-il à mener ? Toutes ces notions sont autant de portes d'entrée sur ces problèmes, et ce n'est pas autrement qu'il faut les considérer : à vous de les traiter de la manière qui vous semble la plus pertinente, c'est-à-dire de les *penser*.

Analyse et méthode

En conclusion, vous pouvez reformuler l'enjeu du texte à partir d'un élément de connaissance que vous maîtrisez : par exemple l'état de nature, que nous avons évoqué à plusieurs reprises dans les chapitres précédents. Car cet état « pré-social » de l'individu singularisé, qu'est-ce sinon un état de nature, et en particulier la version libérale qu'en a Locke ? Reprenez pour ce faire le chapitre 15 : nous y parlions d'une liberté individuelle singulière hors de la vie à l'état social : c'est exactement cela qui est absurde aux yeux de Marx. À ce stade, plus aucun doute ne doit subsister sur la nécessité d'une *excellente connaissance du cours* pour faire une bonne explication de texte !

Pour aller plus loin

Au chapitre VI de son *Introduction à la philosophie* (1951), Karl Jaspers exprime à sa manière le problème de savoir si l'homme se résume à son existence historique, ou bien si cette existence ne peut avoir de sens qu'en rapport à une forme de transcendance ou d'origine idéale : « *La question qui se pose est de savoir s'il est en général possible de se faire une idée exhaustive de l'homme au moyen de ce qu'on peut savoir de lui ; ou bien si l'homme est, au-delà de ce savoir, quelque chose de plus : une liberté qui échappe à toute connaissance objective, mais qui lui reste pourtant présente comme une réalité indestructible.* »

Aubin
IMPRIMEUR

Achevé d'imprimer en janvier 2018
N° d'impression 1711.0573

Dépôt légal, janvier 2018
Imprimé en France